律令国司制の成立

渡部育子 著

同成社 古代史選書 14

目　次

第Ⅱ部　大宝令の制定と地方行政機構

序論　本書の視点

律令国家の成立にかんしてはさまざまな角度から研究がなされているが、人間の社会生活の大枠を決定することになる法制・支配機構そのものの検討はどのような場合にも欠かせない。本書は律令国家の地方行政機構の特質について、国司制を基軸に解明しようとするものである。

国という語は、現在、国家や行政府の意味で使われるほか、地方や地域という意味でも使われる。地方や地域を意味する名称としては、お国自慢やお国なまりという語にみられるように日常生活で使用されるのをはじめ、固有名詞としても信州峠や越後平野など、多数みられる。その呼称とおおまかな範囲は古代にまでさかのぼることも多い。また、東海道や北陸・山陽・山陰など、律令制下の広域行政区の名称も、現在、日本列島を都道府県よりも広い範囲で区分する際に日常的に用いられているほか、学問の新たな体系を構築する際に用いられる場合もある。たとえば、近年盛んになっている地域学では、東海学の名称が提示された(1)。律令法による支配が行われなくなってから数百年以上たち、近代国家による新たな行政区分がなされるという時代の変化を経てなお変わらない名称を、古代国家の行政単位である国に見出すことができる。それがヤマト王権下の国造のクニではなく、律令制下の行政区として編成された国であることに注目したい。

国司制は、全国を国という行政単位に区分し、そこに中央官人を派遣して統治させるシステムで、律令国家地方行政機構の中核に位置づけられる。国の下部機構と官人組織も、日本列島のほぼ全域にわたって画一的な基準が適用された点でヤマト王権下の地方支配とことなるものである。それでは律令制下の行政区である国はどのように形成され、律令国家はこのシステムをどのような方法で運営していったのだろうか。

国司制の成立時期にかんする議論は半世紀以上前にさかのぼる。研究史を繙いてみると、まず大化改新と壬申の乱が国司制成立の過程においてどのように位置づけられるかということが重要な鍵となっていた。黛弘道「国司制の成立」は大化から壬申の乱までの国司と大宝令制下の国司に強大な権限があったとする。(2)薗田香融「国衙と土豪との政治関係」は大化の国司は令制国司の嚆矢をなすものであったという。(3)大化改新に国司制形成の大きな画期を求めた代表的な論考である。このような見解に対して早川庄八「律令制の形成」は、大化の段階では一定の治所に一定期間駐留する令制国司の存在は認められないとした上で、斉明朝から天智朝にかけて初期国宰が成立したという。(4)壬申の乱以前の国司が有する権限をどのように考えるのかという点で黛説と早川説はことなるが、天武朝の国司の権限を小さく評価し、それは壬申の乱の結果を重視した天武天皇の政策であるという見方が一般的であった。これらの研究では国司制形成過程の最大の画期とされる大宝令の制定・施行を一つの到達点とみなし、大宝令国司制と比較する形でそれ以前の国司はどうであったのかという考察の手順をとってきた。

このような研究状況のなかで、大町健「律令的国郡制の成立とその特質」は、天智朝から順次設置された国宰の国は天武天皇十二年（六八三）から十四年（六八五）にかけての国境確定によって領域区画としての国へと転換されたとして、律令制的国の起源をこの時点に求めるべきであると提言した。(5)すなわち、国名の初見の時期を一つの目安とする方法では国司制の成立時期は解明できないということになる。これは国司制度形成過程の全体像の構築にかんする研究史上、注目すべき論考であり、研究史の流れのなかでは現在も重要な意味をもつ。

しかし、国の分割は天武朝末に全国一斉に行われたわけではなく、これ以降にもみられる。また、大宝令以前には国司（国宰）よりも広い範囲を管轄する総領が任命された地域もあるが、総領―国司という重層構造は天武天皇十二年から十四年を境に変化するわけではない。そこで国司制形成過程研究における大町論文の意義を踏まえた上で、さらに国という行政区画の範囲が順次決定したという事情について考察しなければならない。また、天武天皇十二年以前の国の実態についても、発掘調査の結果、この時期の国にかんする記載がある木簡が相次いで出土していることから、天智朝以前にさかのぼって検討する必要が生じてきた。

一般に、わが国における律令国家地方行政機構の形成過程を検討する際に、大化改新の評価は重要な意味をもつが、それは、律令的地方支配体制のはじまりの時期を何時に求めるのかということだけではなく、国司制・郡司制の性格そのものにかかわることだからである。国司制・郡司制については、「郡司の非律令的性質」という坂本太郎氏の指摘以来、郡司にはヤマト王権時代以来の性格が残されているのに対し、国司制は中国律令の影響の強い制度であるというとらえ方がなされる傾向がみられた(6)。確かに、律令国家地方支配機構のなかで、国司制はその中核をなすもので、長官である守は中央政治権力の分身的存在として位置づけられたことは、大宝・養老律令の諸条文から明らかである。しかし、七世紀後半から大宝律令制定までの時期の国司関係史料を検討してみると、国司制の特質を中国律令の継受法的性格で説明できるのかといえば、そうではない。国司制にヤマト王権下の地方支配方式に淵源が求められる部分はないのかということを探ってみる必要があると考えられる。

まず、考察の対象となるのがいわゆる大化の東国国司をはじめとする孝徳朝の国司である。もちろん、この時期の国司がそのままの形で令制国司に直接つながるとは考えがたい。早川庄八氏は令制国司に直接つながるものとして、天智朝初期国宰説を提示した。その時期が六六三年以前か以降かわからないが、朝鮮半島情勢に触発されての全国的な兵力動員体制のために初期国宰が配置され、それは壬申の乱の結果、天武天皇元年七月辛亥に解体し、あらたに国宰が任命されたとする。すなわち、国司制形成過程は、初期国宰（斉明朝）・国宰（天武朝）・国司（大宝令）という三つの時期に区分されることになる。

確かに、孝徳朝の段階で官僚制組織としての国司制が存在したとは考えられないから、仮にいわゆる大化改新を画期として国司制整備事業がスタートしたとしても、大宝令のような形での国統治システムが直ちに機能したかどうかは疑わしい。しかし、孝徳朝・斉明朝の史料に「国」や「国司」の記事がみえることも事実である。書紀編者による文飾が施されていたとしても、そのことに留意した上で利用できる史料もあるのではないか。このような見方をすると、いわゆる大化の東国国司や大化以前の「国司」関係史料は律令国司制の初源的形態を検討する上で重要な意味をもってくる。

天智朝の国司の実態にかんしては、比較的史料数の多い壬申の乱が手がかりとされてきた。ただし、この乱が国司制に与えた影響については見解がわかれる。従来は、この乱が天武朝の国司政策に与えた影響を大きく評価する傾向が強かった。その代表的なものが黛弘道氏・早川庄八氏の論考であるが、いずれも天武朝の国司は権限を縮小されたものとし、それは壬申の乱の結果を重視した天武天皇の政策であるとする。黛氏の説には、国の区画や国司の官制についての考察を十分行わないまま大化の段階での国司の権限を大きなものと評価する点で首肯することができないことは大方の認めるところである。国司制形成過程において壬申の乱がもつ意味については、天智朝国司を初期国宰と表現し天武朝の国司を国宰と表現することで両者を区別した早川説も同じ立場をとる。すなわち、壬申の乱における国司の動きを目の当たりにした天武天皇は、国司に強力な権限を与えておくことは地方支配を行う際にはマイナスになると判断し、事務官僚的存在として位置づけたというものである。壬申の乱を境に国司の権限に大きな変化があったとする見解に対しては、まず福井俊彦氏が異論を唱えた。それは軍事権・財権の剝奪は乱後一時的措置であるという内容のものである。笹川進二郎氏も天武・持統朝の国司が財政権を有していたという見解をとる。(7)

しかし、そもそも、律令的支配体制の形成過程において、天武天皇が天智朝まで積み上げられてきたものを崩して新たな制度を構築しようとしたのかどうかは疑問である。また、国という行政区画や中央政府による国司を介した地方行政掌握のための制度の整備がどの程度進んでいたのかということについては、全国的レベルで考えなければならない。

国司の権限という観点とはことなる視角をもって国司制成立の画期について論じたのが大町論文である。しかし、大町論文は律令国家地方支配における国司制の意味を考える上で重要な問題提起をしたが、国司による領域支配確立の時期を特定するだけでは、国司制形成過程の全プロセスを説明することはできない。具体的には、国司制が機能するためには国司が統治すべき範囲すなわち国の区画の決定が基本的な条件となるが、行政単位としての国の区画の画定は一斉に行われたわけではないこと、制度的に一応の完成をみたという点で大宝律令は国司制形成過程の最大の画期とみなされるが、国の区画の決定がこの後までずれ込んだ地域があることをどのように解釈すればよいのかという議論が十分に行われたとはいえないからである(8)。大町論文とはことなる視角から国制の成立における天武朝の意義を高く評価した研究として鐘江宏之「国制の成立」があげられる(9)。鐘江論文では行政区画については、天武朝に成立した日本の七道制が唐の道制の機能とことなる点に注目し、七道制と国制とをあわせて日本型の国家運営の体系が成立したとする。国司制成立についての考察において七道制による支配をあわせて論じている点で、国司制形成過程にかんする研究史のなかでも注目すべき論著の一つである。

道制は大宝令制下にみられる広域行政区画との関連において位置づけられるが、そのような道制とことなる形で広域支配を行うのが総領である。総領は大宝令の施行をもって解消されると考えられるが、その実態については不明なところもある。史料はきわめて少ないが、この時期に特徴的にみられる官職であり、国司制形成過程の全体像を構築する上で、その検討を避けて通ることはできない。なぜ、総領―国司という重層構造がみられるのかということを、国司制の形成過程の特質との関係において考える必要がある。

律令国司制の成立にかんしては、決め手となる史料の数が少ないなかでの議論が展開してきた。七世紀の段階では律令条文のような法制史料がまとまった形では残されていないことと、分析の対象となる主な史料である『日本書紀』の用字・語法に書き換えや修飾があることから、史料の解釈そのものが難しい。しかし、近年、発掘調査の結果出土した七世紀後半の木簡などの文字資料が解読され、初期律令国家段階における国司制がかなり鮮明になってきた。同時にそれらの新しい資料の多くが、文献史料ではなく、木簡というモノであることから、これまで多くの研究者によって検討されてきた七世紀後半の文献史料についても、出土文字資料の記載内容と照らしあわせて読み直す必要が生じてきた。

新たに出土した木簡の内容は七世紀後半の国司制を考える上で大きな意味をもつ。たとえば、一九九八年、徳島県観音寺遺跡から七世紀後半のものとみられる「板野国守大夫分米三升小子」と記された木簡が発見され、この木簡の出土によって、大宝令施行以前に「国守」という官名が用いられることがあったのかどうかということを検討する必要がでてきた(10)。同じく一九九八年に飛鳥池遺跡から出土した木簡から、天武天皇六年の段階で国―評の機構が機能していたことが確認された(11)。この木簡には「丁丑年」(天武天皇六年、六七七)の年紀が入っているが、行政単位としての「国」がどこまでさかのぼるのかという点についてはは確定できなかった。しかし、二〇〇二年、奈良県明日香村石神遺跡から

乙丑年十二月三野国ム下評

大山五十戸造ム下部知ツ

と記載される木簡が出土したことにより、国―評―五十戸の制度は乙丑年すなわち天智天皇四年（六六五）にあったことが明らかになった。この木簡は三野国から運ばれた物品に付いていた荷札であるが、この木簡の出土によって、天智朝の早い段階で国―評―五十戸という単位による支配が行われていた可能性も考えてみなければならなくなった[12]。ただし、それが全国的にみられるものなのか、また、これよりも古い時期のものが新たに発見される可能性がないということは断定できないから、慎重な考察を要する。

点数・内容とも豊富になってきているが、このような考古資料も、現在のところは、国司制形成過程の検討に際しての有力な資料を提供しているという段階に踏みとどまっていると考えなければならないだろう。たとえば、郡司制の成立にかんして、いわゆる郡評論争で郡字始用の時期の問題が木簡の出土によって解決したというようなことが、国司制の成立においても期待できるのかといえば、かなり難しいであろう。というのは、郡司制の場合、コホリという行政単位に郡と評のいずれの文字を用いるのかというような表記の違いがあるのに対し、国司制では行政単位を示す語は文献史料でも出土文字資料でも「国」だからである。また、解読された木簡の点数が増加したとはいっても、それが考古資料であるということは、同時に、地下に埋蔵され未発見の資料も存在する可能性があることを意味する。すなわち、現在、提示されている情報はあくまでも全体のなかの一部分であることも念頭におかなければならない。人々の生活の大枠を規定するものである機構・制度の研究が意味をもつ所以は奈辺にあると考える。そして、それは基本的には法制史料や正史などの文献によるところが大きいが、文献に欠落が多いことによってなかなかわからなかった部分が新出の文字資料によって解明されつつある現在、文献と出土文字資料を総合的に解釈することは時宜にかなったことと考える。『日本書紀』の記事の信憑性についてもより正確な解釈が可能であるばかりではなく、個々の出土木簡の国司制形成過程のなかでの位置づけについても明瞭になると考えられる。

本書では、まず、大町論文発表以来あまり顧みられなかった薗田論文が国司制成立の画期を大化の時期に求めたことの意味を再確認し、孝徳朝から天智朝までの国・国司関係史料の検討を行う。律令国司制形成過程の初期段階の実態を明らかにすることで、国司制形成過程の全体像がより鮮明に描き出されると考えるからである。

何をもって律令国司制のはじまりとし、何をもってその成立とみなすのかということは、意外と難しい問題である。これまでの研究のなかで大町論文が学界の注目を集めた理由の一つとして、国の名称ではなく国の機能の成立をもって国の成立とみなすというように、その基準を明確にしたことが考えられる。天武天皇十二年から十四年という時期については必ずしも賛成できないが、国の機能という大町氏が提示した視座は、国司制成立の全体像を構築する上で重要である。

さて、律令国司制成立の画期となった法が大宝律令であることは周知のとおりであるが、大宝令施行後に整備された事項があることも事実である。吉村茂樹『国司制度崩壊に関する研究』は、大宝令をもって完成した国司制の早い時期からの変化は日本律令制の特質をよく表すものであると結論づけた(13)。大宝令に定められた内容の変化をもって崩壊と位置づけることが妥当であるかどうかは別として、八世紀以降の国司制に大宝令の規定どおりに展開しなかった部分があることは早い時期から指摘されていた(14)。そして一九九〇年代以降は国の行政機構そのものの研究が注目を集め、文書行政の実態や国府の実態が詳らかにされたことによって、八世紀以降の国司制研究は大きな進展をみた(15)。二〇〇〇年代になってからも考古学との協業は多くの成果を生みだした。全国各地の国府遺跡で発掘調査が行われているが、佐藤信『古代の地方官衙と社会』（山川出版社、二〇〇七年）は、そのような発掘調査の成果と文献史料を総合的に解釈した。また、『古代地方行政単位の成立と在地社会』（独立行政法人国立文化財機構奈良文化財研究所、二〇〇九年)、「特輯　古代国府の成立をめぐる諸問題(上)(下)」は国府の成立にかんする最新の研究成果を載せる[16]。

しかし、それらの研究によっても、大宝令施行後の早い時期にみられる国司制の変化がどのような性質のものであったのかということについては、十分に検討されていない。大宝令制定によって律令国司制が完成したという図式に疑義を挟む余地はほとんどないが、国司制の機能という視座で律令国家地方行政機構をみてみると、大宝令施行後の時期を含めて考えてみることもやぶさかではない。具体的には大宝令制定の意義、および大宝令施行後にみられる国司制の実態の検討が課題となる。その際、国府の成立時期が八世紀第2四半期あるいは八世紀中葉とみられることをあわせて考えなければならない[17]。国府にかんして、国庁は七世紀末から八世紀前半に成立していたことも確認されている[18]。時間がかかったのは建物や空間の整備だけであったのか、国司制を運用するためのさまざまなシステムもそうであったのか、検討を要する。本書では研究が進んでいる国府の成立とはことなる視点から大宝令施行後の国司制について考える。

本書では律令国家地方支配にかんする制度面からのアプローチを試みるが、地方行政監察や広域行政区画に対する遣使などは国司制の運用と密接にかかわる。そのような制度が何時までさかのぼってみられるのかということを検討することで、律令国司制成立のプロセスはより精緻になると考えられる。たとえば、大宝令に規定される国司監察制度がはじめてみえる時期は律令国司制の機能の成立を考える上で大きな画期となりうる。また、律令国家の地方行政は国司制が郡司制と相互補完的に機能することによってはじめて実現するものであることは周知のとおりであるが、このシステムが円滑に運用されるためには、国と郡の関係だけではなく、中央の政府と地方の国(国司)との関係が重要な意味をもつ。このことを明らかにするためには、国という行政区画および国司という官人に関連する事項について範囲を拡大して考察しなければならない。本書では、地方行政監察、目的別の使人派遣、広域行政区の設定、地方豪族支配にかんする事項にまで考察の対象を広げる。国司制の形成過程をめぐってこのような複数の要素を関連づけて総括するという方法は、これまでにはあまりとられなかった。本書では、これらの要素を可能な限り視野に入れて、律令国司制成立の経緯とその特質について論ずる。

本書の構成とその内容について簡単に述べておく。本書は国司制にかんする既発表論文のなかから一〇編を選び、新稿を加え、二部に構成したものである。

第Ⅰ部　律令国家の形成と国司制

第Ⅰ部では律令的地方行政機構が整備される時期における政策の特質と国司制の実態を明らかにする。孝徳朝から天武・持統朝までの時期を対象とする。国司制を行政区画の画定や国府の造営など国制にかんする部分と国司官人派遣にかんする部分にわけてみると、前者は律令法の整備と連動させて理解できるのに対し、後者はヤマト王権下に原型が求められるミコトモチ的派遣の形態からはじまって最終的には大宝令制の形に整備される。

第一章　大化の遣使

国司制のはじまりの時期にはヤマト王権下のミコトモチと共通する性格がみられる。本章では大化の東国国司を中心に孝徳朝における国司について考察を加える。さらに、この時期の諸国への遣使記事をあわせて検討し、ミコトモチから国司へ発展する初期段階の様相について述べる。

第二章　国司派遣制度の成立

孝徳朝から天智朝の国司について述べる。律令国司制の成立には、日本列島を一つの基準で区分する国の画定が必須である。その時期は天武・持統朝と考えられるが、一定の区分をした地域を統治する官人が任命された時期は孝徳朝までさかのぼる。ただし、国―評―五十戸という形での人民掌握は全国的な戸籍作成を待たなければならない。天智朝以前には、一戸×五〇＝五十戸ではなく、五十戸という人的まとまりとして掌握していたものと考えられる。この時期の国司に関する文献史料は少ないなかで、『日本書紀』壬申紀は、天智朝国司の実態を示す有用な史料となる。膨大な研究の積み重ねがある壬申紀について、本章では律令国司制成立という視座から分析する。

第三章　律令国家形成期の国司制

大宝令施行の段階になると日本列島の大部分の地域が国という単位で区分され、国司官人機構によって統治されるようになる。このような形態の整備がみられるのは、天武・持統朝になってからのことである。国は、国司の管内統治の利便性も含めて、政府にとって都合のよい一つのまとまりとしてつくられた。天武・持統朝には中央―国―評というシステムによる地方支配体制の整備が図られる。本章では天武・持統朝に定められた国司の官制・職務にかんする事項、国制の整備状況を明らかにし、この制度のはじまりの時期である孝徳朝から一応の完成をみる大宝令までを概観する。そしてこの時期に特徴的にみられる総領について、その職掌・性格・設置時期を検討、広域上級の行政官である按察使が唐制の影響を強くうけたものであるのに対し、総領は律令国司制形成過程における内的必要性から生まれたものであることを述べる。

第Ⅱ部　大宝令の制定と地方行政機構

第Ⅱ部では国という行政区画の問題を中心に、律令国司制の形成・展開の過程で大宝令のもつ意味について明らかにする。大宝律令の制定・施行によって律令国司制は完成をみたが、この後二〇年くらいの間に国域の変更や制度の改正がなされたことも周知のとおりである。また、国よりも広い範囲の行政単位として道制がしかれ、巡察使などの行政監察官の派遣や種々の遣使にはこの単位が用いられることが多かった。国司制の成立から展開という流れのなかで大宝令の意義をどのように考えるのか、律令国家地方支配の基本となる単位である国を越えた行政単位が国司制による支配とどのような関係になるのかということについて論及する必要が出てくる。

第一章　大宝令制下の国司制

「一、大宝令制下の国司」では大宝令の施行直後からみられる令制の変更について検討し、それらの改変は大宝令を否定するものではなく、むしろ大宝令の理念を実現するための方策であったことを明らかにする。そして「二、律令国家の国司と郡領政策」では国司・郡司の令規定上の相違に着目し、律令国家にとって国司とは何であり、郡司とは何であったのか、地方行政機構における国司・郡司の役割分担、郡司の任用の問題を中心に考察を加える。

第二章　広域行政区画の形成

律令国家の地方支配において、道制とはことなる数カ国のまとまりを一つの単位とする場合があったことを検討する。具体的には坂東や縁海諸国、官制をともなうものとしては按察使などである。本章では、どのような時に広域行政区画が形成されたのか、それは国司制の機能とどのような関係になるのかという点を明らかにする。

第三章　大宝令制下の遣使と国司

特定の目的をもって中央から地方に直接派遣される使人の性格について、そのことが令に定められた国司の職務・権限とどのような関係になるのか、たとえば大宝令国司の権限に制約を加えることになるのか否か、中央―国司（国）―郡司（郡）というシステムでは掌握しきれない部分に対応するためのものなのか論及する。「一、大宝令制下の国司監察制度」では大宝・養老令に規定された国司監察制度について巡察使を中心に検討する。律令国司制は監察体制が整えられてはじめて完全に機能するという構造的特質をもつ。わが国でも中国・唐の制度を模倣する形で監察制度を整備するが、その日本的特質を明確にした上で、八世紀における変遷を明らかにする。「二、八世紀の遣使」では『続日本紀』にみえる遣使記事を中心に、地方行政のために派遣された使人の任務と派遣の状況を、国司の職務内容および権限との関係に留意しつつ分析する。

注

（1）森浩一「『東海学』から見えてくる新古代史像」（『地域学のすすめ』岩波書店、二〇〇二年）。
（2）黛弘道「国司制の成立」（『律令国家の基礎構造』吉川弘文館、一九六〇年）。
（3）薗田香融「国衙と土豪との政治関係」（『古代の日本』9、角川書店、一九七一年）。
（4）早川庄八「律令制の形成」（岩波講座『日本歴史』二、岩波書店、一九七五年）。
（5）大町健「律令的国郡制の成立とその特質」（『日本史研究』二〇八、一九七九年）。
（6）坂本太郎「郡司の非律令的性質」（『日本古代史の基礎的研究』下、東京大学出版会、一九六四年、初出、一九二九年）。
（7）福井俊彦『交替式の研究』（吉川弘文館、一九七八年）、笹川進二郎「律令国司制の史的前提」（『日本史研究』二二〇、一九八〇年）。
　壬申の乱における国司の動向にかんする『日本書紀』の記述内容については、早川万年「壬申の乱後の美濃と尾張」（『続日本紀研究』三二六、二〇〇〇年）。
（8）大町論文の発表後、国司制形成過程を体系的に明らかにしようとする研究はみられたが（たとえば篠川賢「国司制成立過程の再検討」『日本古代中世史論考』吉川弘文館、一九八七年）、国の区画にかんする問題についてはあまり論及されなかった。
（9）鐘江宏之「国制の成立」（『日本律令制論集　上巻』吉川弘文館、一九九三年）。
（10）「一九九八年出土の木簡」（『木簡研究』二一、一九九九年）。
（11）「一九九八年出土の木簡」（『木簡研究』二一、一九九九年）。「板野国守大夫」の解釈をめぐっては倉本一宏「一九九八年出土木簡三題」（『続日本紀研究』三一九、一九九九年）に発見当時の情況が示される。
（12）『飛鳥・藤原宮発掘調査出土木簡概報』（一七—三四、二〇〇二年）、奈良文化財研究所「石神遺跡（第15次の調査—第122次）」（『奈良文化財研究所紀要２００３』二〇〇三年）。「乙丑年」荷札木簡については市大樹氏が詳細に分析している。市大樹『飛鳥の木簡―古代史の新たな解明』（中央公論新社、二〇一二年）。
(13) 吉村茂樹『国司制度崩壊に関する研究』（東京大学出版会、一九五七年）。
(14) 佐藤宗諄「律令的支配機構の変質」（『平安前期政治史序説』東京大学出版会、一九七七年）第一部第二章、森田悌「地方行政機構についての考察」（『平安時代政治史研究』吉川弘文館、一九七八年）第一部第三章。
(15) 加藤友康「国府と郡家」（新版『古代の日本』七、角川書店、一九九三年）、「国・郡の行政と木簡」（『木簡研究』一五、一九九三年）、佐藤信「宮都・国府・郡家」（『岩波講座日本通史』四、岩波書店、一九九四年）、山中敏史『古代地方官衙遺跡の研究』（塙書房、一九九四年）、佐藤信「封緘木簡考」（『木簡研究』一七、一九九五年）などで論じられた。駅制にかんする議論も活発に行われ、早川庄八『日本古代官僚制の研究』（岩波書店、一九八六年）、森哲也「律令制下の情報伝達について―飛駅を中心に―」（『日本歴史』五七一、一九九五年）、永田英明「律令国家の駅制運用」（『史学雑誌』一〇五―三、一九九六年）などのほか多くの論考がみられる。また、国府での政務の実態についても解明がなされるようになり、鐘江宏之「八・九世紀の国府構成員」（『弘前大学国史研究』一〇二、一九九七年）、須原祥二「八世紀の郡司制度と在地」（『史学雑誌』一〇五―七、一九九六年）、北林春々香「律令文書行政における実務官職の形成―史生の成立を中心にして―」（『ヒストリア』一五六、一九九七年）などがあげられる。
(16) 「特輯　古代国府の成立をめぐる諸問題（上）」（『古代文化』第六三巻第三号、二〇一一年）、「特輯　古代国府の成立をめぐる諸問題（下）」（『古代文化』第六三巻第四号、二〇一二年）、『古代地方行政単位の成立と在地社会』（独立行政法人国立文化財機構奈良文化財研究所、二〇〇九年）。中村順昭「国司制と国府の成立」（『古代文化』第六三巻四号）は大宝令制定前後における国司制度の成立と国府の形成過程について論ずる。
(17) 山中敏史『古代地方官衙遺跡の研究』（塙書房、一九九四年）を、あわせて考えなければならない。国府にかんして、国庁は七世紀末から八世紀前半に成立していたことも確認されている。
(18) 大橋泰夫「国郡制と地方官衙の成立―国府成立を中心に―」（『古代地方行政単位の成立と在地社会』独立行政法人国立文化財機構奈良文化財研究所、二〇〇九年）。

第Ⅰ部

律令国家の形成と国司制

第一章　大化の遣使

『日本書紀』大化元年八月丙申朔庚子条にはじめてみえる「東国等国司」については、その派遣範囲や任務などにかんして多くの研究がみられる。同年六月の乙巳の変後、孝徳天皇が即位し、さまざまな政治変革が行われるが、東国国司派遣もその一つにあげられる。国司制の成立過程を明らかにする上で、この国司と大宝令制下の国司の関係をどのように考えるのかということが問題になる。本章では中央から地方への使人の派遣という視角から考察を加える。

一　大化以前の国司関係史料

国司制の成立過程にかんする史料の大部分は七世紀後半の時期に集中しているが、それらの解釈が難しい理由の一つは国と国司に関する語の用法と概念が定まらないところにある。すなわち、国と表記されるものが令制の国を意味する場合もあればそうではない場合もあるし、国司についても国司・国守・国宰・宰などさまざまな表現がみられる。さらに総領・大宰の性格についても見解がわかれている。このような用語の概念を規定することは、とりもなおさず国司制形成過程の全体像の解明につながることになる。

大宝令以前の国司関係史料は二つにわけられる。一つは、『播磨国風土記』飾磨郡条の「庚寅年、上野大夫為㆑宰之時」、『続日本紀』文武天皇元年八月庚辰条の「国々宰」や大宝元年六月己酉条の「国宰郡司」のような一国の官吏を意味するものであると解釈して問題のない語である宰・国宰で、他の一つは『常陸国風土記』では孝徳朝に、『日本書紀』・『続日本紀』では天武朝以降にみえる総領・大宰である。

大宝令以前の国司の呼称は『日本書紀』では「国司」にほぼ統一されている。早い時期では清寧天皇二年十一月条に「播磨国司」という記載がみられ、舒明天皇・皇極天皇の頃になると数も多くなる。それらのなかには書紀編纂過程での書き換えのあるものが混じっていることはいうまでもないが、「国司」と表記された史料のなかでどれが令制国司の特質を有するものであるのか、また、清寧天皇二年の例などは令制国司の形態とはことなることが明らかであるにもかかわらず「国司」と表記されるのはなぜなのかという点が問題になる。

まず、令制国司成立以前の時期であることが明らかな清寧天皇二年十一月条の「播磨国司」について。『日本書紀』清寧天皇二年十一月条「依二大嘗供奉之料一、遣二於播磨国一司、山部連先祖伊豫来目部小楯、於二赤石郡縮見屯倉首忍海造細目新室一、見二市邊押磐皇子々億計・弘計一。（下略）」では、山部連先祖伊豫来目部小楯の職名を「播磨国に遣わす司」と読むことができるのに対し、顕宗天皇即位前紀「播磨国司山部連先祖伊豫来目部小楯、於二赤石郡一、親辨二新嘗供物一。（下略）」では「播磨国司」という官職名として読むように記される。『日本書紀』ではこのほか顕宗天皇元年四月丁未条に「前播磨国司」、仁賢天皇即位前紀に「播磨国司」というように顕宗天皇即位前紀の形で記載される。また、『古事記』には「針間国之宰」とあり、『播磨国風土記』には「針間国之山門領所遣山部連少楯」とある。『古事記』の記載は顕宗天皇即位前紀と類似し、『播磨国風土記』の記載は清寧天皇二年紀と類似している。顕宗天皇即位前紀を「播磨国の司」と読んだ場合、『古事記』の「針間国の宰」と同じ形になる。それでは司と宰は同じ意味なのかということであるが、二字ともツカサトル、ツカサの訓が付けられること、文字そのものの意味も役人という点で通ずることから、この場合は同じものを意味すると考えられる。そして、山部連先祖伊豫来目部小楯にかんする清寧天皇二年紀と顕宗天皇即位前紀の表記の相違は、原型は清寧天皇二年紀のようなものであったが、書紀編纂の過程でその当時使われていた語が顕宗天皇即位前紀に用いられたのではないかと推測される。

国司関係記事のなかで時期の早いものとしては、このほか仁徳天皇六十二年五月条の「遠江国司」、雄略天皇七年是歳条の「任那国司」、崇峻天皇即位前紀七月条の「河内国司」などがあげられるが、これらは令制下の国司と同じ表記であり、この史料だけから解釈の論拠を示すことは難しい。しかし、仁徳天皇の時期に律令的な国司の存在が想定できないことは明らかであるから、書紀編纂の過程で表記の統一が行われたものと考えるのが妥当であろう。ただ、記事の内容のなかに事実を認めるとすれば、書紀編者がここに国司という語を当てた理由は何かということを考えてみなければならない。そこで「遠江国司」の言上したような事柄が大宝令制下でもみられるのかという点を確かめてみたい。

この記事は、国司が大木が流れ着いたという管轄地域の状況を中央に報告し、それを受けて使者（雄略天皇二年十月条・大倭国造吾子籠宿禰）が派遣され船を造ったという内容のものである。このようなケースは令制下においてもみられ、たとえば国司から疫病や災害が発生したという報告をうけて中央から使者が派遣されるとい事例は多数、確認できる（第Ⅱ部第三章）。

推古朝以前の国司は、国名を冠した例では、朝廷から地方に派遣された人物や、地方において朝廷の命令による任務に携わっている人物に対して、書紀編者が付したものと考えられる呼称が多い。また、「国司・郡司」というような普通名詞的な用法の例としては、雄略天皇二十三年八月丙子条の「国司・郡司」、推古天皇十二年四月戊辰条の「国司・国造・百姓」の「国司」などがあげられるが、雄略天皇二十三年紀の場合は「郡司」とともに書紀編纂過程における述作の可能性を考えるのが妥当であろう。推古天皇十二年紀の記事は十七条憲法の十二番目の項目であるが、「国司・国造、勿レ斂二百姓一」は、支配下の百姓から財物力役等を収奪することのないようにと解釈できる。この国司の性格については、後述するように、ミコトモチと考えられる。

推古朝以前の国司の呼称は、国造や派遣官を令制下の国司と照らしあわせ、共通する部分があるところについては書紀編者が律令の知識をもって書き換えたものと考えられる。このような観点から推古朝以前の国司関係史料をみてみると、国司派遣制度の萌芽的なものがみられる。それらは実態としては個々の目的別に中央から地方に派遣される使人すなわちミコトモチであったが、中央官人派遣という点で律令制下の国司に共通することから、『日本書紀』や『風土記』の編者が国司と記したものと考えられる。

さて、ある特定の使命を帯びて中央から地方に派遣される使、ミコトモチは、ヤマト王権下における遣使の一般的形態であるが、律令国司制との関連においてとくに問題になるのは、十七条憲法と皇極天皇二年の国司関係記事である。まず、皇極天皇二年の記事からみてゆきたい。

『日本書紀』皇極天皇二年十月丁未朔己酉条

(イ)饗二賜群臣・伴造於朝堂庭一。(ロ)而議二授位之事一。(ハ)遂詔二国司一、如二前所レ勅、更無二改換一。宣下之二厥任一、慎中爾所上レ治。

この史料については大化の東国国司と関連して多くの見解が示されているが、それらを大別すると、ここにみえる国司と大化元年八月の東国国司とを同じ性格のものとみなし、この皇極天皇二年の派遣と大化元年八月の派遣をもって国司がほぼ全国にわたって任命されたという見解と、この記事の国司を単なるミコトモチとする見解である。前者は門脇禎二氏(1)、篠川賢氏(2)に代表され、後者は関晃氏(3)、高橋崇氏(4)に代表される。

この史料は内容の前後関係によくわからないところがあるが、その解釈で問題になるのは、「如二前所レ勅」が何を意味しているのかということであろう。このことについて考える前に「授位之事」についてみておきたい。この解釈についても見解の相違がみられる。関晃氏は、これを冠位の授与と解したのではあとの詔とのつながりが不明瞭になるし、冠位授与の議に群臣・伴造までがあずかるというのは考えにくいことであるとして、これを譲位のことと解釈する。高橋崇氏は、この位は国司という官職・地位ではなく、位階（冠位）のことで国司任命とはいえないという解釈を示し、この記事が国司の再任を示すものではないとする。

「授位之事」については、授位・譲位のいずれの解釈をしても、説明がつかないわけではない。この記事は、イ・ロ・ハの各部分に分けられるが、とくにハの部分の意味が理解しにくいのは、これをロと結びつけて解釈するからである。ロとハを区切って読むと、イ・ロ・ハのつながりにおける解釈上の不都合の問題は、一応、解決する。

次に「如二前所レ勅」について考えてみたい。まず、勅の具体的な内容であるが、これを授位の事と解する見解もあり、それは文の読み方という点では必ずしも妥当性を欠くわけではないが、ロとハを結びつけて考えなくてもよいとすれば、この勅の内容も、授位の事にとらわれなくてもよいことになる。むしろ、この勅は国司たちに出されていた何らかの任務を指すものと考える方が妥当ではないだろうか。そして、その国司は、ある特定の任務のために地方に派遣されるミコトモチと同じものであると考えられる。この皇極天皇二年十月以前にその任務は命ぜられていたのであるが、彼らがこの時参集したので、任地に赴く前に、もう一度、その内容を確認したのではないかと推測される。また、以下に検討する大化の東国国司の性格も基本的にはミコトモチと同質のものということになった場合、この皇極天皇二年の国司は東国以外の地域に派遣されたものではないのかということが問題になるが、この部分や皇極天皇紀の他の記事[5]からは、大化の東国国司に与えられた任務と共通するものは全く認められないことから、皇極天皇二年の国司を大化の東国国司と一連のものとしてとらえることは妥当ではないと考える。

以上のことから、皇極天皇二年の国司は、令制下の国司はもとより、大化の東国国司とも同じ性格のものと考えるべきものではないことが明らかになったと思う。

次に、十七条の憲法の国司についてみてゆきたい。この国司の解釈については、すでに関晃氏によってすぐれた見解が示されている。それは、この段階では国司という実態はまだみられないというものである[6]。関氏は『随書』東夷伝倭国条の「有㆓軍尼一百二十人㆒。猶㆓中国牧宰㆒。八十戸置㆓一伊尼翼㆒。如㆓今里長㆒也。十伊尼翼属㆓一軍尼㆒。」という記事の軍尼はクニ指し、国造を「楢㆓中国牧宰㆒」といっていることや、裴世清らが倭の都に到達するまでの行程を述べるところで、竹斯国の東方にある秦王国から津の国に上陸するまでに十余国を経たというのも、その国数からいって国造の国を指しているとみるべきであるとする。関氏の指摘は当を得ているといわなければならず、この指摘によって、七世紀初頭の段階では国造の上に位置する国司を想定することはできないということが明らかになった。

そこで、「国司国造」をどのように読むことが最も理にあっているのかということであるが、私は、国司（クニノミコトモチ）・国造（クニノミヤツコ）と並列にした形に読むことができると考える。もちろん、クニノミコトモチといっても、実際には個別の任務を携えて派遣されるミコトモチのことで、ここに国司と記されるのは、原史料を後世になって書き換えたためと考えられる。それでは、なぜ、ここに国造のみならず国司がでてくるのかということが問題になるが、それは両者とも百姓に直接かかわりのある任務を携えていることと関係があると思われる。「国司国造」は「勿㆑斂㆓百姓㆒」の主語となるが、当時、国造のみならず、中央から派遣される使が百姓の支配にかかわっていたことは、推古天皇二十一年十二月辛未条からも明らかであるし、皇極天皇元年九月乙卯条、同辛未条からは、使が百姓の徴発に関与していたことが知られる[7]。

すなわち、いずれも、実務を行うのは国造であったであろうが、その国造に対して中央からの命令を伝達し、その趣旨を徹底させるのは使（ミコトモチ）なのであるから、ここで地方の百姓の支配にかんすることを述べようとする時、使（ミコトモチ）と国造の両方を掲げるのは当然のことであると考えられ、使（ミコトモチ）は後の国司の記載の影響を受けて書紀編纂の過程で書き改められたものと推測されるのである。

以上のことから、大化以前においては律令国司と同質のものとみなされるような国司は存在せず、また、中央から地方に派遣される使も、ある特定の任務を携えて、必要に応じてその都度派遣されるもの、すなわちミコトモチであったと考えられる。

二　東国国司と諸国遣使

『日本書紀』大化元年八月丙申朔庚子条の「東国等国司」の派遣にはじまる東日本方面への使者を東国国司と称するが、ここでは東国国司の性質を見きわめる上で不可欠の要素となる派遣範囲と任務について考察を加え、派遣の目的、意義、そして律令国司制の形成に果たした役割を明らかにしたい。

1　大化の遣使関係史料

まず、大化における遣使にかんする史料を、東国国司を含めて掲げておく。

Ａ　『日本書紀』大化元年八月丙申朔庚子条

[1]拝㆓東国等国司㆒。[2]仍詔㆓国司等㆒曰、随㆓天神之所奉寄㆒、方今始将㆑修㆓万国㆒。凡国家所有公民、大小所預人衆、汝等之㆑任、皆作㆓戸籍㆒、及校㆓田畝㆒。其薗池水陸之利、与㆓百姓㆒倶。[3]又[イ]国司等在㆑国不㆑得㆑判㆑罪。[ロ]不㆑得㆘取㆓

他貨賂一、令上レ致二民於貧苦一。［ハ］上レ京之時、不レ得三多従二百姓於己一。唯得レ使レ従二国造・郡領一。［ニ］但以二公事一往来之時、得レ騎二部内之馬一、得レ食二部内之飯一。［ホ］介以上、奉レ法、必須二褒賞一。違レ法、当レ降二爵位一。判官以下、取二他貨賂一、二倍徴之、遂以二軽重一科レ罪。［ヘ］其長官従者九人、次官従者七人、主典従者五人、若違レ限外将者。主与二所レ従之人一並当科罪。［ト］若有二求レ名之人一、元非二国造・伴造・縣稲置一、而輙詐訴、言下自二我祖時一、領二此官家一治中是郡県上、汝等国司不レ得三随レ詐便牒二於朝一。審得二実状一而後可レ申。［4］又於二閑曠之所一、起二造兵庫一、収二聚国郡刀・甲・弓・矢一、辺国近与二蝦夷一接レ境処者、可下尽数二集其兵一、而猶仮中授本主上。［5］其於二倭国六県一被レ遣使者、宜下造二戸籍一、并校中田畝上。汝等国司、可二明聴退一。即賜二帛布一各有レ差。

B　『日本書紀』大化元年九月丙寅朔条

遣二使者於諸国一、治レ兵。或本云。従二六月一至二九月一、遣二使者於四方国一、集二種種兵器一。

C　『日本書紀』大化元年九月甲申条

遣二使者於諸国一、録二民元数一。仍詔曰、（中略）方今百姓猶乏。而有レ勢者、分二割水陸一以為二私地一、売二与百姓一、年索二其価一。従今以後不レ得レ売レ地。勿三妄作レ主兼二并少弱一。百姓大悦。

D　『日本書紀』大化二年正月是月条

天皇御二子代離宮一。遣二使者一、詔二郡国一修二営兵庫一。

E　『日本書紀』大化二年三月癸亥朔甲子条

詔二東国々司等一曰、集侍群卿大夫及臣・連・国造・伴造并諸百姓等、咸可レ聴之。（中略）故前以二良家大夫一使レ治二東方八道一。既而国司之レ任、六人奉レ法、二人違レ令。毀誉各聞。朕便美二厥奉一レ法、疾二斯違一レ令。凡将レ治者、若君如臣、先当レ正レ己而後正一レ他。如不二自正一、何能正レ人。是以不二自正一者。不レ択二君臣一、乃可レ受レ殃。豈不レ慎矣。汝

率而正、孰敢不レ正。今随二前勅一而処断之。

F　『日本書紀』大化二年三月辛巳条

1詔二東国朝集使等一曰、集侍群卿大夫及国造・伴造并諸百姓等、咸可レ聴之。以二去年八月一、朕親誨曰、2莫下因二官勢一、取中公私物上。可レ喫二部内之食一。可レ騎二部内之馬一。若違レ所レ誨。次官以上降二其爵位一、主典以下決二其苔・杖一。入レ己物者倍而徴之。詔既若レ斯。3今問二朝集使及諸国造等一。国司至レ任、奉レ所レ誨不。於レ是、朝集使等具陳二其状一、4穂積臣咋所レ犯者、於二百姓中一毎レ戸求索、仍悔還レ物。而不二尽与一。其介富制臣・巨勢臣紫檀二人之過者、不レ正二其上一、云々。凡以下官人咸有レ過也。5其巨勢徳禰臣所レ犯者、於二百姓中一毎レ戸求索、仍悔還レ物。而不二尽与一。復取二田部之馬一。其介朴井連・押坂連二人者、不レ正二其上所一レ失。而翻共求二己利一。復取二国造之馬一。台直須彌、初雖レ諫レ上、而遂倶濁。凡以下官人咸有レ過也。6其紀麻利耆　臣所レ犯者、使二人於朝倉君・井上君二人之所一、而為牽二来其馬一視之。復使二朝倉君作レ刀。復得二朝倉君之弓・布一。復以二国造所レ送兵代之物一、不二明還レ主、妄伝二国造一。復於二所任之国一被二他偸レ刀。復於二倭国一被二他偸レ刀。是其紀臣・其介三輪君大口・河辺臣百依等過也。（中略）7其阿曇所レ犯者、和徳史有二所患一時、言二於国造一、使レ送二官物一。復取二湯部之馬一。其介膳部臣百依所レ犯者、草代之物収二置於家一、復取二国造之馬一、而換二他馬一来。（中略）8大市連所レ犯者違二於前詔一。前詔曰、国司等莫下於二任所一、自断中民之所訴上。輙違二斯詔一、自判二菟礪人之所訴及中臣徳奴事一。中臣徳亦是同罪也。（中略）9念二斯違レ詔、豈不レ労レ情。夫為二君臣一以二牧民一者、自率而正、孰敢不レ直。若君或臣、不レ正レ心者当レ受二其罪一。追悔何及。是以凡諸国司随二過軽重一、考而罰之。10又諸国造違レ詔、送二財於己国司一、遂倶求レ利、恒懐二穢悪一。不レ可レ不レ治。（下略）

G『日本書紀』大化二年三月甲申条

1凡始二畿内一及二四方国一、当二農作月一、早務二営田一。不レ合レ使レ喫二美物与一レ酒。2宜下差二清廉使者一告中於畿内上。3其四方諸国国造等、宜下択二善使一、依レ詔催勤上。

H『日本書紀』大化二年八月庚申朔癸酉条

詔曰（中略）今発遣国司、并彼国造、可二以奉聞一。去年付二於朝集一之政者、随二前処分一、以収二数田一、均給二於民一。勿レ生二彼我一。凡給レ田者、其百姓家近接二於田一、必先二於近一。如此奉レ宣。凡調賦者可レ収二男身之調一。凡仕丁者、毎二五十戸一一人。宜下観二国々壃堺一、或書或図、持来奉上レ示。国県之名来時将レ定。国々可レ築レ堤地、可レ穿レ溝所、可レ墾レ田間、均給使レ造。当レ聞二解此所上レ宣。

右のA～Hのなかで、いわゆる東国国司の史料と考えられるのは、A1234・E・F・Hであり、A5・B・C・D・Gは諸国への使者の派遣、あるいは倭国への使者の派遣を記したものである。以下、これらの史料のうち、A・E・F・HとB・C・Dがどのような関連をもつものなのかということを確認し、大化の東国国司の性質を明らかにしてゆきたい。

2　任務について

右に掲げた史料をみると明らかなように、東国国司にかんしては、Aに使の派遣、任務および任務遂行の際の禁止事項および注意事項が記され、E・FでAの任務遂行に対する功過が述べられる。そして、Hで再び使の派遣について記される。そこで東国国司の任務についてであるが、まず、A2の記載より、造籍・校田の任務が課せられていたことが知られる。ただし、その具体的内容としては人口調査・土地調査程度のことと考えられ(8)、編戸をともなう令制下の造籍・校田とは性質をことにするものであることは明らかである。

Ａ４より兵庫造営・武器収公の任務が課せられていたことが知られる。ここで問題になるのは、これらの任務がどのような形で遂行されたのかということであるが、このことを考える上で参考になるのが、Ａ３の東国国司が任務を遂行するにあたって出された禁止事項と、Ａの任務に対する国司の功過を、その違反内容も含めて詳細に記すＦ、そして、第二次東国国司といわれるＨである。

Ａ３の禁止事項には、イ．裁判をすること、ロ．貨賂をとること、ハ．上京の折に百姓を従えること、ニ．公事において使用する馬・食料は部内のものに限ること、ヘ．官人構成（従者の人数）、ト．出自を偽る豪族の言をそのまま中央に報告することが記される。このＡ３の記載内容から、東国国司の任務として、豪族をあるポストに銓擬するための資料を提出するということも定められていたことが知られる。そして、トの「有㆓求㆑名之人㆒」ということが具体的に何を意味するものであったのかといえば、この文の意味は地位を求める人という程度に解釈できる。この段階で大宝令制下における国郡制の構想があったかどうか疑問であるが、次に述べるように、『常陸国風土記』によれば、孝徳朝において、中央から派遣された使が評の官人の銓擬に何らかの形で関与していたことは明らかであるから、Ａ３トに記される内容は、この後、一〇年近く意味をもっていたことになる。

『常陸国風土記』信太郡条、行方郡条、多珂郡条、香島郡条にはそれぞれ建郡記事が載せられるが、それらは、現地の豪族が惣領高向大夫に申請して建郡が行われたという内容のもので、信太郡条、行方郡条、多珂郡条には癸丑年（白雉四年）、香島郡条には己酉年（大化五年）の年紀が入っている。そこでＡ～Ｈに記される東国国司の任務についてももう一度みてみると、Ｈが問題になる。

Ｈの「今発遣国司」はＡの派遣とは別のもので、関晃氏は「第二次東国国司」とした(9)。その任務は、国境の画定と地名の改定、築池などの勧農にかんすることである。この国司について、『日本書紀』には関係史料が他にみあたらないが、おそらくAの国司と同じ性質のもので、その任務も、造籍・校田（A2）、すなわち人口および土地の実態調査、A3トの地方行政区画の統治者の銓擬と探くかかわるものであると考えられる。なお、『常陸国風土記』に記される高向大夫の官職名「惣領」についてであるが、この惣領は天武朝以降に確認される上級国司としての総領とはことなる。

さて、この国司と惣領の任務遂行の実態であるが、それはAに対する違反について記すFの内容から知られる。まず、F6の「以二国造所レ送兵代之物一、不二明還一レ主、妄伝二国造一」は、A4に対する違反であり、このことから、国司が点検すべき武器を人民から集める役割を担っていたのは国造であったことが知られる。また、造籍・校田について直接示す史料はないが、これらにかんしては国司の功過が問題にされていないことから、国司が直接関与した形跡はうすく、国司が国造に行わせたものと考えるのが妥当であろう。

このように、国司は、人民に直接かかわる任務は国造を通して行ったのであるが、貨賂を禁じ（A3ロ）、国造たちが詔に違反して国司に財をおくったことを問題にしているのは（F10）、国造たちが自分たちの地位の確保を求めたということのほかに（A3ト）、土地や人民の実態を掌握する際に、国司と国造が結託し、正確な把握が不可能になることをおそれたという事情があったものと推測される(10)。

次に、このような国司と国造との関係は、律令制下の国司と郡司の関係と比較してみるとどうであるのかということを考えてみたい。大宝・養老令制における国司と郡司の関係は、国司が一国の支配にかんするほとんどすべての権限をもっていた。もちろんその権限を行使する際には郡司の協力を必要としたが、造籍・徴税など地方支配の基礎となる部分についての法規定は、国司自らが関与することになっていた（第Ⅱ部第一章）。そして、郡司は、その任用や考課はもちろんのこと、子弟の国学入学や兵衛・采女の貢進など、身分、待遇にかかわることも国司の支配下に置かれていたのである。

一方、大化の東国国司の場合はどうであるのかといえば、身分については、A3トをもって、国司による郡司銓擬の開始とする見解がある。(11)しかし、これは、先にも述べたように、国司が新しい行政区画の官人の銓擬にかかわっていたことを推測させるものではあるが、元年八月の段階で国司に課せられた任務は、「求レ名之人」の出自が国造・伴造・縣稲置であるのか否かを正確に調査することであり、その際、「求レ名之人」が地域支配の既得権を主張した場合、それをそのまま中央政府に報告することのないように、というのであるから、国司は、国造たちのそれまでの土地・人民の支配状態を十分に調査し、その結果については、あくまでも中央政府に報告するだけのものであったということになる。したがって、新しい地方行政区画の官人たるべき人物の銓擬にかかわっていたことは十分に推測されるが、それは資料を提供するだけのことであったと考えられる。

また、造籍・校田についても、国司は実際には国造を通してその任務を遂行したと考えられる。ただし、ここでの国司の任務は、人口・土地に関する調査を正確に行い、中央政府に報告するものであることから、大宝・養老令制における国司と郡司のような関係を認めることはできない。さらに、F7の阿曇連の違反では、本来は京に送るべき官物を国造にいいつけて自分のところに送らせたということが問題になっているが、このことから、官物の取り扱いには国造が関与していたことが知られる。

東国国司と国造との関係を考える際、注意しなければならないことは、政府が国司の功過を明らかにするにあたって、「朝集使」と国造に対して国司の行状を諮問していることである（F1）。朝集使は、令制では国内の官人考課を記した考文とその他の公文をもって上京する国司のことをいうが、この使は、八人中六人が法に従ったとする三月甲子詔（E）に対して、八人中五人が違反したという修正の結果を報告する。この使と国造とが国司の業績を判定する資料を提供する役割を担っていたのである。また、国造が国司の違反の摘発に直接かかわっていたことは、同じく地方豪族に出自をもつものであっても令制下の国司と郡司の位置づけとはことなる。

このように、Aに示された国司の任務の内容は、人口や土地の実態調査という程度のもので、人民の個別人身支配を実現する律令的な国司とはことなるものであり、国司と国造との関係も、大宝・養老令に規定される国司と郡司の関係とはことなる。したがって、この大化の東国国司の任務、およびその遂行の状況が律令国司制と同じものであったと考えることはできない。

3　東国国司派遣の意義

それでは、大化元年八月に派遣された国司は、それ以前のヤマト王権下におけるミコトモチと同じ性質のもので、新しいものはなかったのだろうか。右にみた任務のほか、派遣の形態や範囲もあわせて考察し、東国国司派遣の意義について考えてみたい。

まず、東国国司の性格については、基本的にはミコトモチであると考える。東国国司が派遣された大化元年八月という時期を区切ってみても、これ以降、特定の任務を帯びた使者の派遣はしばしばみられる。右に掲げた史料のB・C・D・Gは東国以外の地域を対象とするものであるが、いずれも、個々の任務を帯びた使者の派遣を記すものである。そして、東国国司の場合も、大化元年八月（A）にはじめて派遣され、一年後の大化二年八月（H）に再度の派遣がみられ、しかも、両者の任務はことなる。すなわち、Hの国司の任務は、国々の壃堺の状況の調査（行政区画の現状調査）、地名の改定、滻溉・開墾等勧農の問題であり、国の人口・土地の調査とは明らかにことなるものである。

また、国司の派遣期間についてであるが、大化元年八月に東国に派遣された国司が、翌二年三月以前には帰京していたことがEより明らかであるから、この期間は、最大限にみても七か月ということになる。一方、Hにみえる大化二年八月派遣の国司の任務は、先に述べたように、この後数年間にわたって『常陸国風土記』で確認することができる。それは己酉年（大化五年）と癸丑年（白雉四年）に、いずれも高向大夫らに申請して建郡を行ったという記事である。高向大夫にかんしては、このほかに池を築いた記事もあるが、彼らの在地での支配形態がどのようなものであったのかは詳らかではない。大化二年八月に派遣された国司（H）が、大化五年、白雉四年まで存続したのかどうかも定かではないが、仮に人員の交替はあったとしても、ある程度、長期間にわたって同一の事業が継続したことは明らかである。

なお、『常陸国風土記』の建郡記事の内容をみてみると、建郡（建評）の申請をしているのは、旧国造クラスの地方豪族であることが知られるが、このことは高向大夫とそれらの地方豪族がともに建郡（建評）事業に携わったことを示すものである。

次に、派遣範囲についてであるが、大化元年八月のいわゆる東国国司（A）については、東国を具体的にどの範囲とみるのかという点で説がわかれている。東国の範囲については、坂東諸国および陸奥という狭い地域に限定して考える説から、畿内以東という広い地域を想定する説まで、多くの見解が示されている。たとえば坂元義種氏の板東諸国・陸奥説、八木充氏の遠江・信濃・越前以東説、井上光貞氏の三河・信濃以東説、門脇禎二氏の駿河・信濃・美濃以東および越説、関晃氏、佐藤和彦氏の三河以東全域説、そして、中西康裕氏の畿内以東説[12]などである。

東国の範囲を特定する直接的な史料がほとんどないが、東国国司関係史料からは、その派遣範囲を坂東諸国というような狭い範囲に限定しなければならない理由は見出せないこと、大化における使者の派遣は全国的にみられるもので、東国国司の任務は大部分がそれらと共通するものであることから、東国という語の示す範囲は、ヤマトを中心にした場合、それよりも東方のかなり広い地域を指すものであったのではないかと考えられる。

以上のことをふまえて東国国司派遣の意義について考えてみると、それまでの地方支配政策とはことなる点が認められる。第一は、ある特定の事業が全国的な規模で同じ時期に行われようとしたことである。Ａ5・Ｂ・Ｃ・Ｄの倭国六県および諸国に派遣された使者の功過・実績については、『日本書紀』には記載されないが、その任務の内容はＡの東国国司と共通するものである。したがって、Ａ・Ｂ・Ｃ・Ｄから、人口調査や土地の実態調査、武器収公などは、ほぼ全国にわたって行われたものと考えられる。第二は、東国国司は複数の任務を帯びて任命されていることである。このことはＡ・Ｈの内容をみると明らかであり、しかも、数か月以上の間、派遣された地に留まり、任務の遂行にあたっている点で、基本的にはミコトモチの性格を有するものでありながらも、大化以前のものとはことなる側面をもつものであると考えられる。

一方、東国以外の地域に対する使者について、第二の点はあてはまるのかどうかということを考えてみたい。まず、倭国六縣への使者に対しては、Ａ5に記されるように、造籍・校田という任務が同時に課せられている。また、諸国への使者は、大化元年九月にＢとＣの二度、派遣がみられ、Ｂでは武器収公が、Ｃでは人口調査が命ぜられ、翌二年正月にはＤの兵庫造営というように、目的別に遣使が行われているようにもみえる。しかし、ＢとＣは非常に近い間隔での派遣であり、しかも、Ｃでは土地の貸し付けを禁止していることから、土地の実態調査を想定していることは、十分推測できる。これらのことから、諸国への使者の派遣においても、派遣形態には個々の目的別に使者の任命が行われるミコトモチの特質が認められるが、数か月という比較的短い期間ではあるが、内容的には関連性をもった、しかも東国国司に課せられたものと同様の任務がみられることが知られる。

このような遣使の状況から、大化元年八月から数か月の間に諸国へ派遣された使についても、ミコトモチとしての性格をもちながらも、大化以前のものとはことなるものであったと考えられる。そして、複数の任務を帯びて任命されたいわゆる東国国司も、全国的規模での遣使計画のもとに派遣が行われたものであったと考えられるのである。

4　諸国への遣使

このように、孝徳朝にはかなりまとまった内容の政策が遣使という形で全国的に実施されたわけであるが、次に、そのなかの「諸国」に対する政策の内容について、もう少し詳しい検討を加えてゆきたい。右に掲げたB・C・D・Gを対象とする。

Bは武器の収公を命じたものであるが、割注の或本に記される内容が注目される。すなわち、或本には、六月から九月までの間に諸国に使を遣して武器を集めさせたと記されるのであるが、この内容をそのまま事実として認めるとすれば、諸国への武器収公の命令が六月に出され、九月までかけて実施されたということになり、東国国司の派遣が行われた八月よりも早い時期の実施になる。一方、本文のみに従って解釈すれば、その時期は九月ということで、東国国司よりも後になる。このように、Bにかんしては、或本云の部分をどのように解釈するのかということによって遣使の時期に違いが生ずる。しかし、このことが問題になるとすれば、それは東国国司と諸国への遣使の性格に相違があると考える場合であって、両者の間には本質的な相違は認められないことから、この時期の前後の差は、事実がどちらであったとしても、それほど問題にしなくてもよいと考えられる。

ただ、Bに記されるような形で使者の派遣が行われたとすれば、東国国司の派遣に先行する形で諸国への使者の派遣が行われ、かつ、東国国司が任地において武器収公の任務を遂行したのと同じ時期に、それは全国的に行われていたということになるから、東国国司の任務の内容が全国的な政策として位置づけられるという点に注意しなければならない。

Cは、人口調査と土地の貸し付けの禁止を命じたもので、土地の貸し付けの禁止は、前述したように、土地所有の実態を把握するための措置と考えられる。また、Dは兵庫の造営を命じたものであるが、Bによって収公された武器はここに納められることになったものと推測される。

これらB・C・Dの内容は、東国国司に対する任務と共通するものである。ただ、ここでも「東国」と「諸国」・「郡国」という『日本書紀』の記述に従った区別を行い考察をすすめてきたが、Aは確かに東国に派遣された使者に対するものであるとしても、B・C・Dの「諸国」・「郡国」という表現のなかには、東国以外の諸国であるとか、西国を指すというようなことは、一切、記されていない。したがって、右に述べたBの或本の解釈ともかかわってくるが、B・C・Dの命令は、東国をも含む全国に対するものという解釈も可能なのであり、そのように解釈した場合、AがBの一環として行われたという位置づけがなされることを意味する。

しかし、実際には、B・C・Dを東国を含めた全国に対する命令とみなした上に、さらに東国国司の派遣命令が出されたと考えることは、Bの或本説のみについては可能かもしれないが、C・Dも含めてみてみると、きわめて不自然であり、したがって、「諸国」・「郡国」は「東国」以外の地域を指すものと考えて問題はない。それでは、なぜ、『日本書紀』は「西国」というような表現をせず、「諸国」・「郡国」と記したのかということが問題になるが、このことについては後述することにして、次にGに検討を加えたい。

Gは、勧農のための使者の派遣を命じたもので、その内容は、三月は農耕の月にあたるので人民は魚酒を禁じて営田に務めるようにというものであるが、畿内とそれ以外の地域を区別していることがわかる。すなわち、畿内に対しては清廉なる使者を派遣してその旨を行わせようとし、他の諸国に対しては国造を介して行わせようとしている。ここで、G3の文の読み方の問題に触れておかなければならない。

この部分は、「其れ、四方の諸国の国造等に、宜しく善使を択びて、詔のままに催し勤めしむべし」と読むことができる。このように読むと、政府が善使を選んで諸国の国造に詔の旨を徹底させたということになるが、「四方諸国国造等」を主語にすれば、国造が善使を選んで詔の旨を行わせたということになる。そこで、いずれの解釈が妥当であるのかということであるが、国造が勧農のために所管地域に使者を派遣するのは、一般的にはあまり考えられないこと、この詔が出されたとき、少なくとも、前年の八月に派遣された東国国司たちは帰京していたことが明らかであることから、[13]前者のように解釈し、この時政府の方策を国造たちに伝達するための使者が一斉に派遣されたと考えるのが最も妥当であろう。

まとめ

以上、大化における遣使の実態とその意義について考察を加えてきた。結論を述べたい。まず、大化における使者は、「東国」・「諸国」・「倭国六県」・「畿内」などというように、地域を区別しながらも、ほぼ同じ内容の任務を課せられたものが、全国的規模で派遣されるというものであった。このことは、ある一つの政策が全国一斉に行われようとしていることを意味し、しかも、その政策とは、人口調査や土地の所有状況の調査、あるいは武器の収公というような、中央政府による人民支配の根幹となる政策を実施するための基盤を形成するためのものであったのである。大化における遣使がそれ以前のものとはことなる新しい点はそこにあるのであるが、その一方、全国的に遣使を行う形態としてはきわめて変則的であったことも事実である。

すなわち、AとB・C・Dとの関係であるが、東国に対して国の詔によって使者が派遣され、在任している間に、B・C・Dの使者が重複して派遣されたという可能性はほとんどないと考えられるから、Aは東国および倭国六県、B・C・Dはそれ以外の地域を対象とするものと考えることができるのであるが、Aで東国への使者に課せられる複数の任務は、それ以外の地域へは、B・C・Dでそれぞれ別個の形で命ぜられる。また、『日本書紀』の表記も、実際には「東国」以外の地域を指すと考えられるB・C・Dに「西国」とかそれに類した記述をせず、「諸国」・「郡国」という表現をしている。これは、おそらく、政府は大化元年の六月から八月あたりまでの段階に人口調査以下の政策を全国的規模で実現する構想をもっていたが、それを全国一斉に行うための体制が整っていなかったために生じた現象と考えられる。ここで改新政府の政治過程を論ずる余裕はないが、新政府の大まかな方針は、孝徳天皇即位前紀六月乙卯条のいわゆる大槻樹下の盟に示されているのであるから、(14)八月頃になって、具体的な構想がうち出されることは十分に推測できる。そして、大槻樹下の盟の内容や国の「郡国」という表現は、中国・唐の統治理念や制度の影響を強く受けていることを示すものであるが、それだけに、現実には構想のとおりにはゆかず、右に述べたような変則的な状態になったものと考えられるのである。

注

（1）門脇禎二「いわゆる大化の東国『国司』について―その任務と業績再審査の意義」（『日本史研究』一三〇、一九七三年）、同『「大化改新」史論』（思文閣出版、一九九一年）。
（2）篠川賢『国造制の成立と展開』（吉川弘文館、一九八五年）。
（3）関晃「大化の東国国司について」（『文化』二六―二、一九六二年）。
（4）高橋崇「大化の東国国司について」（『日本古代史論苑』国書刊行会、一九八三年）。

（5）『日本書紀』皇極天皇元年九月乙卯条、同九月辛未条。
（6）関前掲注（3）論文。関氏は、「国司国造」を「国司たる国造」と読み、この句は国造だけを指しているという。
（7）推古天皇紀にみえる使と皇極天皇紀にみえる使とは、基本的には同じ性質のものであったと考えられる。
（8）井上光貞「大化改新と東国」（『日本古代国家の研究』岩波書店、一九六五年）。
（9）関前掲注（3）論文。
（10）このことについては、吉村武彦氏の見解が妥当であると考えられる。吉村武彦「律令制的班田制の歴史的前提について――国造制的土地所有に関する覚書――」（『古代史論叢』中巻、吉川弘文館、一九七八年）。
（11）薗田香融「国衙と土豪との政治関係」（『古代の日本』九、角川書店、一九七一年）。
（12）中西康裕「大化の『東国国司』に関する一考察」（『続日本紀研究』二四七、一九八六年）。
（13）B・C・Dの使者たちが国の段階で帰京していたのかどうかは、史料がないことから不明としかいいようがないが、国はそれらとは別個に全国的規模で行われたものとみて、とくに不都合はないと考える。
（14）渡部育子『郡司制の成立』（吉川弘文館、一九八九年）。

第二章　国司派遣制度の成立

前章では、大化の東国国司と大化元年から二年にかけて全国各地に派遣された使人は、ミコトモチとしての性格をもつものの、それはヤマト王権下のものとはことなることを明らかにした。律令国司制は、全国画一的な行政区分による公民支配と、区分された地域での統治にあたる官人派遣のシステムによって特徴づけられる。これらは孝徳朝の段階ではどちらも制度としては未成熟なままスタートし、漸次、整備されていったものと考えられる。本章では律令的地方支配制度構築の過程のなかで、早い段階の国司制にかんして考察する。この段階の国司制を便宜上、初期国司制と称することにする。

一　孝徳・斉明・天智朝の国司

国司制形成過程にかんする文献史料の数がとりわけ少ないのは孝徳朝から斉明・天智朝にかけての時期である。壬申紀からは乱における国司の動向についてある程度まとまった史料が得られるが、それを天智朝あるいはそれ以前の何時までさかのぼらせることができるのかということになれば、時期を特定することは容易ではない。しかし、近年出土したこの時期の年紀をもつ木簡の内容と、『日本書紀』や『風土記』の記事をあわせて検討することによって、初期国司制の様相がかなり明らかになってきた。

律令国司制は、国が行政単位として区分されていること、そこに中央官人（国司）が常駐して統治されていることの二つの条件が満たされなければならない。日本列島全域にわたってみてみると、国は全国一斉に成立したのではなく、いくつかの画期をもって整備された。したがって、その最初の段階では制度的には未成熟な形でみられる場合も想定されるし、整備の進み具合が地域によってことなっていたものと考えられる。しかし、ある地域を中央政府が掌握する際の方法として、区画を線引きした形でそこに居住する人々を掌握するのか、それとも在地の豪族などを介して人的まとまりとして掌握するのかという相違はあっても、中央政府による全国的レベルでの行政区画の設置が志向されたことの意義は大きい。豪族を介する人的掌握という形態をとったとしても、国の範囲が決定すれば、管轄区域を指定して常駐の国司派遣が可能になる。この政策によって日本列島のほぼ全域が同一のシステムで区分されることになり、そのような区画に中央官人を派遣することで全国的に画一的政策をとることが可能になるからである。

このような事業の起点として、いわゆる大化の東国国司が注目される（第一章）。とくに大化二年八月の派遣では、国司には国々の境界を観て国の境を書や図として記録したものを報告するという任務が課せられた。国司がそれを持参した時、その報告をもとに政府が地名を定めた。このことは、それまで国造が治めていたクニの範囲を確認するだけではなく、新たな行政区画の設置を意味する。

大化二年八月派遣の国司に課せられた任務の内容と類似することが、『常陸国風土記』では高向大夫の活動にかんする記載のなかにみられる。

『常陸国風土記』行方郡条

古老曰、難波長柄豊崎大宮馭宇天皇之世、癸丑年、茨城国造小乙下壬生連麿、那珂国造大建壬生直夫子等、請二惣領高向大夫・中臣幡織田大夫等㆒、割㆓茨城地八里㆒、合㆓七百余戸㆒、別置㆓郡家㆒。

『常陸国風土記』香島郡条

古老曰、難波長柄豊崎大朝馭宇天皇之世、己酉年、大乙上中臣□子・大乙下中臣部兎子等、請㆓惣領高向大夫㆒割㆓下総国海上国造部内軽野以南一里、那珂国造部内寒田以北五里㆒、別置㆓神郡㆒。其処所㆑有天之大神社・坂戸社・沼尾社合㆓三処㆒惣称㆓香島天之大神㆒。因名㆑郡焉。

『常陸国風土記』多珂郡条

古老曰、斯我高穴穂宮大八洲照臨天皇之世、以㆓建御狭日命㆒任㆓多珂国造㆒。（中略）其後、至㆓難波長柄豊崎大宮臨軒天皇之世㆒、癸丑年、多珂国造石城直美夜部・石城評造部志許赤等、申㆓請惣領高向大夫㆒、以㆓所部遠隔往来不㆑便、分置㆓多珂石城二郡㆒。

『風土記』逸文常陸国信太郡条

古老曰、難波長柄豊崎宮御宇天皇之御世、癸丑年、小山上物部河内・大乙上物部会津等、請㆓惣領高向大夫等㆒分㆓筑波・茨城郡七百戸㆒置㆓信太郡㆒。

当時、天武朝以降にみえるものと同じ惣領という官職が設けられていたのかどうかということが問題になるが、ここでは高向大夫らの行動と、この地域における行政区画の画定という点に注目してみたい。

右の史料から常陸の地方豪族が高向大夫に建郡（建評）の申請をし、その結果、新たな行政区が成立したことが知られる。その時期は己酉年（大化五年、六四九）から癸丑年（白雉四年、六五三）にかけてである。ここで注意しなければならないのは、高向大夫は常陸国の国司ではないということ、建評を進める上で国の範囲が問題になっていることの二点である。高向大夫の活動は常陸国一国にとどまるものではない。たとえば香島郡条には、立評に際して下総国の一部を分割したことが記される。このことから、評という行政区画を設置するためには令制国に相当する複数の国が関与する場合があったことが知られる。国と国の境界を線引きするためにはその下部機構にあたる行政区である郡あるいは評が機能している必要であるから、この時点で律令的国の存在を想定することには無理がある。しかし、一定の地域をまとめて国とした実態は確認できる。そして、国の範囲の形成は建評と連動するものであった。すなわち、香島評の成立によって常陸国と下総国の範囲が決定されるのである。

このような二国以上にまたがる行政区画の画定を行う際には、一国の範囲を越える広域を管轄する官人の派遣が不可欠の要素となる。高向大夫は、己酉年（大化五年）・癸丑年（白雉四年）を含む数年間にわたってこの地域に駐在したものと考えられる。高向大夫が坂東諸国全体にわたって活動したのかどうかはわからない。ただ、それは、この地域の『風土記』に常陸国以外にまとまって残っているものがないことからわからないのであって、『常陸国風土記』総記の記載内容を事実と認めれば、高向大夫らの活動範囲は坂東諸国全域に及ぶものであったと考えることに不都合は生じない。

『常陸国風土記』総記

常陸国司解、申二古老相伝旧聞一事。問二国郡旧事一、古老答曰、古者、自二相模国足柄岳坂一以東所県物称二我姫国一。是当時、不レ言二常陸一。唯、称二新治・筑波・茨城・那賀・久慈・多珂国一、各遣二造別一令二検校一。其後、至二難波長柄豊崎大宮臨軒天皇之世一、遣高向臣・中臣幡織田連等、惣二領自レ坂已東之国一。于レ時、我姫之道分為二八国一。常陸国居二其一一矣。

この「国」が具体的に何を指すものなのかということが問題であるが、難波長柄豊崎大宮臨軒天皇（孝徳天皇）の時にわけられた八国は、国造のクニではなく令制国に直接つながる国と考えられる。常陸も、新治・筑波・茨城・那賀・久慈・多珂の国の称していたものが、これ以降、常陸国と称するようになったという説明は、国造のクニから令制国へという変化を表すものである。すなわち、この史料は坂東における国の成立を示すものである。[1] そして、政府が直面する最大の課題は豪族層の支配ということであったと考えられる。というのは、当時はまだ個別人身支配の体制が整備されておらず、豪族を確実に支配下に置くことで、その豪族支配下の人民を掌握するという方法をとっていたからである。

大宝令制下の国に通ずる構想は大化二年正月の改新の詔のなかにみえる。

『日本書紀』大化二年正月甲子条

賀正礼畢、即宣改新之詔曰（中略）其二曰、初修㆓京師㆒、置㆓畿内・国司・郡司・関塞・斥候・防人・駅馬・伝馬㆒、及造㆓鈴契㆒、定㆓山河㆒。（下略）

改新の詔にかんしては、慎重な検討が必要である。「畿内国司郡司」については「畿内国の司・郡司」という読み方もできるが、「畿内・国司・郡司」と読み、国司は「国の司」の意味に解釈するのが文意として妥当である（第一章）。改新の詔の文章に『日本書紀』編者の手が加えられていることは、郡の文字一つをとってみても明らかであるが、その内容のすべてが虚構であったのではない。[2] 大化の段階では直ちに施行できなくても施政方針・理念を示したものも多いのではないかと考える。それらのなかにはゼロからのスタートではなく、ヤマト王権下の制度を発展的に利用した事柄もあったのではないかと考える。

ところで、令制国の成立時期を明記する史料は、辺境など一部の地域を除くときわめて少ない。令制国の大部分は大宝令以前に成立するが、『日本書紀』にはそのことはほとんど記載されない。そのようななかで、次の史料は注目に値する。

『扶桑略記』天武天皇九年七月条

割㆓伊勢四郡㆒、建㆓伊賀国㆒。別㆓駿河二郡㆒為㆓伊豆国㆒。

これは伊賀国と伊豆国の成立を示すものであるが、『国造本紀』には、伊豆国造は孝徳朝に駿河国に隷き天武朝に分置されたこと、伊賀国造も孝徳朝に伊勢国に隷き、天武朝に割置されたことが記される。これらの史料から「国造」が最初に「国」に編成されたのは難波朝すなわち孝徳朝、再編されたのは飛鳥朝すなわち天武朝であったことが知られる。『国造本紀』の記載内容のすべてが歴史的事実として正しいとは限らないが、右の二国造の孝徳朝における変化については、事実に近いものであったのではないかと考えられる。それは次のような理由からである。『国造本紀』の伊豆国造の項には「難波朝御世、隷㆓駿河国㆒。飛鳥朝御世、分置如㆑故」とあり、伊賀国造の項には「難波朝御世、隷㆓伊勢国㆒。飛鳥朝代、割置如㆑故」とある。「国造」が「難波朝御世」に「国」に隷《れい》したという「国」はヤマト王権下の国造のクニではなかったことは明らかであり、また、孝徳朝における政治改革で、旧制ともいえる国造のクニの集合体が新たに作られたという可能性もほとんど考えられないから、結局、律令国司制の国の初期の段階と考えられる。そして、『扶桑略記』の内容から天武天皇九年以前には、伊賀が分置されない状態の伊勢国、伊豆が分置されない状態の駿河国が存在したことが知られる。そのような天武天皇九年以前の国がどのような性格のものであるのかといえば、天武天皇九年の事業はあくまでも国の分割ということであるので、規模はことなるが律令国司制という点で同質のものということになる。そのような国の概念がはじめて意識された時期として孝徳朝のもつ意味は大きい。律令国司制の形成過程の歴史的事実としてはもちろんであるが、天武朝においても「難波朝御世」が一つの画期とみられていたことが知られる。

孝徳朝の国について、『日本書紀』では次の記事が注目される。

『日本書紀』白雉元年二月庚午朔戊寅条

穴戸国司草壁連醜経、献二白雉一曰、国造首之同族贄、正月九日、於二麻山一獲焉。

『日本書紀』白雉元年二月甲申条

又詔曰、四方諸国郡等、由二天委付一之故、朕総臨而御寓。今我親神祖之所レ知穴戸国中、有二此嘉瑞一。所以大二赦天下一、改二元白雉一。仍禁レ放二鷹於穴戸堺一、賜三公卿大夫以下至二于令史一、各有差。於レ是褒二美国司草壁連醜経一、授二大山一、并大給レ禄、復二穴戸三年調役一。

これらの記事は、穴戸国司が穴戸国を統治していたことを示すものである。穴戸は長門の古名と考えられる。この史料は従来の国司制成立過程の研究ではあまり重視されなかった。その理由として、『日本書紀』の表記が郡の文字だけではなく国名や国司の官職名にかんしても大宝令以降の知識によって書き換えられている可能性が否定できないことが考えられる。確かに、国司という表記も、正確には宰あるいは国宰であったと考えられる。しかし、この史料の内容が当時のものでなかったという根拠はないのである。したがって、この史料の内容を孝徳朝の国の実態とみなすことは妥当性を欠くものではない。

白雉は『延喜式』治部省祥瑞条では中瑞とされる。この時穴戸国司が献上した白雉は、国造である首の一族の贄が正月九日に麻山で捕獲したものである。この時期に令制下の一国一員の国造の制度はまだ成立していなかったから、贄は旧国造一族ということになる。行政区としての評が設置されている時期であるが、国司と旧国造一族が密接な関係をもっていたことが知られる。新たな地方行政機構の構築に着手したのは、大化元年八月のことであった。そこでは旧国造が重要な役割を果たしていたことは第一章で述べたとおりである。

このような初期律令国家の段階での国司制の特徴は、豪族を掌握し人的まとまりを単位とする形で地域支配を行うところにあった。斉明紀にみえる国司もそうである。

『日本書紀』斉明天皇四年是歳条

是歳、越国守阿倍引田臣比羅夫討二粛慎一、献二生羆二・羆皮七十枚一。

越国守阿倍引田臣比羅夫は、同年四月条にみえる一八〇艘の船を率いて齶田・渟代の蝦夷を伐った「阿倍臣」と同一人物と考えられる。比羅夫は斉明天皇六年までの間に三度の北方遠征を行っている。越は国名、国守は官職名であるが、その国の範囲がどこまでであったのか正確にはわからないし、「国守」という呼称についても大宝令制のような官制をともなっていないことは明らかである。次の史料も同じように考えられる。

『日本書紀』斉明天皇五年三月条

是月、遣二阿倍臣一、率二船師百八十艘一、討二蝦夷国一。（中略）授下道奥与レ越国司位各二階、郡領与二主政一各一階上。

「道奥与レ越国司」とあるが、越だけではなく道奥（陸奥）も北の境界がどこまでであったのか定かではない。ただし、国と国司が中央政府による地方支配のなかで一定の機能を果たしていたことは事実である。

国司と旧国造クラスの豪族の関係を示すものとして。次の史料が注目される。

『日本書紀』斉明天皇六年三月条

遣二阿倍臣一、率二船師二百艘一、伐二粛慎国一。阿倍臣以二陸奥蝦夷一、令レ乗二己船一、到二大河側一。於レ是渡嶋蝦夷一千餘、屯二聚海畔一、向レ河而営。々中二人進而急叫曰、粛慎船師多来、将レ殺二我等一之故、願二欲済レ河而仕官一矣。阿倍臣遣レ船喚二至両箇蝦夷一、問二賊隠所与二其船数一。両箇蝦夷便指二隠所一曰、船廿餘艘。即遣レ使喚。而不レ肯レ来。阿倍臣、乃積二綵帛・兵・鉄等於海畔一、而令二貪嗜一。粛慎、乃陳二船師一、繋二羽於木一、挙而為レ旗。斉レ棹近来、停二於浅処一。従二一船裏一、出二老翁一、廻行、熟視二所レ積綵帛等物一。便換二着単衫一、各提二布一端一、乗レ船還去。俄而老翁更

来、脱二置換衫一、并置二提布一、乗レ船而退。阿倍臣遣二数船一使レ喚。不レ肯レ来、復二於弊賂弁嶋一。食頃乞レ和。遂不レ肯レ聴。拠二己柵一戦。于レ時能登臣馬身龍為レ敵被レ殺。猶戦未レ倦之間、賊破殺二己妻子一。

三度目の遠征で、比羅夫軍と粛慎との間に戦闘がみられた。三度にわたる比羅夫の遠征でおきた唯一の武力衝突である。この戦闘で殺害された能登臣馬身龍は能登地方の国造系豪族で、比羅夫の要請によって、自らが掌握している軍を提供したものと考えられる。

越には高志深江国造や高志国造、道君など阿倍氏と同族関係があると思われる豪族が分布することから、ヤマト王権の時代から支配力を発揮していたものと推測される。そして、比羅夫の越国司への任命も、そのような氏族の伝統的性格ゆえのことではなかったのかと考えられる。

六年三月の北征後、比羅夫の活動の場は西日本に移った。比羅夫は天智天皇即位前紀八月には百済救援軍の後将軍に任命された。また、『続日本紀』養老四年正月庚辰条の阿倍朝臣宿奈麻呂の薨伝に「後岡本朝筑紫大宰帥大錦上比羅夫之子」とあることから、斉明朝に筑紫大宰府の長官の任にあったことが知られる。結局、比羅夫は斉明朝の蝦夷政策と外交政策の推移のなかで任務が変化するが、その際、政府にとって必要であったものは水軍を有する阿倍氏の軍事力である。すなわち、氏族固有の性格が官人のポストを決定する条件になっていた。

このような『日本書紀』や『風土記』から読み取れる初期律令国家の地方支配については、発掘調査によって出土した木簡の記載内容から、その具体的様相もかなりわかるようになってきた[3]。とりわけ二〇〇二年に奈良県高市郡明日香村の石神遺跡第一五次調査で出土した乙丑年の年紀をもつ木簡は重要である。それは乙丑年（六六五年）すなわち天智天皇の時代に、後の美濃国武芸郡大山郷で国—評—五十戸の支配が行われていたことを示す木簡である[4]。三野は美濃の古い表記である。

・乙丑年十二月三野国ム下評
・大山五十戸造ム下部知ツ
　□（従カ）人田部児安
（『飛鳥・藤原宮発掘調査出土木簡概報』一七―三四）

国―評―五十戸という関係がみられるが、この木簡が発見されるまでは、最も古い年紀は一九九七年に飛鳥池遺跡から出土した木簡に記載される丁丑年（天武天皇六年、六七七）であった。

・丁丑年十二月三野国刀支評次米
・恵奈五十戸造　阿利麻
（『飛鳥・藤原宮発掘調査出土木簡概報』一三―一三）

石神遺跡出土の木簡が注目される最大の理由は、全国的規模で戸籍が造られた庚午年籍以前に国―評―五十戸という形での人民支配の形態を読み取れる可能性があることであろう。この場合、五十戸の掌握をどのような形で行ったのかといえば、大宝令にみられるような形で中央政府が五十戸を掌握したのではなく、中央政府と政治関係を結んだ豪族が五十戸分を請け負うという形も想定できる。この木簡の五十戸造（人名）の造には、代表者の意味があったと考えられる。[5]

五十戸表記については、里に先行する表記という鎌田元一氏の見解が妥当であると考えられる。[6]すなわち国―評―五十戸は国―郡―里という表記に先行する行政区分と考えられる。五十戸の編戸のはじまりの時期をどこまでさかのぼって考えることができるのかということが問題であるが、大宝令にみられるような領域的編戸が庚午年籍以前に全国的に実施されたとは考え難い。したがって、その編戸の実体は族制的編戸と考えるのが妥当であろう。すなわち、律令制＝領域的編戸（五十戸一里）の確立への準備段階として、族制的編戸による人民掌握システムが日本列島の広範囲に実施された時期があったものと推測される(7)。

石神遺跡出土木簡で注目を集めた乙丑年（天智天皇四年、六六五）は、『住吉大社神代記』の播磨国賀茂郡椅鹿山領地田畠の由来を記した箇所にもみえる。「乙丑年十二月五日、宰頭伎田臣麻呂・助道守臣壱夫」という部分は、初期国司に頭・助の官制があり、長官は宰頭と称せられていたことを示す史料として従来からとりあげられていた(8)。

乙丑年前後の播磨国の国司にかんしては『日本書紀』と『風土記』に次のような記事がみえる。

『日本書紀』天智天皇即位前紀是歳条

　是歳、播磨国司岸田臣麻呂献二宝剣一言、於二狭夜郡人禾田穴内一獲焉。

『播磨国風土記』讃容郡中川里船引山条

　船引山。近江天皇之世、道守臣、為二此国之宰一、造二官船於此山一、令二引下一。故曰二船引一。

また、揖保郡香山里条に、この里はもとは鹿来墓と名付けられていたが、道守臣が宰の時に名を改めて香山としたとある。道守臣については、『日本書紀』天智天皇七年十一月乙酉条に小山下道守臣を新羅に遣わすという記事がみえる。小山下は天智天皇三年に定められた二十六階冠位の十八番目である。

『住吉大社神代記』の宰頭・伎田臣麻呂は『日本書紀』天智天皇即位前紀の播磨国司岸田臣麻呂に、助・道守臣壱夫は『播磨国風土記』の道守臣と同一人物であると考えて、とくに不都合はない。岸田臣麻呂は六六一年から六六五年を含む期間、播磨国に在任したことになる(9)。ただ、道守臣にかんしては天智朝に国司であったことしかわからない(10)。

以上のことから律令制下の国という概念、および中央から国司官人を派遣するという形態が孝徳朝から天智朝までの間に成立していたのは明らかである。[11] ただし地図上に線引きされるような国の区画ではなく、人的まとまりとして地域を掌握するという方法がとられたものと考えられる。国司が所管地域を支配する際にも、評の官人や旧国造クラスような豪族を掌握することで、可能になるものであった。また、一国の規模に基準があったのかといえば、右の史料にみえる越、道奥、穴戸、播磨からは、一つの基準をもって区分したと考えることは難しい。律令国司制の初期の段階では、全国的にみるとバラエティーに富む情況が読みとれるのではないかと考える。さらに、このような国の成立時期については、この期間内での最大の画期は孝徳朝に求められるが、こちらも、全国一斉に行われた可能性は低いと思われる。

律令国司制は、完成された形としては全国画一的に機能することを志向する制度であり、同一原理による日本列島内の区分が決定し官制のルールが定められると、機構として独り歩きすることが可能になるが、七世紀中葉のスタート時点においては、かなりの地域間格差があったものと推測され、また、国司への任命も王権と氏族の固有な関係に依存する場合もあったのである。この地域間格差を均一のものに整え、人を変えても機能する官制を整えるのが約半世紀にもわたる国司制の形成過程なのである。

注

（1）今泉隆雄「多賀城の創建—郡山遺跡から多賀城へ—」（『条里制・古代都市研究』一七、二〇〇一年）。鐘江宏之氏は『常陸国風土記』にみえる高向大夫・中臣幡織田大夫は国司制につながる地方官であり、その管轄範囲が律令制の国の単位につながるとする（鐘江宏之「七世紀の地方社会と木簡」『日本の時代史3　倭国から日本へ』吉川弘文館、二〇〇二年）。
なお、大町健氏は、常陸国風土記の立評は高向大夫との関係において行われ、常陸国の存在は認められないとする（大町健「律令制的国郡制の特質とその成立」『日本史研究』二〇八、一九七九年）。しかし、そもそも、立評はミコトモチの任務であり、律令国司制の完成型においてみられる中央―国（国司）―郡（郡司）・評という場合だけではなく、中央政府から直結するものである。また、「惣領」高向大夫が行ったと記されることが、常陸国という掌握がなされなかったということとイコールではない。

（2）難波宮を例にとってみると、『日本書紀』の記述に信憑性が高いと認められる。大化元年（六四五）十二月に遷都の記事がみえ、白雉三年（六五二）に完成した難波長柄豊崎宮は、天武朝まで存続した可能性がきわめて高いことが発掘調査の結果、明らかにされた（中尾芳治『難波宮の研究』吉川弘文館、一九九五年）。

（3）鐘江宏之「七世紀の地方社会と木簡」（『日本の時代史3　倭国から日本へ』吉川弘文館、二〇〇二年）、森公章「評制下の地方支配と令制国の成立時期」（『日本歴史』六五七、二〇〇三年）、森公章「国宰、国司制の成立をめぐる問題―徳島県観音寺遺跡出土木簡に接して―」（『歴史評論』六四三、二〇〇三年）、亀谷弘明「七世紀の飛鳥京木簡と地域支配」（『歴史評論』六五五、二〇〇四年）。

（4）『奈良文化財研究所紀要　二〇〇三』、『奈良文化財研究所紀要　二〇〇四』。石神遺跡第一五・一六次調査で出土した木簡のなかで、乙丑（天智天皇四年、六六五）の年紀をもつものは一点だけで、他は乙亥（天武天皇四年、六七五）から壬辰（持統天皇六年、六九二）の時期のものである。石神遺跡出土の木簡については市大樹「石神遺跡（第一五次）の調査4木簡」（『奈良文化財研究所紀要　二〇〇三』）。

（5）直木孝次郎「五十戸造と五十戸一里制」（竹内理三編『伊場木簡の研究』東京堂出版、一九八一年）。

（6）鎌田元一『律令公民制の研究』（塙書房、二〇〇一年）四六頁。

（7）領域的編戸と族制的編戸については岸俊男『日本古代籍帳の研究』（塙書房、一九七三年）、鎌田元一『律令公民制の研究』（塙書房、二〇〇一年）二九頁。

国―評―五十戸制の成立を孝徳朝に認める見解も出されている（吉川真司「律令体制の形成」日本史講座1『東アジアにおける国家の形成』東京大学出版会、二〇〇四年）。ただし、「国―評―五十戸」木簡の国について、乙丑年・丁丑年とも美濃国の特殊な例とする見解もある（森公章「評制下の地方支配と令制国の成立時期」（『日本歴史』六五七、二〇〇三年）。

（8）田中卓「常道頭」（『続日本紀研究』一―三、一九五四年）、東野治之「四等官制成立以前における我が国の職官制度」（『長屋王家木簡の研究』塙書房、一九九六年、一九七一年初出）。

（9）早川庄八氏は『播磨国風土記』の道守臣の史料をもって、天智朝に播磨国の国宰制が成立したと結論づける（早川庄八「律令制の形成」岩波講座『日本歴史』二、岩波書店、一九七五年）。しかし、『播磨国風土記』の該当部分については、天智朝にはすでに国が成立しており、そこに道守臣が宰として派遣されたという解釈もできる。

（10）篠川賢氏は、道守臣は六六五年には助として赴任したとする（篠川賢『日本古代国造制の研究』吉川弘文館、一九九六年）。

（11）八木充氏は、凡直国造制は国造の国を単一の賦課単位とする行政区画とする（八木充『日本古代政治組織の研究』塙書房、一九八六年）。初期国司の治めた国が凡直国造制とことなるのは、凡直国造制がみられるのは山陽・南海地域に限られること（律令国司制は全国的規模を想定する）、国造のクニをいくつかまとめた広域の行政区画であることから、一つの行政区画としての範囲は律令制下の国にも共通することもあり得るが、中央政府がそれをどのような形で支配するのかという点で、根本的にことなる。すなわち、律令国司制は日本列島のほぼ全域を同一の原理で支配するための制度であり、その区画を統治するのは中央から派遣される官人であった。そして、その官人は管轄区域の統治のかんするあらゆる事項に携わるべく任命された。したがって、凡直国造制下でのミコトモチ派遣とは支配構造がことなるのである。

二　壬申の乱と国司

『日本書紀』の壬申の乱にかんする記述のなかには、初期国司制にかんする内容が多くみられる。この乱では大海人皇子、大友皇子の双方がそれぞれ国司に命じて兵力の動員を試みた。実際に国司がどのような動きをしたのか、中央―

国―評の機構がどのように機能したのかを明らかにすることは、とりもなおさず天智朝の国司の実態解明につながる。

1　問題の所在

乱がはじまって一か月たった天武天皇元年七月辛亥（二十二日）に、難波以西の国司に対して官鑰・駅鈴・伝印を進上させるという命令が下された。

天武天皇元年紀七月辛亥条

将軍吹負、既定二倭地一、便越二大坂一往二難波。以余別将等各自二三道一進、至二于山前一、屯二河南。即将軍吹負、留二難波小郡一、而仰二以西諸国司等一、令レ進二官鑰・駅鈴・伝印一。

この記事は国司制の成立過程の全体像を構築する際に大きな影響をもつもので、大化から大宝までの諸段階の画期を示す史料として注目されてきた。黛弘道氏は、官鑰は正倉・兵庫等の鎰《いつ》一切を含む、これは行政的な処置で大宝令の施行時まで続くものである、ここには難波以西とあるが後に全国的に行われたものである、この処置によって国司は財政権および軍事権を奪われ国司の権限は著しく縮小したと解釈した[1]。このような見解に対して福井俊彦氏は、官鑰兵庫の鑰《かぎ》のみを指し正倉の鑰は含まれない、この処置は大海人皇子側の軍事行動の一環で一時的なものである、この命令が下された範囲は難波以西に限定される、この命令は国司の権限に変化をもたらすようなものではなかったと解釈した[2]。

黛氏の解釈は壬申の乱研究のみならず国司制研究にも大きな影響を与えた[3]。たとえば、早川庄八氏は大宝令以前の国司制度について、天武天皇元年紀七月辛亥条にかんしては黛氏の解釈をほぼそのまま継承し、壬申の乱以前の国司は強大な権限をもっていたが、天武朝の国司は正倉管理権も兵器検校の任務をもたない、民政のみに携わる行政官僚にすぎなかったと結論づける(4)。

八木充氏、笹川進二郎氏の視座はことなる。八木氏はこの処置が国司から権限を奪ったものであるというが、ここでの国司は総領を意味すると解釈する。この処置によって総領は形骸化し国司に対しては逆に権限を与えることになったという。また、八木氏はこの処置は西日本に限定されるものであるという(5)。笹川氏は、この処置は西国軍を統轄しようとする軍事行動の一つである、官鑰（兵庫の鑰のみを意味する）・駅鈴・伝印を総領所に返還させ、そのことによって総領―国宰系列による地方支配秩序の安定をはかったという解釈を示す(6)。

七月辛亥条にかんしては、①吹負のとった処置は壬申の乱における軍事行動の一環であるのか、それとも、乱が一応終結したということでとられた行政的処置であったのか、②官鑰の内容として正倉・兵庫の両方の鑰が含まれるのか、それとも兵庫の鑰だけなのか、③「以西」を文字どおり西日本のみと解釈するのか、それとも後にはこの処置が東日本にまで及ぼされたと解釈するのか、④「国司」を令制的な国司と解釈するのか、総領と解釈するのか、⑤この処置は国司の権限を奪おうとしたものであるのかどうか、の五点について検討しなければならない。

2　吹負の行動をめぐって

まず①について。吹負の命令が乱における軍事行動の一環であるのか、それとも天武朝の政策に影響を及ぼす行政的な処置であるのかということを明らかにするためには、この命令が下された七月辛亥の日の時点までの戦況が有力な判断材料になる。

まず、近江の戦況についてであるが、村国連男依の軍が七月丙申（七日）には息長の横河で、戊戌（九日）には鳥籠山で、壬寅（十三日）には安河浜の戦いで大勝利をおさめたことによって、大海人皇子側は優位に立つことができたのである。丙午（十七日）には安河浜よりもさらに大津に近い栗太付近の近江軍を討っている。そして辛亥（二十二日）、男依は瀬田に到った。瀬田は大友皇子側の最後の砦であり、大友皇子側はこの戦いに兵力の大部分を注いだものと考えられる。(7)したがって、近江方面においては、ここで大海人皇子側の勝利が確定したようなものである。

一方、大和の戦況はどうであったのだろうか。吹負は六月己丑（二十九日）に大和で兵を挙げ、飛鳥古京を制圧することに成功したが、七月癸巳（四日）に乃楽山で近江軍の将・大野果安と戦って敗れ、近江軍の古京攻撃をかろうじてまぬがれるという事態になっていた。この時、吹負はわずかの兵とともに逃げるのであるが、その途中、置始蓮菟が一〇〇〇余の兵を率いてきたのと遇い、態勢を立て直すことに成功する。そして、当麻で壱伎史韓国の軍と戦い、韓国をとらえることはできなかったが、近江軍を敗退させることに成功した。さらに、上・中・下三道に兵をわけて戦い、苦戦の末、勝利をおさめる。この時から辛亥（二十二日）までの吹負の動きの詳細については不明であるが、吹負は勝利は得たものの大和ではかなりの苦戦をしいられていることから、近江軍が再び攻めてこないように防備を固めるか、あるいは大海人皇子の次の指示を待っていたのであろう。

辛亥の日、吹負は大坂を越えて難波にゆき、(8)他の将軍たちは大和の上・中・下三道から進んで山城国の山前にいたり河の南に集まる。(9)(10)七月のはじめに近江軍を敗退させた後しばらくは積極的な行動をとることはなかったが、この間に大和方面の安定を確認した上での動きであったと推測される。大和を後にして山城まで進むという行動は、何よりも大和の安定を意味している。このことは吹負の場合についても同様で、それは『日本書紀』に「既定倭地」と明記されていることからも明らかである。

以上、壬申の乱における近江、大和、それぞれの戦況についてみてきたが、七月辛亥の日の段階で大友皇子側の敗退は決定的であった。この翌日、大友皇子は自殺する。

このように、乱の経過のなかで七月辛亥の日はどのような時点に位置するのかといえば、乱の実質的な終結の段階である。さらに壬申の乱において国司に対してとられた軍事に関する命令をみてみると、乱が勃発する前月、五月是月条の美濃・尾張両国司への兵士徴発命令、六月辛酉朔壬午条の諸軍差発命令、同丁亥条の尾張国司守が二万の兵を率いてきたこと、七月辛卯条の河内国司守が軍衆を集めたことなど、主として兵の徴発ということに限られ、その範囲もせいぜい一国か二国にとどまるというものであった。七月辛亥の日の命令は軍事行動と解釈するよりは、行政的性格の強い命令と解釈する方が妥当であると考えられる。

3　官鑰について

次に②について。官鑰は兵庫の鑰のみであったのかどうか。福井氏が論拠としてあげるのは、軍事行動の一環として官鑰を奪ったという点のみである。笹川氏は、官鑰のなかで後の不動・動用倉に継承される鑰は総領所に属する官職である税司で保管したから、ここでいう官鑰は兵庫の鑰のみであるという。このような見解が妥当であるのかどうかということであるが、まず、吹負の命令は軍事行動とみなすことはできない。また、税司が総領所に属する官職であったかどうかは別として、当時、総領が設置されていたのかどうかといえば、史料上の根拠はない(11)。総領は天武朝になってから設置されたもので、成立期の国司制の不備を補うために設けられたものであるが、養老年間の按察使制のように全国の国が必ずどこかの総領の支配下に入るというような厳密なものではなかったのである。また、史料にみえるのは西日本の筑紫・吉備・周防・伊予のみである(12)。

それでは官鑰というのは正倉・兵庫の鑰の両方を指すという結論になるのかといえば、官鑰が兵庫の鑰だけを指すという説の論拠が成りたたないというだけで、直ちにそのような結論を導きだすには無理がある。そこで官鑰の内容として正倉・兵庫の両方の鑰が含まれるのかどうかという点を吟味しておく。

まず兵庫の鑰についてであるが、『日本書紀』天智天皇七年七月条に「于レ時、近江国講レ武」とあることや、壬申の乱において兵士差発の命令が国司に下されていることなどから、大宝令制のような形ではないが、国司が何らかの形で軍事権を握っていたことは明らかである。したがって、官鑰に兵庫の鑰をあげることは妥当であると考える。次に正倉の鑰についてであるが、正倉の鑰を国司が握っていたかどうかを示す史料はほとんどないので、やはり、国司に財政権が与えられていたかどうかということから推測するしかない。

財政権のなかでも鑰の問題にかんしていえば、各国に設けられた倉に貯えられた穀の管理責任者が誰であるのかという点にしぼられる。壬申の乱当時、田租が蓄積されていたことは事実である。たとえば『日本書紀』天智天皇八年十二月条に「是冬、修二高安城一、収二畿内之田税一。」とあるが、翌九年二月にはここに穀と塩が収納されている。そしてこの田税を納めた倉は、壬申の乱の最中、大海人皇子側の将・坂本臣財に攻められた近江軍が逃走する際、焚かれたのである。

さて、田租が貯えられていることが事実であるとすれば、それを国司が使用することができたのか否かが問題になるが、当時、国司がこれを使用した状況を認めることができる。このことは国司が何らかの形で軍事権を握っていたという事実と関係がある。当時の国司のもつ軍事権の実態については壬申紀がほとんど唯一の史料であるが、国司が兵士を徴発した例、近江朝廷あるいは大海人皇子が国司に兵士の徴発を命じた例として、以下をあげることができる。

（イ）五月是月条

朴井連雄君奏二天皇曰一、臣以レ有二私事一、独至二美濃一。時朝庭宣二美濃・尾張両国司一曰、為レ造二山陵一、予差二定人夫一。則人別令レ執レ兵。臣以為。非レ為二山陵一、必有レ事矣。若不二早避一。当レ有レ危歟。

（ロ）六月辛酉朔壬午条

詔二村國連男依・和珥部臣君手・身毛君広一曰、今聞、近江朝庭之臣等、為朕レ謀レ害。是以汝等三人急往二美濃国一、告二安八磨郡湯沐令多臣品治一、宣二示機要一、而先発二当郡兵一。仍経国司等、差二発諸軍一、急塞二不破道一。朕今発路。

（ハ）六月甲申条

将レ入レ東。時有二一臣一奏曰、近江群臣元有二謀心一。必造二天下一。則道路難レ通。何無二一人兵一、徒手入レ東。臣恐事不レ就矣。天皇従之。思三欲返二召男依等一。即遣二大分君恵尺・黄書造大伴・逢臣志摩于留守司高坂王一、而令レ乞二駅鈴一。因以謂二恵尺等一曰、若不レ得レ鈴、廼志摩還而復奏。恵尺馳之往二於近江一、喚二高市皇子・大津皇子一、逢二於伊勢一。既而恵尺等至二留守司一、挙二東宮之命一、乞二駅鈴於高坂王一。然不レ聴矣。時恵尺往二近江一。志摩乃還之、復奏曰、不レ得レ鈴也。

是日。発途入二東国一。（中略）即日。到二菟田吾城一。（中略）及二夜半一、到二隠郡一、焚二隠駅家一。因唱二邑中一曰、天皇入二東国一。故人夫諸参赴。然一人不レ肯レ来矣。将及二横河一、有二黒雲一。広十余丈経レ天。時天皇異之。則挙レ燭親秉レ式、占曰、天下両分之祥也。然朕遂得二天下一歟。即急行到二伊賀郡一、焚二伊賀駅家一。逮二于伊賀中山一、而当国郡司等、率二数百衆一帰焉。会明、至二莿萩野一。暫停レ駕而進食。到二積殖山口一、高市皇子自二鹿深一越以遇之。（中略）越二大山一至二伊勢鈴鹿一。爰国司守三宅連石床・介三輪君子首及湯沐令田中臣足麻呂・高田首新家等参遇二于鈴鹿郡一。則且下発二五百軍一塞中鈴鹿山道上。（下略）

（ニ）六月丙戌条

旦於二朝明郡迹太川辺一、望二拝天照太神一。（中略）将及二郡家一、男依乗レ駅来奏曰、発二美濃師三千人一、得レ塞二不破道一。於レ是天皇美二雄依之務一、既到二郡家一、先遣二高市皇子於不破一、令レ監二軍事一。遣二山背部小田・安斗連阿加布一、発二東海軍一。又遣二稚桜部臣五百瀬・土師連馬手一、発二東山軍一。是日、天皇宿二于桑名郡家一、即停以不レ進。是時。近江朝聞三大皇弟入二東国一。其群臣悉慴、京内震動。或遁欲レ入二東国一。或退将レ匿二山沢一。爰大友皇子謂二群臣一曰、将二何計一。一臣進曰、遅謀将レ後。不レ如、急聚二驍騎一、乗レ跡而逐之。皇子不レ従。則以二韋那公磐鍬・書直薬・忍坂直大摩侶遣二于東国一、以二穂積臣百足及弟百枝・物部首日向一遣二于倭京一、且遣二佐伯連男於筑紫一、遣二樟使主盤磐手於吉備国一、並悉令レ興レ兵。仍謂三男与二磐手一曰、其筑紫大宰栗隈王与二吉備国守当摩公広嶋一二人、元有レ隷二大皇弟一。疑有レ反歟。若有二不レ服色一即殺之。於レ是磐手到二吉備国一、授レ符之日、紿二広嶋一令レ解レ刀。磐手乃抜レ刀以殺也。男至二筑紫一。時栗隈王承レ符対曰、筑紫国者元戍二辺賊之難一也。其峻レ城深レ隍、臨レ海守者、豈為二内賊一耶。今畏レ命而発レ軍、則国空矣。若不意之外有二倉卒之事一、頓社稷傾之。然後雖二百殺レ臣、何益焉。豈敢背レ徳耶。輙不レ動レ兵者、其是縁也。（下略）

（ホ）六月丁亥条

高市皇子遣二使於桑名郡家一以奏言、遠二居御所、行レ政不便。宜レ御近処。即日、天皇留二皇后一、而入二不破一。比レ及二郡家一、尾張国司守小子部連鉏鉤率二二万衆一帰之。天皇即美之、分二其軍一塞二処処道一也。到二于野上一、高市皇子自二和蹔参迎、以便奏言、昨夜、自二近江朝一駅使馳至。因以二伏兵一而捕者、則書直薬・忍坂直大麻呂也。問二何所往一、答曰、為下所レ居二吉野一大皇弟上、而遣発二東国軍一韋那公磐鍬之徒也。然磐鍬見二兵起一、乃逃還之。（下略）

（ヘ）七月壬子条

（上略）初将軍吹負向二乃楽一至二稗田一之日、有レ人曰、自二河内一軍多至。（中略）是日、坂本臣財等次二于平石野一。

（中略）是時。河内国司守来目臣塩籠有帰於不破宮之情、以集軍衆。爰韓国到之、密聞其謀而将殺塩籠。々々知事漏、乃自死焉。経一日、近江軍当諸道而多至。即並不能相戦。以解退。（下略）

これらの史料から、国司の動静について、次のようなことがわかる。

・五月是月条＝近江朝廷が美濃・尾張の両国司に人夫の徴発を命じていることから、国司による人民徴発の命令系統が存在したことが知られる。ただし、六月辛酉朔壬午条、六月丙戌条の記載内容から、この命令に国司が従ったのかどうかは疑問である。

・六月辛酉朔壬午条（二十二日）＝大海人皇子が美濃国に兵士徴発の命令を下す。大海人皇子→安八磨郡の湯沐令→当郡兵士、次いで大海人皇子→美濃国司→諸軍という二段階方式をとっている。

・六月甲申条（二十四日）＝大海人皇子による人夫（兵士）の徴発。伊賀国隠郡で失敗。伊賀郡では郡司が兵を率いて帰属。いずれも駅家を焚くという軍事行動をともなう。（六月二十五日）＝夜明けに、伊勢鈴鹿で国司守・介、湯沐令が五〇〇人の軍兵を出して大海人皇子を迎え、鈴鹿の山道を固める。

・六月丙戌条（二十六日）＝美濃における兵士徴発成功の報告。大海人皇子が使を遣わして東山・東海の軍の徴発（国司を介したのかどうかは不明）。この頃近江朝廷が倭京・筑紫・吉備の兵士徴発を試みている。吉備国守当摩公広嶋を大海人皇子側に隷く恐れがあるとみて殺害し、筑紫大宰栗前王は外交上の要地であるという理由で命令に従うことを拒否する。

・六月丁亥条（二十七日）尾張国司守小子部連鉏鉤が二万人を率いて帰属。ただし、鉏鉤は八月甲申（二十五日）に行われた罪状宣告に先立って自殺している。

・七月壬子条＝二日頃、河内国司守来目臣塩籠が軍衆を集め大海人皇子に帰属しようとする。しかし、近江朝廷側に漏れ、自殺する。

兵士を徴発するのは国司であったことは明らかである。そこで兵士の食料調達の問題が生じる。戦いが長期に及んでくると、国司の責任において用意・補給しなければならない。そのような時、国司が利用できる可能性のあるものは田租であるから、その田租を貯えておく倉の鑰については、必然的に国司が管理権を有することになる。

官鑰は、職員令集解中務省条所引の古記に「管鎰謂二宮門及百官諸国倉廩等鎰一也」とあることから、大宝令制下では正倉・兵庫の両方の鑰を意味する語として用いられた。ここで官鑰の内容としては、兵庫の鑰だけではなく、正倉・兵庫両方の鑰が含まれると考えられるのである。

4　命令の範囲

③について。七月辛亥の日の命令の対象があくまでも難波以西の国司に限られるとする解釈は、この命令が軍事行動の一環であり西国軍の統轄を目的とするものであるということを前提としている。しかし、この命令を軍事行動の一環としてとらえるべきでないことは右に述べたとおりである。一方、行政的な処置であるとする黛氏や早川氏は、この命令は国司制度に大きな変化をもたらしたものであり、西日本だけではなくいずれは全国的に行われるものであったとする。

結論からいえば、この命令が行政的なものである以上、全国的に実施されなければ無意味であると考えるが、後に全国に及ぶものであったとしても、最初は西日本に限られていたことは事実である。そこで、乱が終わるのとほぼ同時にこのような命令が西日本にのみ下された理由について考えてみたい。

まず、七月辛亥の日の時点で国司の動向が西日本と東日本とではことなるものであったのかどうかみてゆきたい。史料（ハ）・（ホ）にみえる国司はいずれも難波よりも東の国司たちであるが、彼らは大海人皇子に従っている。ここにみえる国は、尾張・伊勢とも、大海人皇子が実際に足を運んだ地である。また、史料（ニ）は近江朝廷が東国・倭京・筑紫・吉備国に対して兵を徴発するように命じたものであるが、東国というのは、直木孝次郎氏がいうように、史料（イ）と同様、美濃・尾張両国司に対するものと考えられる。(13)尾張国司が大海人皇子に従ったことは史料（ホ）から明らかであり、美濃国司の動きについては不明であるが、美濃地方を大海人皇子がおさえていたことは、史料（ニ）の前半部から明らかである。一方、難波以西の国司はどうであるのかといえば、大海人皇子に従うつもりではあっても、皇子に直接には接していない場合が多い。たとえば、史料（へ）の河内国司守来日臣塩籠の行動をみても、最初から大海人皇子と接触していたとは考えられない。また、史料（ニ）の筑紫と吉備国の場合はどうであったのかといえば、両方とも大海人皇子につく可能性のあったことは史料（ニ）の内容から明らかであり、吉備国守当麻公広嶋は近江朝廷の命令に背く疑いが濃かったために殺害され、筑紫大宰栗前王も近江朝廷には従っていない。ただ、彼らに大海人皇子に従う意思があったとしても、乱の最中に皇子に接触した形跡はみられないのである。

このように、東日本と西日本とでは、大海人皇子が直接国司に接触したのかどうかという点でことなる。そして、七月辛亥の日の時点で大海人皇子にとって残された問題は大友皇子がいる近江大津宮付近だけであった。西日本の方はすでに軍事的に決着がつき、行政的処置をとることのできる段階に入っていたのである。

壬申の乱において国司の動きがその勝敗に大きな影響を及ぼしたことは明らかであるが、大海人皇子もそのことは十分認識していたものと思われる。また、律令的な支配を全国に及ぼすためには国司を確実に掌握しておくことが不可欠の条件である。大海人皇子は京から美濃・尾張あたりまでの東日本の国司たちに対しては、乱の最中に直接接触していたので、とりあえず彼らを掌握しておくことが可能であったが、西日本の国司たちに対してはそのような機会もなかったわけであるから、軍事的に決着がつくやいなや、まず西日本の国司たちを確実に掌握しようとしたものと思われる。

次に④について。七月辛亥条の国司を文字どおり国司と解釈するのか、それとも総領と解釈するのかということで、七月辛亥条全体の解釈に大きな相違が生じる。総領と解釈する八木充氏の見解について考えてみたい。八木説の論拠は、第一は七月辛亥条の「国司」を令制国司として理解するのは用語の形式的な共通性を根拠としているにすぎないので妥当ではない、第二は天武朝の総領が形骸化し名目的な地位に変質したのはこの処置によって総領が権限を奪われたからであるという二点である。第一点については、確かに、大宝令制下の国司と天智朝の国司とを同一のものとみることはできないが、総領を「国司」と表現しているという根拠はない。第二点については、天武朝に総領が形骸化したというような史料は存在せず、むしろ逆に、『日本書紀』天武天皇十四年十一月癸卯朔甲辰条からは総領が活躍していたことがうかがえるのである。

以上のことから八木氏の論拠は成立しないことは明らかであり、七月辛亥条の「国司」を総領と解釈することは妥当ではないと考えられる。

5　命令の性格

⑤について。まず、七月辛亥の日に下された命令が、それまで国司がもっていた権限を奪うものであったのかどうかという点についてみてみる。黛氏や早川氏のように、壬申の乱以前の国司の権限をかなり大きなものとする見解は、壬申の乱以前の国司と大宝令制下の国司とを同一線上において論を立てている点で妥当性を欠く。また、この命令が国司の権限を奪ったものではないという見解としては、この命令を軍事上の必要性から一時的に下されたものとする笹川説のほか、この国司を総領と解釈し、総領から権限を奪ったものとする八木説があげられるが、いずれの解釈にも無理がある。

それでは七月辛亥の日の措置は国司制にどのような変化をもたらしたものなのだろうか。結論からいえば、これが天武朝における国司制度整備の第一歩となったものと考える。

そもそも、天武朝における諸制度の整備は、ある時期に集中して行われたとか、あるいは、順序よく次々に行われたというようなものではなかった。たとえば国司にかんすることでも、祥瑞の献上(14)や歌男女・侏儒・伎人の貢上など(15)は天武朝の早い時期から行われ、出挙についても天武天皇四年四月にその方法を定めている(16)。また、天武天皇五年正月には畿内と陸奥・長門を除く国司には大山位以下の人を任命するよう定めている(17)。ところが、行政区の画定は天武天皇十二年をすぎるまで完全には行われていない(18)。また、国司監察のための制度である巡察使の派遣は天武天皇十四年九月まで行われていない(19)。

このような状況から考えると、乱が終わるか終わらないかというようなタイミングで国司対策の第一歩が踏み出されたとしても不自然ではない。右にあげた事項のなかで、行政区の形成すなわち国の分割にかんしていえば乱後のことである。たとえば吉備国では乱の直後に分割が行われ、備前・備中・備後の各国が成立した(20)。

当時、中央政府がどの程度国司たちを掌握していたのかということの判断は難しいが、少なくとも、壬申の乱のなかで、豪族層を介する形であったとしても国司が人民を徴発し軍事編成を行うことが可能であったのは事実であり、また、実際には成功しなかったものの、近江朝廷が国司に対して命令を下しているのも事実である。すなわち、当時の国司には所管国内の支配にかんする種々の権限が与えられ、国司は人民を徴発することもできたのである。問題は中央―国―評という支配機構が中央政府にとって確実には機能しなかったことである。その原因としては、律令制的地方支配の根幹となる国司制度の整備が不完全であったことが考えられる。国司および地方行政の監察制度は、まだ整えられていなかった。そのような状況下で国司制の運用を確実なものにするためにとられた処置が、国司がそれまでもっていた権限をいったん中央政府のもとに集めることではなかったのかと考えられる。

七月辛亥の日の命令は国司がそれまでもっていた権限を奪い国司を低い地位に置くというようなものではなく、律令制的な人民支配を強化するために不可欠なものである国司制度を整備するための出発点というべき性質のものであると考えられる。

壬申の乱における近江朝廷・大海人皇子、双方の国司掌握にかんする諸事項とのかかわりにおいて吟味しておきたい。ここで問題になるのは、中央―国―評―人民という命令系統のなかの中央―国の部分である。右に掲げた（イ）～（ホ）の史料から、壬申の乱当時、国司を通して人民を徴発するシステムがあったことが知られる。また、国司に対する人民徴発の指令権は近江朝廷がもっていたはずであるが、大海人皇子は国司を、あるいは直接評司を掌握することによって兵士を確保した。大海人皇子が評司を通してではあるが直接的な人夫徴発の行動に出たのは伊賀国においてである。隠駅家を焚き人夫徴発を呼びかけたが参集しなかったという状況が記される。国司が兵士を率いて帰属したケースもあるが、約一か月に及ぶ内乱のなかで国司の存在がどのような意味をもったのかといえば、近江朝廷と大海人皇子のいずれが国司を介する人民徴発機構の利用を確保できたのかということと同時に、各国司が、近江朝廷と大海人皇子のいずれに隷《つ》くのが得策かという計算があったものと推測されるから、国司制機能の運用という点だけから結論づけることはできない。

また、乱の最中の大海人皇子による官鑰等の確保についてであるが、（ハ）六月甲申に駅鈴の請求をして失敗したことが記されることから、これは政府（近江朝廷）に属するものであったものと考えられる。そして、大海人皇子がそのような政府に属する権限を自ら行使すべく行動をとったことが知られる。ところが、このような大海人皇子の行動は、国―評を通しての人夫徴発が成功した例を含めて、国司の立場からみると、命令伝達機能が不確実であることは明らかである。だからこそ、河内国司守来目臣塩籠や吉備国守当摩公広嶋のような例がみられるのである。このような不確実性は、同時に大海人皇子側にもいえることである。戦乱という特殊な状況下であるとはいっても、大海人皇子が国司を介させずに直接人夫・兵士の徴発を行おうとしたことは事実であり、これは人民徴発における国司の権限が大宝令制下のような形では機能していなかったことを意味する。(21)

七月辛亥の命令は、

近江　朝廷
大海人皇子
　　　　国（国司）―評―人民

という形で表される政治関係のなかから近江朝廷の部分を削除した形にするための政策で、それが乱の終結をみるや否やというタイミング出されたのは、国司への命令伝達系統を一刻もはやく明示する必要があったからであると考えられる。国司の権限の行使は、国―評―里という制度が完成してはじめて可能なのであるから、大化から大宝律令制定まで国司の権限の変化を○→△→○という型でとらえるのではなく、□→△→○という型を想定しなければならないと考える。

以上、『日本書紀』天武天皇元年七月辛亥条をめぐって五つの点から検討してきた。その結果、この時吹負の下した命令は律令制的な国司制度整備のための施策であること、この処置によって国司がそれまでにもっていた権限が著しく縮小したものではないことを明らかにした。

注

（1）黛弘道「国司制の成立」（『律令国家の基礎構造』吉川弘文館、一九六〇年）。最近の研究では鐘江宏之「七世紀の地方社会と木簡」（『日本の時代史3　倭国から日本へ』吉川弘文館、二〇〇二年）が黛説をとりあげている。
（2）福井俊彦『交替式の研究』（吉川弘文館、一九七八年）研究篇第二章。
（3）たとえば亀田隆之『壬申の乱』（至文堂、一九六一年）第三章第三節、直木孝次郎『壬申の乱』（塙書房、一九六一年）中篇第六章。
（4）早川庄八「律令制の形成」（岩波講座『日本歴史』二、岩波書店、一九七五年）。
（5）八木充『律令国家成立過程の研究』（塙書房、一九六八年）第二篇第三章。
（6）笹川進二郎「律令国司制成立の史的前提」（『日本史研究』二三〇、一九八〇年）。
（7）『日本書紀』天武天皇元年七月辛亥条に「時大友皇子及群臣等、共営二於橋西一、而大成レ陣。不レ見二其後一」とある。
（8）（9）（10）「大坂」は二上山の北側の穴虫越、「山前の河の南」は京都府八幡市の男山近辺の桂川・宇治川・木津川の合流点の南、「山前」は京都府乙訓郡大山崎町とする倉本一宏氏の見解に従う（倉本一宏『壬申の乱を歩く』、吉川弘文館、二〇〇七年）。
（11）渡部育子「総領制についての一試論」（『国史談話会雑誌』第二三号、一九八二年）。
（12）総領の存荘が確認できるのは、筑紫・吉備・周防・伊予の四地域だけである。なお『常陸国風土記』にみえる「総領」はいわゆる総領とはことなるもの考えられるので、ここでは考察の対象からはずす。
（13）直木前掲注（2）書、中篇第四章。
（14）『日本書紀』天武天皇二年三月壬寅条。
（15）『日本書紀』天武天皇四年二月乙亥朔癸未条。
（16）『日本書紀』天武天皇四年四月壬午条。
（17）『日本書紀』天武夫皇五年正月甲子条。

(18)『日本書紀』天武天皇十二年十二月甲寅朔丙寅条・同十三年紀十月辛巳条。
(19)『日本書紀』天武天皇十四年九月戊午条。
(20)『日本書紀』天武天皇元年六月丙戌条に「吉備国守」とあるが、同二年紀三月丙戌条には「備後国司」とあるので、吉備国の分割は天武天皇元年六月から二年三月までの間に行われたものと考えられる。
(21) 天智朝以前の国司による人民徴発の具体例としては、斉明天皇四年から六年にかけて秋田以北の地域に遠征を行った越国守阿倍比羅夫が能登臣馬身龍支配下の兵力を利用したことが知られる（斉明天皇六年三月条）。しかし、国―評という支配システムを前提にしていたのかどうかといえば定かではなく、むしろ国造が一豪族として自らが掌握している軍を、比羅夫との間の政治的関係ゆえに提供したとみる方が妥当ではないかと考える。

第三章　律令国家形成期の国司制

一　天武・持統・文武朝の国司

律令国家において人民の個別人身支配のための機構が整備された時期が天武朝以降であるというのが今日の通説的見解であり、それはおおむね妥当であると考えられる。国司制にかんしていえば、領域による人民の区分がなされた点に着目した大町健「律令制的国郡制の成立とその特質」が研究史の上では画期となった(1)。そして、国司制形成過程の全体像を概観する時、天武・持統朝に大きな画期を認める一方、天智朝以前のものを質的にことなるものと考える傾向が強かった(2)。しかし、このような観点からだけでは解明できない多面性をもつのがわが国の律令的地方支配機構であり、その機軸となるのは国司制である。第一章、第二章では、律令国司制成立過程の初期の段階では、大宝令制下の国司よりも、むしろヤマト王権下の地方支配方式に近い形がみられること、天智朝以前には豪族を介して人的まとまりを掌握する方法がとられたことを明らかにしてきた。

国司制は中央集権体制をとる律令国家が全国を画一的に支配するために設けた制度で、長官である守には所管国の統治にかんして大きな権限が与えられていた。国は、いわば中央政府の分身的存在として位置づけられていたのである。この制度が機能するためには中央政府と国府との交通・情報伝達手段の整備が不可欠の要素となる。また、国府ではさまざまな儀礼・行事が行われるが、そのための建物および空間域が整備されなければならない。

既往の研究ではまず、国司の職務・権限にかんする制度の整備の過程について解明が試みられた。そして、各地で発掘調査がさかんに行われるようになった結果、国府や古代道路の遺構が発見され、国司の執務の具体的様相や国衙儀礼の実態についても解明が進んでいる(3)。木簡等の文字資料の出土例も多くなった。国司制にかんする資史料が豊富になるなかで、その不足が目につくのは七世紀後半から八世紀初頭にかけての時期である。国府の遺跡は全国各地域で確認されているが、国司制形成過程における最大の画期となる大宝令施行前後の資史料が他の時期に比べて不足している。ここでは、いくつもの要素が相互作用しながら制度的な完成に近づきつつある天武朝以降の国司制について、国という行政区画および国司の執務空間である国府(4)の問題を中心に考察を加えてゆきたい。

1　天武朝の国と国司

行政区画の決定に不可欠な要素である国境の問題であるが、第一章、第二章では人的まとまりとしての国境を考えたのに対し、ここでは、線引きする必要が生じた時期の国境について考える。それは律令国家による人民の個別人身支配が確立する時期とほぼ一致すると考えられる。大町健「律令制的国郡制の成立とその特質」は、国の成立は個々の国名の成立ではなく、領域によって人民を支配・区分する領域区画が行われた時点をもってそれとみなすというもので、具体的には天武天皇十二年から十四年にかけての国境画定事業である。そこで、まず、律令国司制形成過程においてこの政策がもつ意味について考えてみたい。このことは『日本書紀』天武天皇十二年十二月甲寅朔丙寅条をどのように理解するのかということとかかわる。

『日本書紀』天武天皇十二年十二月甲寅朔丙寅条

遣二諸王五位伊勢王・大錦下羽田公八国・小錦下多臣品治・小錦下中臣連大嶋、并判官・録史・工匠者等一、巡二行天下一、而限二分諸国之境堺一。然是年、不レ堪二限分一。

『日本書紀』天武天皇十三年十月辛巳条

遣二伊勢王等一、定二諸国堺一。

『日本書紀』天武天皇十四年十月己丑条

伊勢王等亦向二于東国一。因以賜二衣袴一。

以上が天武朝における国境画定にかんする記事であるが、これらの史料によれば天武天皇十二年には使者の任命を行っただけで実際に画定は行われず、翌十三年になってから国境が定められたことがわかる。そして、東国に対しては十四年にも、再度、派遣が行われている。

このように、天武天皇十二年から十四年にかけて国境の画定が行われたことは事実であるが、これが全国のすべての国々の国境の画定を行ったものなのか、それとも、この時、まだ国の分割が行われず令制国としての区域が定まっていない地域を対象とするものであったのか、あるいは、早川氏がいうように諸国を七道に割つための作業であった[5]のかということについて考えてみたい。

まず、この史料を律令制的国制の成立を示すものとみる大町氏の見解について検討してゆきたい。大町氏は、行政区画（国郡里制）＝領域区画ではないということに注意しなければならないとした上で、律令制的国制の成立は個々の国名の成立ではなく律令制的国制の機能の成立でなければならないという。氏によれば、律令制的国制の機能とは領域によって人民を区分、支配する基本的な領域区画のことであり、画期をもって一斉に行われたと考えなければならないとする。そして、その画期が右に史料を掲げた天武天皇十二年から十四年にかけての国境画定の事業なのであるが、そのような政策がとられた理由として、氏は、浮浪人問題に対する政府の対応策の転換ということをあげる。すなわち、天武天皇六年九月に浮浪人を所在地において把握する政策が出されたが(6)、そのためには領域区画の成立が必要であり、それは国を領域的行政区画へと転換することによって行われたというのである。また、氏は、天智朝から順次設置された国宰の国は領域区画としての国へと転換されたとすべきであるという。

律令制的国制の成立の指標を領域的支配の成立に求める大町氏の見解のなかで、浮浪人政策を手がかりに律令国家における国司の最も重要な任務である人民の個別人身支配のための政治的区分が行われた時期に着目した点は、国司制の成立を考える上で注目すべきであり(7)、天武天皇六年詔にみられる浮浪人政策の転換を律令制的な国司の任務・権限とを結びつけた点は、妥当であると考えられる。そして、浮浪人政策が出された数年後に国境の画定を行うという時期的な点、また、全国的に行われたという点についても、「巡二行天下一」ということから、首肯できる。

しかし、天武天皇十二年に派遣が決められた伊勢王以下の官人・技術者の人数で全国一斉に、すべての国々の国境を定めるという事業を行うのは不可能ではないか、また、この時、国境画定が全国的に行われたとすれば、これまでに行われた国の分割はどのように説明するのかということが問題になってくる。もっとも、この点について大町氏は、天智朝から順次設置された国宰の国はこの時に領域区画としての国へと転換されたというが、そのような地域では国宰の管轄地域と領域区画としての国々とは区域が重なることになる。すなわち、そのような地域では、領域区画としての国の成立が天武天皇十二年から十四年であるとしても、それはすでに区分されていた行政区画としての国の区域と一致することになる。したがって、令制国は漸次成立をしたとする早川説批判は、必ずしも妥当とはいえないと考える。天武朝の国司政策全体のなかにこの天武天皇十二年から十四年の国境画定事業を位置づけた場合、領域区画としての国の区域と行政区画としての国の区域とが同じこともあるとすれば、国境画定政策も行政区画としての国の成立の問題との関連においてとらえるべきである。

次に早川氏の説についてであるが、令制国は天智朝から天武朝にかけて分割、成立したものであるという点については一応納得できるが、右の史料に記される事業が諸国を七道に割つための作業であるとする点については賛成できない。七道制の確実な初見は天武天皇十四年九月のことと考えられるから(8)、天武天皇十二年に使者の派遣を計画した事業と時期的には合致する。しかし、右の史料には七道制の成立にかんする内容はみえない。むしろ、十二年に「限二分諸国之境堺一」とあり、十四年に伊勢王を再び「東国」に派遣とあることなどから、この時の使の派遣は七道制の確立のためというよりも、国境の画定のためと考えた方が無理のない解釈であると思われる。

天武十二年十二月甲寅朔丙寅条の解釈について、大町氏、早川氏の説のいずれにも疑問点のあることを指摘したが、それでは、この史料はどのように解釈すればよいであろうか。そして、国司制の形成過程においてどのような意味をもっていたのであろうか。このことを明らかにするためには、この事業を天武朝の国司政策全体のなかに位置づけてみる作業と、律令国司制における国境（国という行政区画）決定の基準の確認作業が必要である。

国の成立の問題については、それが一斉に行われたものかどうかという点で論がわかれるが、天武天皇十二年から十四年までの国境画定事業の意義について、国の分割の問題とのかかわりにおいて考えてゆきたい。

国の分割・成立の時期にかんしては、八世紀になってから成立した出羽国や和泉国などを除けば、正確な年代を確認することは難しい。たとえば、『日本書紀』天武天皇二年三月丙戌朔壬寅条に「備後国」とあることから、吉備国はこの時までには分割を完了したと考えられるが、「吉備国」の史料の下限は天武天皇元年六月丙戌条であるから、分割の時期は、天武天皇元年六月から翌二年三月までの十か月の間ということになる(9)。しかし、越の場合、「越国」の史料の下限は斉明天皇五年三月是月条であるのに対し、分割後の国名の初見は、越前・越中・越後三国のなかで最も早い「越前国」が持統天皇六年九月癸丑条であるから、分割の時期は斉明天皇五年から持統天皇六年までの間というように、三〇年余もの間隔ができてしまうのである。また、九州地方における国の分割は、井上辰雄氏がいうように持統朝になってからのことと堆測される。(10) 国の分割＝令制国としての区域の画定作業が天武朝で終わらなかったことは明らかである。

次に、律令的地方支配体制下における国境形成の基準について考えてみたい。国境画定の基準にかんしては歴史地理学の研究によって、分水界や山岳稜線、河川などの自然国境が多いということが明らかになっている。(11) 山脈や大河川はある地域に一つの地勢的まとまりを作る要因となり、国という行政区画の決定は基本的にはこのことに左右される。しかし、律令制下において国境はこのことだけで決定されるわけではない。服部昌之氏は摂津・河内・和泉や備前・備中・備後、筑後・肥前などの国々にみられる直線国境は人為的に定められたものとする。そして、そのような条里地割と交通路にもとづく直線境界と幾何学的な領域画定は、土地利用の進んだ農耕地を中心とする土地についての徹底した支配と掌握を意図した地域編成の官僚的・専制的性格を明示しているものといわれ、生産力との関係についても指摘する。(12)

国境の画定に生産・収奪の問題がかかわっていることは、国境紛争の具体的な例からも知られる。国境や郡境に変更があることは、政府としても十分に予想していたものと考えられる。田令従便近条に「凡給二口分田一。務従二便近一。不レ得二隔越一。若因二国郡改隷一。地入二他境一。及犬牙相接者。聴二依レ旧受一。本郡無レ田者。聴二隔郡受一。」という規定があるが、これは、国境の改変にともなう紛争の発生を想定し、そのような事態を未然に防ぐ目的があったものと考えられる。それでは、どのような場合に国境紛争が生じているのかということであるが、八世紀から九世紀にかけての史料からは、河川の流路の変化や開発等による耕地の拡大によるものが多い。たとえば、『続日本紀』天平十三年四月辛丑条に摂津国と河内国の間の河堤の争論を検校するために使者が派遣されたことが記されるが、このような問題は九世紀になってからもしばしばおきている（『日本紀略』大同元年十月丁丑条、『日本三代実録』貞観四年三月条）。また、神護景雲二年八月庚申条には、毛野川の改修と洪水による周辺地域の、下総国・常陸国への帰属について、旧河道のままにし、流路の変化による行政区画の変更を認めない旨が記される。

このほか、『日本後紀』延暦十六年三月戊子傍条の甲斐・相模二国の争論、『日本紀略』天長二年二月癸丑条、同七月壬辰条の摂津・河内二国の争論、『日本三代実録』貞観元年三月四日条、同四月二十一日条の河内・和泉二国の争論など、その地域の生産活動と生産物をめぐる問題や、貞観七年十二月二十七日条、同八年七月九日条の尾張・美濃二国での兵騎徴発にかかわる紛争など、いくつかの例を確認できるが、このようなことが問題になったのは、令制下において国は中央政府の権力の下に、収奪を行う単位であったからであり、国境はそのような単位に区分する役割をもっていたからであると考えられる(13)。

以上のことから国の区画の決定において、その地域の生産力が問題になったことが知られるが、このことは、国境の画定が収奪を目的とする人民支配体制の確立と深くかかわっていることを意味する。すなわち、国境の画定を全国的な規模で厳密に行う必要が生じるわけであるが、そのことが具体的な政策として打ち出されたのが天武天皇十二年から十四年にかけての事業であったと考えられる。

さて、国という行政区画が全国的規模で成立し、そこに国司官人が派遣され所管国内の統治を行うとすれば、国司の執務空間がどのようになっていたのかということについて言及しなければならない。この問題は、発掘調査の成果によって研究が進展した部分であるが、七世紀から八世紀初頭にかけての時期についてはよくわからない点もある。

なお、大宝令以前の国司の呼称は「国宰」であったと考えられるが、「国司」表記のまま論を進めたい。

まず、国司の駐在形態とオフィス（執務空間）について考えてみたい。オフィスは、たとえば天武天皇十四年に「周芳総令所」が確認されるように、国司の居住空間・執務空間として、どのような形であったにせよ確保されていたと考えられる。ただし、その実態については詳らかではない。初期の国司の存在形態について郡衙（評衙）を巡回したという可能性もある。オフィスの有無が国司の駐在形態そして国司制成立の時期の特定ということにどの程度かかわるのかといえば、八世紀半ば以降のような国衙機能の整備はなかったとしても、執務・居住空間としてのオフィスの造営は比較的容易に行われたのではないかと推測される。というのは、摂津国郡衙の例であるが『続日本紀』和銅六年九月己卯条に、河邊郡玖左佐村は交通の便が悪いという理由で大宝元年に館舎を建てて事務処理を行ったという内容が記されることから、地方行政のための施設は、最小限必要な部分については臨機応変に行われ得るものであったのではないかと考えられる(14)。

この時期のオフィスの問題については、文献史料だけでは不十分で、発掘調査の結果に頼らざるを得ない。しかし、発掘調査事例の数が文献史料の数を上回るほどであるとはいっても、七世紀後半から八世紀初頭にかけての地方官衙の発見例は多いわけではない。そのような官衙遺跡について総括的に論じたのが山中敏史氏である(15)。山中氏は、七世紀第3四半期の評を「初期評」、八世紀郡衙に受け継がれる評を「評」とした上で、初期評衙の遺構として仙台郡山遺跡（陸奥）・御殿前遺跡（武蔵）久米官衙遺跡群（伊予）をあげ、それらについて建物配置の変化がはげしく、郡衙や国衙に継続・発展する形をとっていない、従来からの豪族の居宅から未分化の状態で、行政実務・儀礼行為等の役割を十分に果たしていないという特徴を指摘する。そして、七世紀第4四半期から八世紀はじめ頃の官衙施設には国衙機能の一部を果たしたとみられるものが存在したことから、この時期を国衙成立の一つの画期と考えることができるが、現在確認されている初期国衙は八世紀前半以降の国衙と連続性をもつものではなく、また、全般的にみれば初期国衙が端緒的に成立した状況に止まっていたとする。また、この時期は多くの国において国司はまだ独立した庁舎をもたず、拠点的な評衙・郡衙を仮の庁舎として駐在したり、巡回したりする形で、評・郡の政務の監察や徴税、中央政府の命令伝達等の任務を遂行していたとする。(16)

このような山中氏の説で本書との関連で問題になるのは、国衙成立の一つの画期にあたる七世紀第4四半期から八世紀はじめ頃の国司の活動の実態である。山中氏は発掘調査の結果のみならず、文献史料では『出雲国風土記』の「国庁意宇郡家」という記載も論拠として提示するが、この点について考察を加えてゆきたい。まず、発掘調査の結果確認されている初期国衙遺跡についてであるが、その数は少ないものの、一般的な状況とみなすことにする。また、国司が拠点的な評衙・郡衙に駐在するという点について、『出雲国風土記』巻末記の「至二国庁意宇郡家北十字街一即分為二二道一」という記載についてであるが、出雲国府は意宇郡家・黒田駅と同じ所に位置していることから、初期の国司が郡衙（評衙）に駐在したという可能性は想定できる。(17)しかし、国庁と郡衙の位置が同地点であることを根拠に国司が郡衙（評衙）に駐在したと解釈することができない。というのは国司が中央から派遣される官人である以上、任地に生活の拠点をもっていないことは明らかであるから、この制度が成立した当初はまだ専用のオフィス空間はなく、すでにあった評衙の建物や敷地を利用したことは想定できるが、それは評衙を巡回するか一箇所に駐在するかという選択肢のなかで、たまたま評衙に駐在することになったというようなものではなく、その土地に国司のオフィスを造営することを前提にして赴任したものという推測も可能である。そこが交通の要衝であればなおさらのことである。というのは、任国の一所に居を構える形をとらなければ、評司を介するとしても徴税や人夫徴発の政策は実現しなかったのではないかと考えられるからである。

初期国衙の構造が簡素なものであったことは発掘調査の事例から明らかであるが、建物や儀礼空間が未整備であったことと、国司が一所に居を構えなかったこととは別の意味をもつ。すなわち、儀礼空間が未整備であったということは、国衙における儀礼の制度が八世紀中頃と同じようには行われなかったことを意味するだけなのである。したがって八世紀中葉以降のような国衙の形態はまだみられないものの、国司官人が交替してもそこに必ず官人が居住し政務が執られるということであれば、独立した国司専用の建物があったと考える方が自然なのではないだろうか。

国の行政区画に関連して道制の問題があげられる。(18)七道は大宝令制下では使人派遣の単位としてしばしば利用されたが、それは国司監察制度においても同様である。大宝・養老令制に定められた国司監察制度である巡察使は、『日本書紀』天武天皇十四年九月甲寅条の畿内、同戊午条の東海・東山・山陽・山陰・南海・筑紫の各地域に「国司・郡司及百姓」の消息を巡察するための使者の派遣が行われたという記事が初見史料である。巡察使は中国唐の制度を模倣、継受した性格のもので、(19)大宝令以前では『日本書紀』持統天皇八年七月丙戌条、『続日本紀』文武天皇三年三月壬午条、同十月戊申条・同四年二月壬寅条にみえる。国司制は中央―国―郡（評）―里（五十戸）という命令系統の中央―国の部分が正常に機能しなければ政府にとって人民支配の手段として有効とはいえないものである。したがって、国司掌握の手段となる監察制度の成立は国司制成立過程において重要な意味をもつ。(20)

国司の勤務形態は、国司制成立期においては、大化のような早い段階ではミコトモチ的派遣官という形がみられ、しだいに長期間にわたって滞在する官人の存在が確かめられるようになる。そして、大宝令国司制の構造を支える要素となる国司官人派遣制度と国制の整備が密接な関係を示す時期が天武朝の終わり頃から持統朝のはじめ頃ではなかったかと考えられるのである。

後述するように天武・持統朝にみられる国司の職掌は少なくとも外面的には大宝・養老令制のそれと類似した項目

があげられるようになるが、それらは国司がどのような形であれ、任国に数年間の期間滞在しなければ実現しないものである。ここで、もう一度、文献史料にあたってみる。まず、専用の空間が不可欠である国府における儀礼について。国府儀礼とは何であるのかといえば、律令国家の礼的秩序の実現のために国府において行われる種々の儀礼のことで、儀制令元日国司条からその理念が読み取れる。

儀制令元日国司条

凡元日。国司皆率二僚属郡司等一。向レ庁朝拝。訖長官受レ賀。設レ宴者聴。（下略）

この条は国庁における元日の拝賀について規定したものであるが、この行事には二つの意味がある。一つは中央の宮殿で天皇が大極殿に出御して元日に行われる拝賀の儀式を受けた形で、国司郡司が中央にいるのと同様に、勤務地である国府で天皇に対して礼を表現するということで、もう一つは郡司以下が長官すなわち国守に対して礼を表現するということである。

このような国司を介した天皇・中央権力の地方支配体制が何時から機能するようになったのかということが問題になってくる。「国司・郡司・国造」等の天皇に対する儀礼の形態を大化までさかのぼってみてみたい。「国司・郡司・国造」等は大化以降、大宝令施行までの約半世紀の間に、その形態に大きな変化がみられる。国府での儀礼を行うためには、大宝令制下の国司制につながる全国的な常駐国司派遣の形態が整うことが必要であり、仮にそのような空間があったとしても、それは国司と郡司（評司）との間の上下関係が制度的に整えられてはじめて可能なのである。このようにいってしまえば、その時期としては大宝令施行時以外に考えられなくなるのであるが、国制と郡制の整備はかならずしも同時に進行したわけではなく、国制の整備自体も全国すべての国が同じレベルで進んだわけではないので、大化から大宝令施行までの間の時期を考察の対象とすることは意味があると考えられる。

まず、大化の国司派遣に地方支配制度の画期を認めるのかどうかということであるが、これは形態としては大化以前のミコトモチと同じであるものの、全国的規模で行われた事業であることから、国司制形成過程の一つの画期とみなしてよいと考える[21]。しかし、中央政府が地方豪族である国造を掌握する際にすべて国司を介したのかといえば、そうではなかった。それはいわゆる東国国司派遣の際に国造に国司の行状を確かめたことや、大化二年二月戊申条などに「詔₋於集侍卿等臣連国造伴造及諸百姓₋」という表現がみられることから推測できる。

孝徳朝の段階では、後の国府に相当するような施設・空間の整備はなかったとしても、豪族支配の形態に画期が認められるとすれば、そのことを示す資史料はないのであろうか。そこで注目されるのが中尾芳治氏の、前期難波宮（難波長柄豊碕宮）の「朱雀門」と複廊には宮城の正門としての威容を高めるとともに儀礼を行う場として造られたものという指摘である[22]。もっとも大化二年二月戊申に集侍する卿等臣連国造伴造および諸百姓に対する詔は子代離宮で出されたものであるが、卿等臣連国造以下の宮城での儀礼を重視する場合には、必然的にそのような方策がとられることになる。

「臣連国造伴造」というような表記は、「卿等」とか「百官」という語が付いたり国造伴造の並べ方が逆になっていたりはするが、推古天皇二十八年是歳条をはじめ大化以前から天武・持統朝になってもみられる慣用句である。それらのなかで注意しなければならないものは、このパターンに「国司」が入る天武天皇十二年正月丙午条である。

『日本書紀』天武天皇十二年正月丙午条

詔曰、明神御大八洲倭根子天皇勅命者、諸国司国造郡司及百姓等、諸可ㇾ聴矣。（下略）

この国造は大宝・養老の律令では神祇令諸国条に規定される国ごとに一人の国造であると考えられるから[23]、孝徳朝の段階でみられる国造とは性質も員数もことなる。その出自は郡司と同様、地方豪族であるが、地方豪族出身者をも含むすべての人々に命令を下す際に用いられる表記が、「臣連国造伴造」というヤマト王権の時代からみられる語ではなく、「国司国造郡司」という律令の官職名に変化したということは、この頃には律令的な地方支配の組織が、その内容が大宝令制下のものとまったく同じではないとしても、機能していたことを意味する。[24] そして、国と評（国司と評司）の間に八世紀の国司と郡司のような関係が確立していたのかどうかは確認できないが、藤原宮跡出土の貢進物付札木簡などから国―評―里の行政機構が機能していたことが知られることから、[25] 国の機能が大宝令以降のそれに近い形態をもってきていることは明らかである。

それでは、この時期に国司の執務空間（オフィス）がどの程度整備されていたのだろうか。

『日本書紀』天武天皇十四年十一月甲辰条

儲用鉄一万斤送二於周芳総令所一。

周芳総令所については史料が少ないことから詳らかではない点もあるが、「所」についてどのように解釈すべきであるのかといえば、総領が執務するための建物があったものと推測できる。鉄一万斤がここに送られていることから、それを保管するための建物も必要である。この段階で八世紀の国衙に連続するような施設や空間が造営されていたのかどうかは別として、国司や総領が統治する上でオフィスは必要である。天武天皇十四年の巡察使の派遣も、国司が常駐していることを前提にしていることは明らかである。

執務のための施設や空間はミコトモチと国司とではことなることはいうまでもないが、大化の国司派遣の記事には「兵庫」という語がみえる。

『日本書紀』大化元年八月丙申朔庚子条

拝二東国等国司一、仍詔二国司等一曰、（中略）又於二閑曠之所一、起二造兵庫一、収二聚国郡刀・甲・弓矢一、辺国近与二蝦夷一接レ境処者、可下盡数二集其兵一、而猶仮中授本主上。

『日本書紀』大化二年正月是月条

天皇御二子代離宮一。遣二使者一、詔二郡国一修二営兵庫一。蝦夷親附。

この二つの史料は、少なくとも用語にかんしては、たとえば「国郡」や「郡国」のように、当時の実態をそのまま示すものではなく、編集の過程での修飾・書き換えがあった可能性を認めなければならないが、内容にかんしては、集めた武器を収納するための倉庫を造るよう命じたことや、兵庫の修営を命じたことは事実と考えられる。もちろん、孝徳朝の段階で国に一つというような形で国が単位となったという可能性を想定することはできないが、「国司」あるいは天皇が派遣した使者の管理下に施設が造られたことは注目に値する。

大宝令施行以前の施設で国に関する史料としては、これらのほかに持統天皇三年七月に「習射所」の築造を命じている記事があげられる。

『日本書紀』持統天皇三年七月丙寅条

詔二左右京職及諸国司一、築二習射所一。

持統天皇三年といえば国司制の整備もかなり進み、外面的には大宝令制に近い状態になっている時期であるが、この記事から京・国における「習射」にかんする施設がこの頃造られたものと推測される。これは官人や軍団兵士の訓練のためのものであったと考えられ、八月癸卯条には「観射」が行われたことが記される。そして、このような施設が建設される空間があるということは、国司執務のための施設や空間も当然存在したものと考えられる。

また、国府での儀礼についてはどうなのかといえば、可能性の問題としては、国司執務のための庁舎に隣接する位置にそのような空間が固定的に設けられていたのかどうかは別にして、そのような空間を設けることはできたものと推測される。ただし、国府での儀礼は、国司が中央政府の分身的存在として任国における権限が与えられていることと、国司と郡司（評司）との間の上下関係が制度的に整えられていることが前提となる。さらに、国府での儀礼成立の時期を何時とみなすのかという問題の解明には、国府の施設や空間の造営・整備ということとあわせて、国司常駐の体制が整えられた時期の確定が重要である。

常駐国司という用語の定義について確認しておきたい。市大樹氏は「常駐」という言葉の意味がきわめて曖昧であり、従来、ミコトモチと常駐地方官を対比させて論が展開していたことには疑問で、用語の混乱が国司制成立にかんする議論を噛みあわないものにしてきたと指摘する。(26)

ここでは常駐という語の具体的内容として、

（a）地方行政遂行のために一定期間、任地に駐在すること、

（b）一つの任務ではなく大宝・養老令の国司のように複数の多岐にわたる任務が課せられていること、

（c）a・bのような条件を満たす官人が、人の交替はあっても恒常的に派遣されていること、

の三つの条件を満たす場合は常駐国司とみなすことができると考える。

大宝令国司制は、国司が任地に一定期間在住することによって成り立つが、このような意味での国司常駐の体制は、その執務施設や周辺の空間も含む国府の成立や、市大樹氏が指摘した国司職分田の成立のほか、国司遷替の事実によって確認することができる。(27)

『日本書紀』持統天皇四年七月辛巳条

大宰・国司、皆遷任焉。

この時期の国司の任期については詳らかではないが、これ以前に任命された国司が交替したことが知られる。また、

国司監察制度の整備も国司常駐を前提としたものであり、天武天皇十四年九月に最初の巡察使が派遣されたことは[28]、国司による人民支配体制が整えられたことを意味する。

2　持統・文武朝の国司

大宝・養老令に定められた国司の任務・勤務形態・統治範囲等の項目をあげてみると、それらは七世紀末までに、外面上は大宝・養老令のそれにかなり近い状態になる。もちろん、国郡制の成立という点からみると大宝令の施行はきわめて大きな画期となるものであるが、大宝令施行以後の時期、八世紀第1四半期ころまでは制度面でも大宝令国司制と連続的にとらえられる重要事項が決定されているし[29]、国衙造営の面でも、九・十世紀に受け継がれる国衙の基本的形態が確立するのは八世紀第2四半期から中頃であることから[30]、国司制成立過程として検討の対象とすべき期間を設定する際には、その終わりの時期は大宝令制定を終着点とするのはなく、あくまでも最大の画期として位置づけ、八世紀第1四半期まで含む形にすべきであると考える。このような見方をするとき大宝令施行直前の時期の国司制はどのような特質をもってとらえられるのだろうか。国司にかんする項目にに国司監察制度の問題を加え、持統・文武朝の国司制についてみてゆきたい。

そもそも、国司制の理念型としてはどのようなものが想定されるのかといえば、Ⅰ中央政府に忠実な派遣官人とⅡ地方の事情に精通する常駐の官人、の二つを兼ね備えていることが要求された。律令的地方支配の実現のために国司制を採用することを志向したのが大化の時期であるとしても、その段階では［Ⅰ＋Ⅱ］という条件を満たす官職は用意されなかった。この時存在したのはⅠの方で、派遣官人すなわちヤマト王権下のものとはことなる点が認められるもののミコトモチ的性格の強いものであった。制度的には、Ⅰは常駐の実態、国の官制によって、Ⅱは行政単位としての国の範囲の画定、執務のためのオフィスの造営と国府域の形成によって確認できる。そして、Ⅰの要素のみが顕著である間は、派遣の目的と範囲の内容が重要な意味をもつ。国の官制に関して『日本書紀』持統天皇八年三月己亥条の国司官人構成とあわせてみると、Ⅰの点については持統朝、藤原京の造営の時期頃までには確立したものと考えられる。

　ところで、国司制支配の単位となる行政区画の画定が行われ、そこに中央から派遣される官人を恒常的に勤務させる体制が整えられた段階で国司制はほぼ完成したとみなされるのかといえば、そうではないのである。というのは、そのような状況が全国的に一律にみられるわけではないからである。たとえば、東北や南九州など辺境地域は除いても、国司による地方支配の行政単位となる国の区画の決定にはかなり時間がかかり、天武朝末年か持統朝初年頃には、いわゆる国の分割が完了していない地域もあったのである(31)。また、総領・大宰については、よくわからない点も多いが、全国すべての国がかならずどこかの総領・大宰の管轄下にあるという状態ではなかったものと推測される(32)。

　この時期で問題になることは、大宝令の施行で廃止される結果となった総領の新たな任命が、大宝令施行直前の文武天皇四年にみられる点である。

『続日本紀』文武天皇四年十月己未条

　以㆓直大壹石上朝臣麻呂㆒。為㆓筑紫捴領㆒。直廣参小野朝臣毛野為㆓大貳㆒。直廣参波多朝臣牟後閇為㆓周防捴領㆒。直廣参上毛野朝臣小足為㆓吉備捴領㆒。直廣参百済王遠濱為㆓常陸守㆒。

ここには筑紫総領・大貳、周防総領、吉備総領、常陸守を任命したこと以外には何も記されないので詳細については不明というしかないが、

ⅰ．筑紫総領・大貳は筑紫大宰・大貳と同義に用いられた。

ii. 吉備大宰の呼称は天武天皇八年三月己丑条の石川王の薨去記事にみられるが、筑紫の例から、この時期には総領と大宰が同義であったとが吉備についてもいえるのではないか。

iii. 大宰が遷代が行われたことは持統天皇四年以降は明らかであるから、この時の任命は交替を意味する。

iv. 常陸が「守」の任命になっている点については、総領と国司が同じものであったと考える必要はなく、常陸の場合もちょうど大宰・国司遷代の時期にあたっていたから、総領とともに任命され、記録された。

と考えられる。

そこで、なぜ、大宝律令の撰定・頒布が翌年から翌々年にかけてというような時期に、大宝令施行以後はみられなくなった総領を任命したのかという点について考えてみたい。まず、遷代の時期であった可能性が考えられる。そして、もし、遷代の任期にかんしてとくに規定がなかったとしても、この文武天皇四年の総領の任命の背景には、全国一斉に大宝令国司制を施行するための措置ということがあった可能性も考えられる。というのは、大宝令の施行は国司制成立過程における最大の画期であるが、制度の整備が大宝令施行以後にずれ込んだ事項もあるように、大宝令施行直前の段階での国制の整備状況は必ずしも完成されたものではなかったからである。また、大宝律令頒布の使者を各国で受ける場合も、そのようなことが可能な程度に国の態勢を整えておく必要があった。

総領と国司の関係について検討する際に留意しなければならないのは、総領が大宝令の施行によって廃止されたとしても[33]、そのことが現存する史料には記載されないのはなぜかということである。たとえば、田領の場合は『続日本紀』大宝元年四月戊午条に「罷二田領一、委二国司巡検一」という記事がある。総領の場合、それが大宝令国司制の施行の時期に廃止されたものであるならば、なぜ、このような形の記事がみられないのだろうか。二つの可能性が考えられる。一つは『続日本紀』編纂の際の収録漏れということで、他の一つは総領はその廃止を定める必要のないものであったということである。『続日本紀』編纂時の問題はあらゆる事項について念頭に置かなければならないことであるが、総領については、その可能性を想定するよりも、むしろ後者の方の確率が高かったのではないかと思われる。というのは、総領は国司（国宰）よりも上級の行政権を有するが、一定期間、地方の所管国の支配を委ねられる形で派遣される官人という点で、基本的には国司としての性格をもつものであるからである。

まとめ

国司制成立過程の全体像の構築は、近年、木簡など文字資料の発見によって大きな進展をみせている。たとえば、「国―評―里」や「国―評―五十戸」に干支が記載される木簡が出土しており、それらのなかには天武朝の早い時期の国を考える上で重要な手掛かりを示すものもある(34)。しかし、それでもなお詳らかではない点も多く、それらの考察に際して、『日本書紀』等の文献史料を再検討するという方法をとってみた。国司制成立過程を概観してみると、地方支配を行う国司の存在形態は、ミコトモチ型派遣官人的要素をⅠ（……）、長期滞在型派遣官人要素をⅡ（――）とすると、図のように示される。

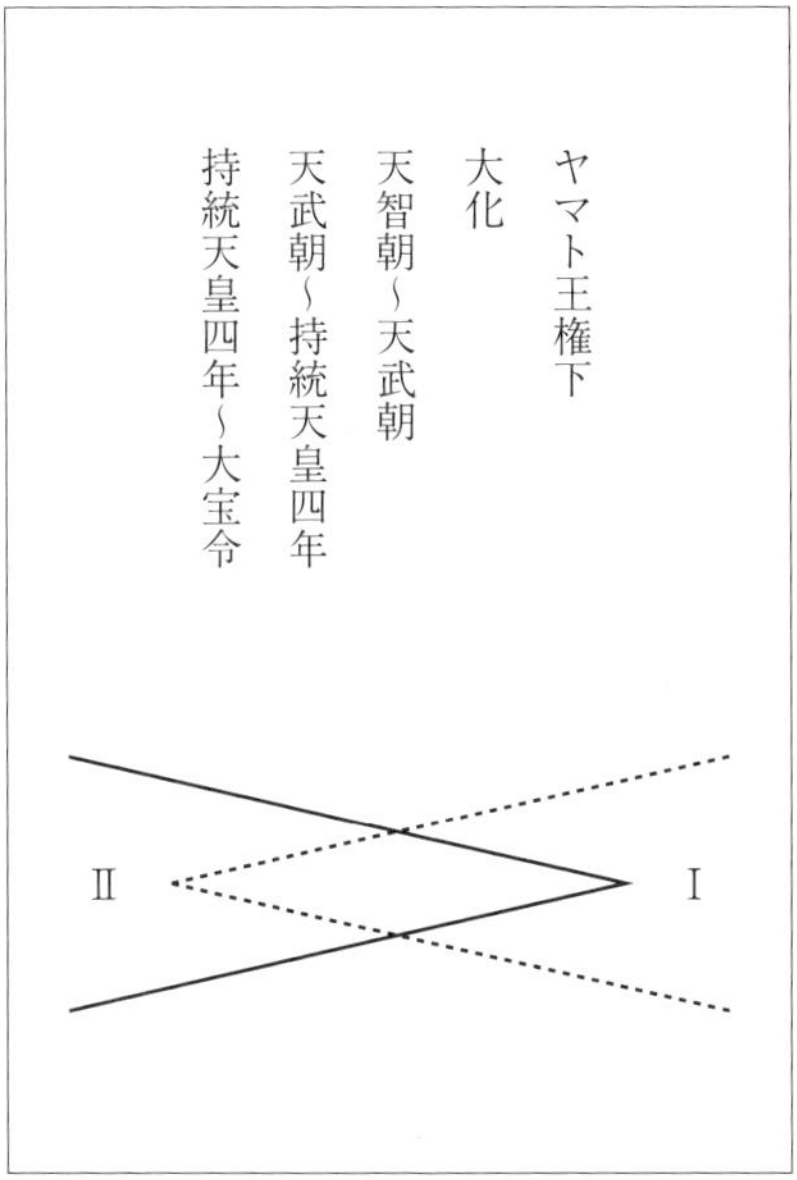

また、政府にとって国司監察のための機構や制度の整備は不可欠のものであるが、これは唐制の影響を強く受けた形で整備され、天武朝末になって巡察使の派遣がはじめてみられる。ただ、地方行政監察制度については大宝・養老令制の規定では、唐の御史台の制度にみられる地方行政監察機能が、日本では弾正台の実際の機能として確認することはできず、したがって、地方支配機構のなかで中央―国（国司）の部分がきわめて不安定になる可能性を孕んでいたことになる。[35] それにもかかわらず、大宝令制では国司に所管国支配のほとんどすべてを委ねるという形になったのはなぜなのかといえば、国司制の初源的形態はヤマト王権下のミコトモチに求められるが[36]、それが律令国家体制全体の整備の過程で、国という行政区画の画定、国―評―五十戸（里）という機構の形成とあいまって、長期滞在型派遣官人の常駐制が整備されるという事情があるからである。

大宝令以前における国司制成立過程の最大の画期は、行政区画の画定や巡察使派遣が行われた天武天皇十二年頃から国司官人遷代が行われた持続天皇四年頃にかけての時期に求められるが、それは京の成立との時期的にも重なる。[37] 国司制整備の過程においては、唐制の模倣である巡察使は別として、国制・国司官人制の整備にかんするいくつかの項目が並行して行われ、しかもすべての事項において全国一斉の実施がみられるのかといえば、そうではなく、地域的に時期的ズレをみながら、内容も、たとえば総領・大宰が置かれた国があるように、地域による差異を認めながら進められたものと考えられる。

国司制は、執務・儀礼の場である国衙の整備に最も時間がかかり、九・十世紀に連続する建物群の形成は八世紀第2四半期から半ば以降であるということが明らかにされているが、制度自体のなかにも大宝令以降に整備されたものも少なくない。そこで国府域形成と建物建築という土木工事をともなう国衙整備の問題は別に考えても、なぜ、国司制の整備が大宝令施行以後にずれ込んだのかといえば、バラエティーに富む地域性を全国画一的な支配体制に当てはめていかなければならなかったところに最大の理由があるものと考えられる。そして、なぜ、バラエティーに富んでいたのかといえば、国司制を構成する各要素には孝徳朝の段階あるいはヤマト王権下までさかのぼるものも多かったためではないかと考えられる。

注

（1）大町健「律令制的国都制の特質とその成立」（『日本史研究』二〇八、一九七九年）。
（2）早川庄八「律令制の形成」（岩波講座『日本歴史』二、岩波書店、一九七五年）。
（3）『国立歴史民俗博物館研究報告』第一〇集（一九八六年）、同第二〇集（一九八九年）。国府の発掘調査にかんする考古学の研究成果も網羅した著作として、山中敏史『古代地方官衙遺跡の研究』（塙書房、一九九四年）。「特輯　古代国府の成立をめぐる諸問題（上）」（『古代文化』第六三巻第三号、二〇一一年）、「特輯　古代国府の成立をめぐる諸問題（下）」（『古代文化』第六三巻第四号、二〇一二年）、『古代地方行政単位の成立と在地社会』（独立行政法人国立文化財機構奈良文化財研究所、二〇〇九年）。
（4）国府・国庁・国衙の語の概念については、八木充「国府・国庁・国衙」（『日本古代政治組織の研究』塙書房、一九八六年）、山中敏史「国衙・郡衙の構造と変遷」（『講座日本歴史2』東京大学出版会、一九八四年）などで詳細な検討がなされている。これらの語にはいずれもそれぞれいくつかの用例があり、簡潔な定義づけは難しいが、八世紀初期あるいはそれ以前の国司の執務空間を意味する語として鐘江宏之氏が提示した国府が妥当であると考える（鐘江宏之「八・九世紀の国府構成員―文書行政への関わり方を中心に―」『弘前大学国史研究』一〇二、一九九七年）。なお、国府の語は『続日本紀』霊亀元年十月丁丑条や養老二年四月癸酉条にもみえる。霊亀元年の「国府郭下」は国司の執務空間よりも広い範囲の意味にとれなくもないので国府・国庁・国衙の語については吟味しなければならない。
（5）早川庄八『律令国家』（小学館、一九七四年）。

(6)『日本書紀』天武天皇六年九月庚申朔己丑条。

(7) たとえば笹川進二郎「律令国司制成立の史的前提」(『日本史研究』二二〇、一九八〇年)、前田晴人「『四方国＝四道』制の成立」(『続日本紀研究』二二五、一九八三年)では大町氏の説を前提に立論している。

(8)『日本書紀』天武天皇十四年九月戊午条。

(9) これ以降も吉備という国名はみられるが、天武天皇十一年七月戊午条では吉備総領の管轄区域を指していると考えられる。

(10) 井上辰雄「筑紫の大宰と九国三島の成立」(『古代の日本』三、角川書店、一九七〇年)。

(11)・(12) 服部昌之『律令国家の歴史地理学的研究』(大明堂、一九八三年)。

(13) 律令国家は国境の掌握をするために地図の作製を行った。『続日本紀』天平十年八月辛卯条に「令下天下諸国造二国郡図一進上」とあるが、これは、国々の地図を作製して進上するように命じたものである。国図の作製にかんする命令は、『日本後紀』延暦十五年八月己卯条にもみられるが、この時は地図の作製が必要な理由として、それまでの地図の記載が不十分であること、前に作製してから年月が経つので文字が欠けたりしていることがあげられ、新しい地図には、国郡郷邑のほか、駅路や地形などを詳しく記すことが示されている。それでは、天平十年以前には国郡図の作製は行われなかったのかといえば、『日本書紀』大化二年八月庚申朔癸酉条、天武天皇十年八月丙戌条で確認できるだけである。このような国図の作製によって、国境を区分する線が確認されることになるが、大宝令の施行後、天平十年までの間、国郡図の作製が行われた形跡がみられないのはなぜかといえば、『続日本紀』の欠落という可能性も否定できないが、国郡の境界に変更が続いたことも関係があるのではないかと考えられる。

(14) 初期国司が評司の居住・執務空間に同居したのか、それとも評司の居住・執務空間と同じ場所にオフィスを新築したのかということは定かではないが、初期国司が評衙を拠点にしたという仮説は、まったく妥当性を欠くわけではない。たとえば、『日本書紀』天武天皇十四年十一月丙午条に、四方国に詔して兵器を個人の家に置くことを禁じて郡家に置くよう命令するが、これは軍団の整備と関係のあるものと考えられ、その政策実施の拠点が「郡家」すなわち評家であったことを推測させるものである。軍防令私家鼓鉦条で鼓鉦弩等を私家に置くことを禁止しているが、天武天皇十四年の詔はその整備の最初の段階のものと考えられる。そして、それまでは各豪族が所有していた兵器を収公する際、郡（評）家に集めたことが何を意味するのかといえば、天武天皇十四年頃の評家には、そのような事務処理機能と兵器保管等の管理機能が備えられていたことが知られる。そして、各郡の総括は国司が行ったものと考えられるから、国司が所管地域の評家を拠点にして執務することは可能であったと推測される。ただ、律令国家は国司と豪族の結託を認めないのが基本的方針であったと考えられるから、国司が在地の豪族でもある評司の居所に常駐することが奨励されたかどうかはわからない。

（15）山中敏史『古代地方官衙遺跡の研究』（塙書房、一九九四年）、早川前掲注（1）論文。

（16）山中前掲注（15）書では、国衙成立過程の第二の画期は八世紀第2四半期から八世紀中頃にかけての時期で、この頃、国庁や曹司が創設され、九・十世紀にまで受け継がれる国衙の基本構造が成立するという。

（17）出雲国の国府・郡衙・黒田駅の位置についての歴史地理学的な研究として中村太一『日本古代国家と計画道路』（吉川弘文館、一九九六年）第八章があげられる。

（18）日本古代における行政単位としての道は、律令の五畿七道に直接つながる道制と、大化あるいはそれ以前からみられる道制の二つに大別できるが、天武朝以降の国制整備にかかわるのは前者である。道制にかんする研究も多くなされてきたが、前者を中心に論じている研究としては鐘江宏之「『国』制の成立―令制国・七道の形成過程―」（『日本律令制論集』上巻、吉川弘文館、一九九三年）があげられる。山田英雄「もう一つの道制試論」（『日本書紀研究』九、塙書房、一九七六年）、前田晴人「『四方国』制の実態と性格」（『続日本紀研究』二二五、一九八三年）、「『四方国＝四道』制の構造」（『続日本紀研究』二三五、一九八四年）、前田晴人『日本古代の道と衢』（吉川弘文館、一九九六年所収）は主として後者について論ずる。

（19）巡察使については渡部育子「奈良朝における国司監察制度について」（『続日本紀研究』一八八、一九七六年）。

（20）ただし、中央政府の国司掌握の問題は国司制確立以前の段階ですでにみられることである。それは壬申の乱における国司の行動によく現れている。早川庄八氏は、天武朝の国司は壬申の乱の結果、権限を大幅に縮小された行政事務官僚として位置づけられたとする（早川前掲注（1）論文）。壬申の乱以前の国司の権限が強大なものであったと評価すること、天武朝の国司が単なる行政事務官僚であったのかどうかの是非は別にして、中央政府による国司の掌握の度合いという視点は、国司制成立過程の全体像を構築する際に重要であると考えられる。
(21) 渡部育子「大化における遣使について」(『川内古代史論集』六、一九九二年)。
(22) 中尾芳治『難波宮の研究』(吉川弘文館、一九九五年)。
(23) このような大化以前とは性質のことなる国造は、すでに天武天皇五年八月辛亥条にみられる。律令的地方支配体制の形成過程のなかでの国造関係史料についての分析は、新野直吉『日本古代地方制度の研究』(吉川弘文館、一九七四年)第二章第一節に詳しい。
(24) 天武朝末年から持統朝初年の頃、「郡司」が中央に参上することが一般的であったのかといえば、かならずしもそうではなかったと推測される。たとえば朱鳥元年九月に天武天皇の殯宮で官司ごとに誄を奉った記事がみられるが、丙寅条には直廣肆穂積朝臣蟲麻呂が「諸国司」の誄を、「国国造」が参赴するに随って誄を奉ったことが知られる。また、持統天皇元年十月辛卯朔壬子条には皇太子(草壁皇子)が「公卿百寮人等并諸国司国造及百姓男女」を率いて大内陵を築いたと記される。
(25) 藤原宮跡出土木簡

壬午年十月　　毛野

癸未年七月　三野大野評阿漏里

□漏人　□□□

※壬午年は天武天皇十一年(六八二)癸未年は天武天皇十二年(六八三)

(26)・(27) 市大樹「国司制の成立と伝馬制―国司職分田制との関連から―」(『続日本紀研究』三〇一、一九九六年)。
(28) 『日本書紀』天武天皇十四年九月戊午条。
(29) 渡部育子「大宝令の成立と国司制」(『国史談話会雑誌』三五、一九九五年)。
(30) 山中前掲注(1)書、三八八頁。
(31) 渡部育子「天武天皇十二年紀十二月丙寅条と国司制の成立」(『秋大史学』三二、一九八五年)。
(32) 上級国司的行政官としては八世紀の按察使があげられる。按察使は養老三年の全国的な設置の目的は地方行政監察機能の強化ということであるが、その形態はある一国の国守が任命され近隣の数カ国を管轄するというもので、全国の国は原則としてどこかの按察使支配下に置かれることになる。総領制における総領と国の関係はそのような按察使所管国の配置に比べて厳密性を欠くものと考えられる。

(33) 文武天皇四年に総領に任命された人物についてみてみると、筑紫の石上朝臣麻呂は中納言、周防の波多朝臣牟後閇は翌大宝元年六月に正五位上造薬師寺司（官）任命、吉備の上毛野朝臣小足は大宝三年七月下総守・和銅元年三月陸奥守を歴任する。このように文武天皇四年に総領に任命された人物は大宝令施行後、早い時期に他の官職に就任していることが知られる。大宝令の施行によって総領は廃止されたが、彼らは大宝律令施行のために任命されたものという見方ができる。

(34) 木簡の使用方法について、木簡学会長野特別研究集会では、鐘江宏之氏は七世紀後半と八世紀とでは面の使い方に相違があるということを、伝田伊史氏は廃棄方法に相違があることを指摘した（木簡学会長野特別研究集会研究報告、一九九八年六月六日、於長野県立歴史館）。

(35) 渡部育子「奈良朝における国司監察制度について」（『続日本紀研究』一八八、一九七六年）。

(36) 坂本太郎氏によって郡司の非律令的性質ということが指摘されて以来、国司の方は相対的に律令的であるかのようなイメージが出来上がったきらいがあるが、それは郡司の出自が地方豪族で、国司等中央官人が受ける処遇とは差別して位置づけれらたという事実から結論づけられることであって、国司制と郡司制のそれぞれのシステムが律令的か非律令的かということの結論に直ちに結び付くものではない。

(37) 岸俊男氏は国の成立を京の成立との関連において位置づける（岸俊男「日本都城制総論」『日本の古代9　都城の生態』中央公論社、一九八七年）。

二　古代総領と国司

古代における総領制にかんしては、職掌・性格・設置時期・存続期間・設置の目的等、多くの点について解明が試みられてきた(1)。しかし、それらの間では必ずしも一致した見解が示されているわけではない。

坂本太郎氏は、総領ははじめは比較的広い範囲を管轄区域として置かれた国司が、後にその地が数国に分割され、それぞれに国司が置かれるようになってからも昔の地位を保持したものであり、これを一般国司と区別して総領・大宰などと称したという。すなわち、坂本氏の見解は、総領の設置に際して特別な動機を認めず、総領は国司制の成立過程のなかで、必要に応じて国司が格上げされて置かれたものということになる。坂本氏の説は黛弘道氏、早川庄八氏に継承された。早川氏は、現存する総領の史料は吉備・周防・伊予・筑紫の四地域に限られているが、それは、これらの地域が軍事的な要地であるからというのではなく、天武朝以前のある時期に総領は全国的に配されていたのが、令制国の分割が進み、国司が任命されるにしたがって整理・縮小されてきた結果を示すものにすぎないという。また、八木充氏は、国司が評を管轄するのに対して総領は国造のクニ管治の目的で派遣されたものであり、総領は飛鳥浄御原令の施行によってその機能をほとんど失ったという(2)。

このように総領の本質を行政官的性格とみる見解に対して、総領は軍政官的色彩の濃いものであるとする見解がある。それは古くは『武家名目抄』にみられるが、家令俊雄氏はその見解を継承・発展させ、総領は白村江の敗戦後、国防上の必要性のために、筑紫・周防・吉備・伊予に設置されたという。

坂元義種氏は、総領は大化改新時の東国総領とその後の筑紫・吉備・伊予・周防・東国の五総領の前後二期にわけて考えるべきであるとし、前者は大化の東国国司の不正を糾すために派遣され、後者は壬申の乱後、軍事行政が重視された天武朝に設置されたものであるという。坂元氏も総領を軍政官とみるが、その論拠として、『日本書紀』天武天皇十四年十一月癸夘朔甲辰条に、周芳総令所に鉄が大量に送付されている記事があること、総領の史料がみられる地域のなかで、筑紫・周防・吉備・伊予は対外的に、東国は対内的に軍事的な要地であったことをあげる。また、石母田正氏も基本的には坂元説を継承する。

総領の性格については、行政官的なものとみるのか軍政官的なものとみるのかという点で見解がわかれる。そして、設置の時期や目的にかんしても、総領を行政官とみる説の大部分は特別な目的を認めず、国が分割される過程で格上げされたものとするのに対して、軍政官とみる説では白村江の敗戦後あるいは壬申の乱後というように、時期が示され、設置の目的も軍事上の必要性のためとする。

総領は何らかの形で国司と関係するものであるが、総領の史料がみられるのは国司制の形成の時期と一致する。そこで、総領について考える際にも国司制の成立過程のなかでそれがどのような役割を果たしたのかということが問題になってくるが、これまでは、そのような観点からの分析はあまりなされなかった(3)。ここでは以上のことを念頭におきながら、総領の職掌・性格、設置の時期・動機などについて検討し、さらに、七世紀後半の地方支配政策のなかで総領制がどのような意味をもっていたのかということを考えてゆきたい。

1　職掌・性格

まず、総領の職掌を検討し、総領の性格について考えてみたい。問題は総領の職掌・性格については行政官的なものなのか軍政官的なものなのかという点にある。総領の職掌を示す史料をみてみると、この問題に最も関係のあるも

のは坂元義種氏が総領を軍政官とする論拠の一つとしてあげた天武天皇十四年十一月癸卯朔甲辰条である。(4)

『日本書紀』天武天皇十四年十一月癸卯朔甲辰条

（a）儲用鉄一万斤、送㆓於周芳総令所㆒。是日、（b）筑紫大宰、請㆓儲用物、絁一百匹・絲一百斤・布三百端・庸布四百常・鉄一万斤・箭竹二千連㆒。送㆓下於筑紫㆒。

坂元説の論拠は、この史料の鉄を総領所に送ったとあることである。しかし、鉄を送ったからといっても、それだけで総領が軍政官であるとするのは、この史料の解釈としては妥当ではない。（a）の部分を（b）の部分とあわせて解釈してみると、（a）で「儲用鉄」といっているのは（b）では「儲用物」に相当し、施や絲などと同様、官衙で必要とするものと考えられる。したがって、周防総領所に送ったものは鉄だけであったとしても、それは必ずしも総領が軍政官であることを意味しない。また、もし鉄や筑紫に送られた箭竹が軍事的な目的で使用されたとしても、行政官としての位置づけがはっきりしている大宝令制下の国司でさえ、一定の軍事的任務を有していたのであるから、天武朝においても、行政官に軍事的性格がみられたとしても、それは当然のことであったと考えられるのである。総領が軍政官ではないことは次の史料からも明らかである。

『続日本紀』文武天皇四年六月庚辰条

薩末比賣・久賣・波豆・衣評督衣君県、助督衣君弖自美、又肝衡難波、従㆓肥人等㆒、持㆑兵剽㆓劫覓国使刑部真木等㆒。於㆑是勅㆓竺志惣領㆒、准㆑犯決罰。

この史料は中央から派遣された使である覓国使を襲った評の官人（以下、評の官人を評司と記す）を、筑紫総領(5)が中央政府の命令をうけて決罰したことを記している。この史料からは総領が評司に対する決罰権を有していたことが知られる。そして、総領は評司に対して監察官的な機能を有していたことも推測できる。

ところで、総領と評との関係については早川庄八氏に所論がある。氏は総領には評司銓擬権が与えられていたとし、その論拠の一つとして『常陸国風土記』の建郡記事をあげる。総領に評司銓擬権が与えられていたという早川説の結論部分は首肯できるが、『常陸国風土記』の解釈には賛成できない。早川氏は『常陸国風土記』にみられる「総領」を文字どおり総領と解釈するが、それらは天武朝以降の史料にみえる総領とはことなるものである。ただ、実際には総領ではないにもかかわらず総領と記したということには注意すべきであり、そのことから総領の職掌の一端をうかがうことができる。すなわち、『常陸国風土記』には高向大夫が建郡を行ったという記事があるが(6)、高向大夫が総領と記されるのはこの時だけであり、池を築いたりした時には総領という呼称は記されない(7)。もちろん、このことは『風土記』の記載もれという可能性もあるが、そうではなく、これは高向大夫は総領ではないが総領の職掌と共通することを行ったために、『風土記』編者の手によって総領と記されたと考えた方が妥当であろう。

　総領の職掌としては、このほかに、地名の改定、所管地域の状況報告、放養などがあげられる。まず、地名の改定は『播磨国風土記』揖保郡広山里条によって知られる。

『播磨国風土記』揖保郡広山里条

　広山里旧名握村土中上。所三以名二都可一者、（中略）以後、石川王為二総領一之時、改為二広山里一。

この史料は石川王が総領の時に里名の改定が行われたことを示している。

また、所管地域の状況報告にかんしては、天武天皇十一年七月戊午条があげられる。

『日本書紀』天武天皇十一年七月戊午条

　是日、信濃国・吉備国並言、霜降亦大風、五穀不レ登。

信濃国と吉備国がそれぞれ国内の作物の成育状態が悪いことを進言した。信濃国に総領が置かれていたかどうかはわからないが、吉備国の方は、天武天皇二年三月までには備前・備中・備後に図の分割が完了していたことから[8]、総領が行ったものと考えられる。

放養は持統天皇三年八月辛丑条から知られる。

『日本書紀』持統天皇三年八月辛丑条

詔㆓伊予総領田中朝臣法麻呂等㆒曰、讃吉国御城郡所㆑獲白燕宣㆓放養㆒焉。

伊予総領に讃岐国の白燕の放養を命じたことを記している。白燕は祥瑞の一種と推測されるが、総領が祥端にかかわっている例として、天武天皇六年十一月己未朔条や同十二年正月己丑朔庚寅条に、筑紫大宰が管内に出現した祥端を中央に貢献した記事があげられる。

以上、総領の職掌・性格について史料に即して検討してきたが、総領が行政官であることは明らかである。そしてその存在形態は、所管国の一国の国司を兼任する場合もあるが、数か国の国司の上に位置しており、国司よりも上級の行政権を有するものであった。また、総領が地方に常駐するものであることは、先にあげた天武天皇十四年十一月癸卯朔甲辰条に「総令所」とあることから推察に難くない。そして、持統天皇四年七月辛巳条に「大宰・国司、皆遷任」とあるが、大宰と総領は同一のものと考えられるから、総領は、国司と同様に、地方官として遷任の対象になっており、随時の派遣官とはことなるものであることがわかる。

なお、総領の性格を考える際、注意しなければならないことは、総領の職掌のなかには国司の職掌と同じものもあったということである。『播磨国風土記』には、餝磨郡少川里条に「庚寅年、上大夫為㆑宰之時、改為㆓少川里㆒」、揖保郡大家里条に「至㆓田中大夫為㆑宰之時㆒、乃改㆓大宅里㆒」、揖保郡香山里条に「至㆓道守臣為㆑宰之時㆒、乃改㆑名為㆑香山㆒」とあるが、宰というのは大宝令以前の国司の呼称であったと考えられるから、これらの史料から、国司も地名の改定に携わっていたことが知られる。また、所管地域の状況報告も国司が行う場合もあり、天武天皇五年五月甲戌条には「下野国司奏、所部百姓、遇㆓凶年㆒、飢之欲㆑売㆑子。而朝不㆑聴矣。」という記事がある。

このように、総領が国司と同じ職掌を有していたということは、総領は国司と類似した性格のものであることを意味する(9)。しかし、類似しているとはいっても、総領が国司の上に位置するものであることは事実であり、その設置も必要にせまられて行ったものなのである。

2　設置時期

1では総領が国司の上に位置する行政官であることを明らかにしてきたが、総領の性格をこのようにみた場合、これまでの説ではその設置の時期や動機については、令制国の分割にともなって従来の国の国司が以前の地位を保持すべく格上げされたとするのが一般的であった。ここではそのような見解の是非も含めて、総領が設置された時期と設置理由について明らかにしてゆきたい。

まず、総領が何時からみられるのかということを明瞭にするために、総領にかんする史料を列挙すると次のようになる。ただし、筑紫の例の一部は除く。

a.『常陸国風土記』信太郡条
b.『常陸国風土記』行方郡条
c.『常陸国風土記』香島郡条
d.『常陸国風土記』多珂郡条
e.『播磨国風土記』揖保郡広山里条

f．『日本書紀』天武天皇八年三月己丑条
g．『日本書紀』天武天皇十四年十一月癸卯朔甲辰条
h．『日本書紀』持統天皇三年八月辛丑条
i．『日本書紀』持統天皇四年七月辛巳条
j．『続日本紀』文武天皇四年六月庚辰条
k．『続日本紀』文武天皇四年十月己未条

a〜eは年代を明記していないが、a・b・dは白雉四年、cは大化五年のことと考えられる。また、eとfはどちらにも石川王がでてくることから、同じ頃のものと考えられる。

総領の史料はa〜dの大化・白雉年間と、e〜kの天武・持統朝から文武朝にかけての二つの時期にわかれてみられ、その間には約二〇年間の空白期間がある。この事実をどのように説明するのかということについては、これまではあまり注意が払われず、坂元義種氏が総領は大化時に東国に派遣されたものと天武朝以降のものとの前後二期にわけて考えなければならないと指摘したにすぎない。しかし、孝徳朝に総領の制度があったとすれば、総領は軍事的な危機に際して設けられたとする氏の論法からすれば、当然、総領が設置されていなければならない白村江の敗戦前後に、総領の史料はないわけであるから、坂元氏の説明は矛盾する。しかも、右に明らかにしたように、総領は行政官なのであるから、この点においても坂元氏の説明には無理がある。むしろ、a〜dの総領は『常陸国風土記』の記述に修飾があり、総領ではないものを総領と記したのではないかと考える方が合理的である。というのは、高向大夫の例のほかに、もし『常陸国風土記』の総領を天武朝以降の総領と同じものと認めた場合、坂本太郎氏や早川庄八氏のような考え方になるわけであるが、そのように考えると、次のような矛盾が生じる。

坂本氏のように、分割前の国の国司が分割した国の国司に対して昔の地位を保持すべく総領と称したとすれば、総領と国司が上下関係にある期間はそれほど長くはないはずであるが、実際には、たとえば吉備の場合をみても、少なくとも天武天皇八年から文武天皇四年までというかなり長い間にわたっている。また、国の分割にかんしても、吉備の場合は備前・備中・備後に分割しているが、伊予や周防の場合は分割した形跡はみられないことから、総領が国の分割にともなって設けられたというのは事実にあわない。また、天武朝以降にみられる四総領はかつて全国に配置されていたものが残ったものという点であるが、仮に、天武朝以前に全国的に配置されていたという推論を認めると、天武朝以降に、その残った地域の総領に対して、なぜkのように文武朝になってからまでも新たに総領の任命を行うのかということの説明がつかない。

このような理由で、『常陸国風土記』にみえる総領は天武朝以降の総領とはことなり、「総領」と記されているが、いわゆる総領とみなすことはできないのである。(10)そして、a～dが総領ではないとすれば、総領の史料は天武朝以降に限られるわけであるが、総領が天武朝に設置されたであろうことは、吉備や筑紫の場合をみると、より明確になる。

まず、吉備の場合であるが、吉備における総領は天武天皇八年三月に石川王の名を確認することができる。一方、吉備国司は壬申の乱の最中の天武天皇元年六月丙戌条に「吉備国守当摩公広嶋」とあることから、総領の設置は天武天皇元年七月以降のことと考えられる。

筑紫には、主として外交問題を扱うために、大宰府が成立する以前から官衙が設けられていた。(11)その筑紫の長官は天智朝では「筑紫率」と称されるが、天智天皇十年六月に「筑紫率」に任命された栗前王は、(12)天武天皇元年六月丙戌条には「筑紫大宰」(13)と記される。なぜ、わずか一年の間で栗前王の官職名が変わったのかという疑問が生じる。もちろん、大宰府の機構整備がこの間に行われたとすれば、官職名が変わることも考えられなくもないが、この期間に大宰府にそのような変化があった形跡はない。そこで考えられることが、『日本書紀』編者の手による修飾である。筑紫の長官は天智紀ではすべて「筑紫率」と表わされているが、天武紀では、元年のものからすべて「筑紫大宰」と表わされている。大宰は先に史料をあげたように、天武朝以降にみられるものであるが、栗前王の場合、どちらかが修飾されているとすれば、天智天皇十年に大宰とあるものを率と書き直すよりは、天武天皇元年に率とあるものを大宰と書き直す可能性の方が高いのではないかと考えられる。したがって、天武天皇元年における栗前王の官職名は筑紫率というのがもとの形であったと考えられ、筑紫においても大宰がみられるのは天武天皇二年以降のこととなる。

さて、総領は天武朝になってから設けられたものであることが明らかになったが、これが国が分割する以前の国司が格上げされて生じたものではないとすれば、なぜ、この時期に設けられたのかということを改めて考えてみなければならない。

天武朝における国司政策強化の原因として一般的に考えられていることは、壬申の乱の影響である。壬申の乱を契機に国司を弱体化させる政策がとられたとは考えないが[14]、壬申の乱における国司の動きには、天武天皇の国司政策に影響を与えるものがあったと思われる。すなわち、壬申の乱で大海人皇子が勝利をおさめることができた理由として、国司に兵を動員させた事情をみのがすことはできない[15]。大海人皇子は国司に兵を動員するよう命令を下しており[16]、国司もその命令に従って、兵を率いて大海人皇子のもとに結集している[17]。ただ、大海人皇子が国司を使って兵を動員したとはいっても、それら国司のなかには尾張国司のように、近江朝廷からも大海人皇子よりも先に同じような命令が下されていたにもかかわらず[18]、大海人皇子に従った者もいたことからも明らかなように[19]、国司の動きには、きわめて危険なものがあった。このようなことから大海人皇子が、乱において自分に敵対した国司は多くはなかったにもかかわらず[20]、国司を確実に掌握することの必要性を切実に感じていたであろうことは推察に難くない。大海人皇子が天武天皇として即位した後、国司制を整備するにあたって国司よりも上級の行政官を設けた直接的な動機は奈辺にあったのではないかと考えられる。そして、以下明らかにするように、その背景には、当時の国司制に制度的な不備があったという事情があったものと考えられる。

なお、総領の設置範囲については、総領の史料が少ないことから、明らかにすることは難しい。総領を行政官とみる説では全国に設けられていたとするが、その論拠は総領は国司が格上げされたものであるということだけである。しかし、総領は国司が格上げされて生じたものとは考えられないことから、その設置範囲についても改めて考えなければならない。

a～kのなかで、a～dは総領ではないことから、東国総領の史料は存在しないことになる。したがって、現存する総領の史料は、筑紫・周防・吉備・伊予の四地域にしかみられない。そこで、総領はこれらの地域にしか置かれなかったのか、あるいは全国的に配されていたけれども史料としてはこれだけしか残っていないのかということが問題になるが、天武天皇十一年七月戊午条のように、『日本書紀』には総領が行ったことについて「〇〇総領」とか「〇〇大宰」と記さず、「〇〇国」と記している例があることから、総領は現存する史料以外の地域にも置かれていた可能性があると考えられる。ただ、国司と本質的には類似するものであるという総領の性格から、総領は国司を管轄下に置くとはいっても、全国をいくつかのブロックにわけてそれらの国の国司が必ず総領の支配下に入るというほど厳密な体制をしいていたと考える必要はない。

3　総領と諸使と国司

総領が行政上の必要性のために天武朝に設置されたものであるとすれば、総領設置の事情についても、これと密接なかかわりのある国司をも含めた形で検討しなければならない。

国司制は大宝令によって制度的に完成したと考えられるが、大宝・養老令制下では、地方支配は原則として大部分が国司に委ねられ、国司には郡司に対する支配にかんすることも含めて、種々の権限が与えられていた。これは、中央政府が国司を政府と一体のものとみなしていることを意味するが、一方、国司の地方支配の実態を確実に掌握しておくために、国司を監察するための制度も設けていた。朝集使による考課上申の制度（考課令内外官条）や、巡察使の制度（職員令太政官条）などがそれである。また、監察制度とはことなるが、国司には任期が定められ（選叙令遷代条）一定年数を超えて地方に留まることはできなかったし、任地においても、百姓の供給をうけてはならない（戸令国郡司条）など土着性をもつことはかたく禁止されていた。だからこそ農民や郡司の支配にかんして大きな権限を与えることができたのである。

中央政府にとって、地方支配の大部分を国司に委ねるためには、このような制度がうまく運用されることが前提となるが、天武朝のはじめ頃から、制度が整っていたわけではない。当時、中央政府にとって、国司との関係はひとたび均衡がくずれると、きわめて不安定であったのである。また、当時は行政区画が定っていない地域もあった。天武天皇十二年十二月甲寅朔丙寅条に「遣㆓諸王五位伊勢王・大錦下羽田公八国・小錦下多臣品治・小錦下中臣連大嶋、并判官・録史・工匠者等㆒、巡㆓行天下㆒、而限㆓分諸国之境界㆒。然是年、不㆑堪㆓限分㆒。」とあり、同十三年十月辛巳条に「遣㆓伊勢王等㆒、定㆓諸国堺㆒。」同十四年十月己丑条に「伊勢王等亦向㆓于東国㆒。」とあるように、天武天皇十二年頃になっても、国境の画定という基本的問題が残されていたのである。

このように、天武朝のはじめ頃は大宝令制下とはことなり、中央政府にとって地方支配のすべてを国司に委ねる体制が整っていなかったのに加えて、境界の画定というような、国司レベルでは解決できない問題もかかえていた。そのような状況のなかでは、国司を通じて地方支配を行うことが不可能であることは明らかであり、中央政府と国司との間に、中央政府により密着した機関が必要となってくる。そのような状況のなかでモデルになったのが筑紫における率と国司との関係ではなかったのかと推測される。[21]筑紫（筑前）には大宝令制下では大宰府が置かれ、この長官である帥は、外交にかんすることのほか、筑前国の行政にも携わったが、外交にかんしては、天智朝にはすでにその原型を確認できる。たとえば、天智天皇十一年十一月甲午朔癸夘条に、対馬国司が外交問題のことで大宰府に使者を送っている記事があるが、総領はこのような筑紫率と国司の関係に倣って設置されたものと考えられる。

ところで、右にあげた天武天皇十二年から十四年にかけての国境画定の事業についてであるが、これは、国の境界を限分するために任命された使者によって行われている。特定の目的をもって中央から地方に派遣される使者は、大化前代から大宝令制下に至るまで数多くみられるが、天武朝において、国司レベルでは解決のできない事業はこのような使者によって行われたのである。また、このような使者のほかに、天武・持統朝には、田領や税司主鑰などもみられる。[22]

天武朝から文武朝にかけての地方支配は、国司のほか、国司と総領と使者とによって行われた。そして、これらのなかで、その時々の必要に応じて派遣される使者は別として、総領は律令的な国司制が完成した大宝令制下においては、大宰府にその痕跡をとどめるだけで、国司のなかに吸収されてしまうのである。また、一方、これらの系譜をたどればミコトモチにつながる。はじめは使者、すなわちミコトモチによって中央政府の命令が地方に伝えられていたのが、やがて国司が置かれるようになり、中央政府の命令は国司を通して行われるようになるのであるが、それは国司制の制度的な不備のためになかなか実現せず、その不備を補うために総領の設置や使者の派遣が行われたのである。したがって総領制は国司制が完成するまでの間の一つの過渡的な形態ということができるのである。

まとめ

以上、総領について、職掌・性格・設置時期・設置の事情等を検討してきた。総領制は国司制の形成過程における一つの過渡的な形態であるから、その意義についても国司制とのかかわりを念頭において考えなければならない。このような観点からみると、総領制の意義としては次の二点をあげることができる。

第一は、天武・持統朝においては律令的地方支配体制が一応完成したと考えられる大宝令制とはことなり、総領・国司という二重組織になっていたことである。そして、このような体制がとられた理由は、同じような形でも、唐制の影響を受けて設けられた按察使の制度とはことなり、国司制の不備を補うという内的必然性によって設けられたのである。すなわち、総領は成立期の国司制がかかえている諸問題を解決するために設けられたもので、十分に整備されていない国司制を補うという点で不可欠のものであったのである。第二は、総領は国司の上に位置するものであるが、その上下関係は非常に厳格であるというのではなく、総領は国司と本質的には類似したものであったことである。だからこそ、総領も国司もその系譜をたどればミコトモチにさかのぼり、また、大宝令制下では、総領は国司に吸収されるのである。

注

（1）　坂本太郎『大化改新の研究』（至文堂、一九三八年）、黛弘道「国司制の成立」（『律令国家の基礎構造』吉川弘文館、一九六〇年）、菊池康明「上代国司制度の一考察」（『書陵部紀要』六、一九五六年）、八木充「国郡制成立過程における総領制」

(『律令国家成立過程の研究』塙書房、一九六八年)、早川庄八「律令制の形成」(岩波講座『日本歴史』二、岩波書店、一九七五年)、家令俊雄「上代における総領の研究」(『芸林』四―三、一九五三年)、坂元義種「古代総領制について」(『ヒストリア』三六、一九六四年)、石母田正『日本の古代国家』(岩波書店、一九七一年)、榎英一「大化の東国国司の一考察」(『日本史論叢』六、一九七六年)、大町健「律令制的国郡制の特質とその成立」(『日本史研究』二〇八、一九七九年)なお、以上の各氏の著書・論文については、とくにことわらない限り、右のものを引用することにする。

(2)　八木氏は解体期の総領は国司と称する場合があったという。しかし、その論拠は定かではない。

(3)　大町健氏が、律令的国郡制に先行する形態として総領―国宰制がある、というほかにはみあたらない。

(4)　この史料では、周芳(防)は「総令(領)」、筑紫は「大宰」となっている。総領と大宰が同じものであるのかどうかということでこの史料の解釈もちがってくるが、他の総領と大宰の史料を検討してみると両者は同一のものと考えられる。

(5)　筑紫には大宰府が置かれていたが、天武朝から文武朝までの間では、外交にかんすることを除いては、他の総領と同じように考えられる。

(6)　『常陸国風土記』信太郡条、多珂郡条、香島郡条、行方郡条。

(7)　『常陸国風土記』行方郡条。

(8)　『日本書紀』天武天皇二年三月丙戌朔壬寅条に備後国司がみえる。

(9)　『日本書紀』持統天皇三年八月辛丑条に伊予総領としてみえる田中朝臣法麻呂は、同五年七月壬申条には伊予国司としてみえる。

(10)　『常陸国風土記』の総領はどのような性格のものであったのかといえば、関晃氏が指摘したように、大化の東国国司と同様、ミコトモチと考えるのが妥当である(関晃「大化の東国国司について」『文化』二六―二、一九六二年)。

(11)　田村円澄「大宰府前史小論」(『九州文化史研究所紀要』第二一号、一九七六年)。

(12)・(13)　『日本書紀』同日条。

(14)　黛弘道氏や早川庄八氏は、壬申の乱以前は国司には強大な権限が与えられていたが、壬申の乱を契機にその権限が奪われ、天武・持統朝においては国司は弱体化し、大宝令に至って回復したという。その論拠となる史料は天武天皇元年七月辛亥条である。しかし、壬申の乱以前の国司と大宝令制下の国司とを同じレベルでその権限の強弱を論ずることは妥当ではないと考えられるので、黛氏らの見解に全面的に賛成することはできない。なお私は、七月辛亥の日の処置についても、強大な国司の権限を奪うというのではなく、国司制を整備するための準備であったと考える。

(15) 大海人皇子側の兵力の内容をめぐっては議論のあるところであるが、ここではそれらについてはとりあげない。ただ、たとえば天武天皇元年六月丁亥条にみられるように、国司が大軍を率いて大海人皇子に従ったという事実だけをおさえておく。

(16) たとえば『日本書紀』天武天皇元年六月辛酉朔壬午条、同六月丙戌条。

(17) たとえば『日本書紀』天武天皇元年六月甲申条、同丁亥条、同七月壬子条。

(18) 『日本書紀』天武天皇元年五月是月条。

(19) 『日本書紀』天武天皇元年六月丁亥条。

(20) 壬申紀には尾張国司守小子部連鉏鉤、伊勢国司守三宅連石床・介三輪君小首、河内国司守来目臣塩籠、吉備国司守当麻公広嶋等の国司の名がみえるが、彼らはいずれも大海人皇子を支持している。

(21) 天智朝では筑紫の長官は「率」と称された。(たとえば天智天皇八年正月戊子条、同十年六月是月条)。

(22) 田領・税司主鑰については黛前掲注(1)論文のほか、笹川進二郎「律令国司制成立の史的前提」(『日本史研究』二一〇、一九八〇年)に詳しい。

第Ⅱ部　大宝令の制定と地方行政機構

第一章　大宝令制下の国司制

一　大宝令制下の国司

律令国家地方行政機構形成の最大の画期は大宝律令の制定に求めることができる。[1] このことは、たとえば、大宝・養老の律令に規定された国司・郡司の職掌や国・郡の機能、行政区画としての整備の状態などから明らかなのであるが、なお、検討しなければならない問題がいくつかある。

第一。国司制の場合には、行政区画の変更も含めて、大宝令の施行後二〇年くらいの間にさまざまな制度の整備が行われる。そこで、国司制の成立過程において大宝令の施行が最大の画期と考えられるとしても、そのような事実をどう解釈するのかということである。

第二。八世紀はじめ頃、国司は所管国のどこに駐在して、どのような形で政務を執っていたのかということの詳細についてはよくわからない部分がある。国司の勤務場所・居住地域としては国衙・国府が想定され、[2] 考古学の研究成果からは、国府が成立するまでは、国司は拠点的な郡衙に駐在したり、郡衙を巡回する形で職務を遂行したものと推測されているが、[3] 国府成立時期の問題はひとまず置いておくとしても、国司にかんする諸制度すなわち国司の活動内容（任務）の整備と、国司の執務施設の成立時期がかならずしも一致しないことをどのように説明するのかが問題である。[4] 国府関連遺跡の調査や出土した木簡の分析によって、これまでには詳らかではなかったことが明らかにされた。[5]

第三。発掘調査の成果に期待できる部分はあるとしても、制度の基礎的研究材料となる文献史料の数は基本的には大きくは変わらない。そのような文献史料に多くを依存したこれまでの国司制研究がなぜ難しいのかといえば、史料の数が限られているということのほかに、律令的地方支配体制のなかでの国はあらゆる機能を兼ね備えたものであり、国司、とくに国守には一国の支配にかんする大部分の事項についての権限が与えられていることから、多くの事項について総合的な分析が必要になってくるからである。

ここでは、これらのことを念頭に置きながら、八世紀初期の国司制整備の状況について考察を加え、国司制の成立過程において大宝令がもつ意味について明らかにしたい。

1　大宝期の国司政策

律令的地方制度の完成とみなす基準を何に求めるのかということは別にしても、大宝令の施行が国司制・郡司制のいずれにも大きな変化をもたらしたことは疑う余地のない事実である。これまでの研究においては、国司制の場合、国司が所管国内で行使しうる権限がこの時を境に著しく拡大したという点が、また、郡司制の場合、評から郡への転換が行われたという点がそのような認識を定着させることになった。しかし、大宝令施行を境に大きな変化があったということの具体的内容については、単に浄御原令と大宝令の相異ということのみでは説明できない。というのは、たとえば国の区画のように、斉明・天智朝頃からはじまり天武天皇十二年から十四年にかけての全国的規模での画定が行われた令制国の整備が、浄御原令の施行された持統天皇三年以降も漸次行われ、大宝令施行後にも、やはり、変化がみられるからである。

以下、大宝令の施行が制度史上は大きな画期になるとしても、このような浄御原令制下の変化とは如何なる点で連続し、如何なる点で断絶するのか、また、大宝令施行直後の諸政策とはどのようにかかわりあうのかということについて考察を加えてゆきたい。

まず、大宝令の施行後数年間、大宝・慶雲年間の施策の検討からはじめたい。

① 大宝元年三月甲午条　官制・位階について
② 大宝元年四月戊午条　田領を廃止し、国司巡検に委ねる。
③ 大宝元年六月己酉条　ⅰ大宝令に依る施政の命令
　ⅱ国宰・郡司が大税を貯え置くことは法のとおり行え。
　ⅲ大租を給う状を宣告する。新印の様を頒付する。
④ 大宝二年正月戊寅条　紀国賀陀駅家設置（淡路国由良駅）
⑤ 大宝二年二月丙辰条　諸国の大租等帳簿を弁官に提出
⑥ 大宝二年二月丁巳条　諸国国師
⑦ 大宝二年二月乙丑条　国司に鎰を給付（税司主鎰→国司）
⑧ 大宝二年三月甲申条　越中国の四郡を越後国に割譲
⑨ 大宝二年四月庚戌条　諸国の国造氏を定める
⑩ 大宝二年四月壬子条　筑紫七国・越後国の兵衛・采女の貢進

⑪　大宝二年八月丙申条　薩摩・多褹征討
⑫　大宝二年十二月壬寅条　美濃国岐蘇（木曽）路を開く
⑬　大宝三年正月甲子条　巡察使（七道）
⑭　大宝三年三月丁丑条　i国博士の任用方法の変更
　　ii郡司の任用方法について
⑮　慶雲元年四月甲子条　諸国印を鋳造
⑯　慶雲元年六月丁巳条　諸国兵士の軍団への上番について
⑰　慶雲二年四月丙寅条　令に依って停止していた采女肩巾田を復活
⑱　慶雲三年閏正月戊午条　諸国調庸の取り扱いについて
⑲　慶雲三年二月庚寅条　七条の事
⑳　慶雲三年九月丙辰条　田租の法を定める
㉑　和銅元年四月癸酉条　諸国博士・医師の中央出身者への処遇の規定
（『続日本紀』）

大宝律令が公布され、国政全般にわたって新しい律令の適用が行われたことは、③のように大宝令に依る施政の命令が出されていることからも明らかであるが、ここでは国制にかんする事項をとりあげてゆきたい。

右の記事の内容をみると、次のようなグループに分けることができる。

A．大宝律令の規定にもとづく政策、あるいは大宝律令を実施するための細則を定めたもの。大宝律令の徹底・法の遵守を強調したもの。

①・③・⑤・⑥・⑨・⑬・⑭ii・⑯・⑱・⑲・⑳

B．大宝律令を実施するために旧来の制度・体制を改正したもの。

②・⑦・⑩

C．大宝律令を実施するための条件を整備したもの。（交通路、行政区画の整備。辺境地域への支配拡大の準備など）

④・⑧・⑪・⑫

D．大宝令制の不備を補うもの。⑲

E．大宝律令の施行後、変更したもの。⑭i・㉑

F．その他（大宝律令を適用するために、旧来の方式を変更したが、短期間で旧来の方式を復活したもの）⑰

Aについて。このようなことは新しい法令が施行されると、当然みられることで、大宝令による地方支配が円滑に行われるためには不可欠のものである。たとえば、⑤は諸国の帳簿が弁官に提出されたことを示すものであるが、これは大宝令による文書行政（国司を通しての地方支配の基本的原則）が実際に行われたことを意味する。また、⑬七道への巡察使の派遣は令条にもとづくものであることは明らかであるし、兵士の国内上番にかんする細則を定め、令条以外の兵士を使用を禁止した⑯は、大宝令の規定の不備を補うという一面をもちながらも基本的には大宝令の規定を実施するための政策である。⑥令外の官である国師の設置も同様に考えることができる。

しかし、③のような大宝令に依る施政の命令が出されたことで、直ちに実施できたのかといえば、そうではない場合も多い。右にあげたもののなかで、その性質は基本的にはAに分類されるものであっても、計画をたててから、あるいは着手してから完成するまでにかなりの年数を要するものもある。たとえば、⑫大宝二年三月に計画された木曾路の開通は和銅六年（和銅六年七月戊申条）のことであるが、大掛かりな土木工事をともなったり、支配地の拡大政策をともなう場合には、このようなケースは、この期間に限らず他にもよくみられ、とくに辺境地域の建国郡などにおいては、『続日本紀』の記事の編纂時の錯綜・重複という可能性とともに、このような問題も想定しなければならない。また、③iii大宝元年六月に公印のなかの諸国印のひながたを頒付したが、実際に印が鋳造されたのは、⑮慶雲元年四月のことであった。

Bについて。国司制の形成過程における最大の画期が大宝令であるというのは、実はこの場合が関係していると考えられる。とくに②・⑦がその史料として問題にされ、その意味するところをめぐって多くの研究がみられる。(6) ②は、この時までは田領の任務であった事項を国司の巡検に委ねるという内容であるが、この記事のなかで、従来問題になってきたのは、主として田領にかんすることで、国司の問題にかんしては、この記事は国司の権限の拡大を意味すると解釈できる。国司の権限の問題については、②・⑦を論拠に、国司制の成立過程のなかで、壬申の乱後、その権限が著しく縮小され、天武・持統朝においては単なる行政事務官僚にすぎない存在になったものが、大宝令では大幅に拡大したという見解がある。(7) 壬申の乱後、国司の権限が縮小されたのかどうかということは、それ以前、すなわち天智朝あるいは斉明朝の国司の実態をどうみるのかということによってことなってくるので、大化以降の国司制の成立過程全体像の構築という点になると難しい問題があるが、大宝令の施行による国司の権限の拡大という点では、②・⑦とも問題はないと考えられる。

⑩は軍防令兵衛条による兵衛・采女貢進制の実施を示すものである。トネリ・采女の貢進は、律令制以前、ヤマト王権下において行われていた制度であるが、国司の簡定によって一定の割合で、全国的規模で兵衛・采女を貢進を課すという形態は大宝令によって成立したものと推測される。(8)

さて、Ａ・Ｂの場合には大宝令の施行によって大きな変化をともなうものもあるが、それでは、浄御原令制下の国司制は大宝令制にどれくらいの連続面が認められるだろうか。ただ、浄御原令は持統天皇三年に施行されているが、そこに規定された制度のなかには天武朝にはじめられたものもあり、そのようなものは浄御原令制というよりは天武・持統朝の制度として位置づける方が適切な場合もある。また、持統天皇三年から大宝元年までは浄御原令の下で政務がとられたことになるが、持統朝のものは『日本書紀』に、文武朝のものは『続日本紀』に記される。両者とも、制度面に限ってみても、すべての事項が記事として採録されているわけではないから全体像はつかみにくい。しかし、断片的にではあるものの、文武紀には大宝令との連続面が認められる記事がみられる。

（ア）文武天皇二年三月己巳条　神郡郡司の連任を許す。cf. 選叙令同司主典条
（イ）文武天皇二年三月庚午条　郡司銓擬における国擬
（ウ）文武天皇三年三月壬午条　巡察使（畿内）
（エ）文武天皇三年十月辛丑条　巡察使（諸国）
（オ）文武天皇四年二月乙酉条　上総国司、安房郡（評）大少領父子連任の申請を許可する。
（カ）文武天皇四年二月壬寅条　巡察使（東山道）
（キ）文武天皇四年三月丙寅条　諸国の牧地を定め牛馬を放つ。cf. 廐牧令牧毎牧条・牧馬応堪条

神郡はその例外ということで、（ア）・（オ）は、三等以上の親の連任を禁止した選叙令（大宝選任令）同司主典条が郡司任用においても適用され、このような措置がとられたものと考えられる。このことから、同司主典条は浄御原令にも規定されること、郡制において大宝令を境に評から郡へという行政単位の名称の変化があるにもかかわらず、特例としての神郡での連任許可は浄御原令制下から継続的に行われていたことが知られる。また、（ウ）・（エ）・（カ）の

巡察使の全国的派遣は浄御原令施行以前の天武天皇十四年にみられる。(キ)は廐牧令の規定とかかわるものである。このほか、大宝・養老令に規定される国司の職掌の項目(職員令大国条)のなかで、少なくとも形式的には持統朝にみられるものも多い。たとえば、持統天皇三年正月壬戌条には出雲国司が蕃客の対応をしたことが記されるほか、同七月丙寅条には騎射の訓練について、同八月庚申条には造籍と兵士の簡点・訓練について記される。

しかし、大宝令の施行によって国司制に大きな変化がみられたことも事実である。そこで大宝令の施行による最大の変化は何であったのかといえば、国司(国守)に一国の統治にかんする大部分の権限を与えるという、国司制の理念を実現しようと各種の法令を定めたところにあると考えられる。その一つが②・⑦のような例である。これらはいずれも前律令的なものを廃止し、国司の権限の下に置くことを定めたものである。なお、前律令的なものの廃止の例としては⑰もあげられるが、これについては後述する。もう一つは③・⑤にみられるように、中央政府と国とを結ぶ文書行政の確立ということである。律令国家はその地方支配において国司に全権を委任する形をとる(国司を中央政府のいわば分身として位置づける)ことによって、中央集権的な支配体制を維持する。この文書行政システムが確立すると必然的にそれを機能させるための機構の確立がなされなければならない。すなわち国府の成立である。国司の起源は固有法的な面ではミコトモチにあるわけであるが、令制国を統治する段階になると任地に一定期間常駐するものとなり、後述するように、その任務を遂行するためには国司のオフィスの存在が不可欠のものとなると考えられるのである。

Cも国衙の成立時期との関係を考える上で重要であるが、このような例は和銅・霊亀年間に多くみられるので後述することにして、E・Fについてみてゆきたい。

まず、Fについて。⑰からは令によって采女肩巾田が停止されたことが知られる。采女の資養についての律令法の規定は賦役令計帳条に庸の一部が充てられることが定めているだけである。しかし、采女の資養についての八世紀の実態は、田令集解令釈所引民部例から采女田の存在は明らかであるし、天平六年出雲国計会帳の「采女養絲」進上（大日本古文書一―六〇六）、天平神護二年五月丁巳条に七道諸国の采女養物進上のことが記載されることから、資養物が貢進地域に課せられていたことも明らかである。また、采女の養物は大化の段階でも改新の詔第四条に規定されているから、結局、⑰は、令前の制度が令によって停止されたものの、短期間で令前の形態が復活したケースということができる。ただ、ここで問題になることは⑰の令が具体的にはどの令をさしているのかということであるが、大宝令と考えて不都合はない(9)。

采女貢進の規定は固有法的なものであるが、軍防令兵衛条はヤマト王権下の采女貢進制の方式をそのまま継承したというよりは、その理念を継承したという性格が強い。結局、大宝令の施行と同時に前律令的な方法を停止しようとしたものの、それがかなりの困難をともなったために、直ちに旧制を復活したということになる。そして、大宝令の施行後きわめて短期間で一つの制度を停止するということが可能であったのは、それに替わる体制を直ちにとることができ、かつ、その方が采女貢進を円滑に行うために好都合であったからであると考えられる。

Eについて。⑭ⅰは国博士・医師の任用を、その国内から（適任者がいない場合は傍国から）行うという選叙令国博士条の規定に対し、適任者がいない場合は式部省に申して省が銓擬することを定めたものである。また、㉑ではそのような中央出身者への処遇について定めている。国博士・医師の適任者を選叙令国博士条の規定どおり任用することは、適任者がいないためにほとんど不可能であったが、国博士・医師を置くという大宝令の原則を守るために、任用方法を変更したものである(10)。そこで、部内任用と中央出身者任用ということの差が律令的地方支配においてどのような意味をもつのかということが問題になるが、律令制下で出自が中央なのか地方なのかということは大きな相違がある。⑭-iは、このように、大宝令の規定を遵守しようという面と、そのために変更を余儀なくされる面とがあるのであるが、どちらの面をより重視するのかということで、この措置に対する評価はことなってくる。そして、このことは令規定の変更をともなう大部分の政策についていえることである(11)。⑭-iiは選叙令7（大宝選任令）同司主典条の特例として、才能がある者を比郡の郡司に任用することを定めたものである。郡司の任用については、譜第と才用のいずれを重視するのかということで、しばしば基準が変化するが、大宝令では才用主義がとられていた。⑭-iiは、そのような大宝令制の基本方針に対して特例を認めたものである。

このように、大宝・慶雲期の政策は大宝令を施行するための具体的な内容を定めたものが多い。ただ、ヤマト王権時代に起源をもつ制度については、かならずしも大宝令に固執するわけではなかったことには注意しなければならない。

2　和銅・霊亀年間の国司政策

それでは和銅・霊亀年間になるとどのような特質がみられるのであろうか。大宝・慶雲年間のものと比較しながら検討してゆきたい。

a．国司の部内巡行や班田農民支配のための制度が円滑に実施されるために、調・庸・義倉等の徴発の際の細則の制定や実態にあうような改正。

和銅五年五月甲申条・五年八月庚子条・六年二月壬子条・七年四月壬子条・霊亀元年五月甲午条・元年五月己亥条

b．請印の細則、大計帳等の式の頒下など文書行政を円滑にすすめるための制度の整備。

和銅二年六月乙巳条・五年五月丙申条

c．国郡の新置などの行政区画の変更、および行政地名の改正。
和銅元年九月丙戌条・二年二月丁未条・二年十月庚寅条・五年九月己丑条・六年四月乙未条・六年五月甲子条・六年九月己卯条・六年十二月辛卯条・霊亀元年七月丙午条・元年十月丁丑条・二年四月甲子条・二年五月辛卯条
d．交通路の変更
和銅六年七月戊申条
e．郡司等、地方人の採用について。
和銅三年三月戊午条・五年四月丁巳条・霊亀二年五月己丑条
f．巡察使の制度を含む国司監察について。
和銅五年五月乙酉条・霊亀元年五月辛未条

a・b・eについては大宝・慶雲期にもみられ、この時期にも、基本的にはそれらと同じ性質のものと考えられるが、aのなかでも和銅五年五月甲申条の国司の部内巡行と遷代の時の給食・給夫馬法の制定のように、この規定によって国司の移動がはじめて円滑に行われるようになるものもある。そして、右のなかでとくに注意しなければならないのは、c・d・fであろう。すなわち、結論からいうと、和銅元年二月戊寅に平城京遷都の詔が出され、三年には藤原京から都が遷されることによって、京（中央）—国（地方）という律令的地方行政区画をはじめとする地方支配のための体制が、平城京を中心とする形で整備されるが、それは平城京への遷都にともなって、京を中心とする国以下の行政区画および交通路の整備と、大宝令（律令的地方支配）の理念である、国司を中央政府の分身的存在として位置づけることの具体的政策ということである。

律令制下での京と国の関係については、岸俊男氏の「日本と唐の制度を比較すると、日本にあっては『京』をきわめて重視、特別視していることになる。したがって、日本の律令制にあっては、『京』は『国』と一体的に存在するものであるから、『京』がいつ成立したかを考えることはとりもなおさず、律令制の『国』が日本においていつ成立したかを探ることになるといわなければならない」という見解が示されている。[12] 平城京遷都後、そこに直接つながる交通路の整備（和銅四年正月丁未条）のみならず、国をはじめとする行政区画の整備や行政地名の好字への改定（和銅六年五月甲子条）など、行政区画という点で律令的地方支配の形態を整える政策が打ち出された和銅・霊亀年間は大宝令の施行後では国郡の建置が集中してみられる時期で、和銅年間には四国が（出羽・丹後・美作・大隅）、霊亀年間には和泉監が、また養老には五国（石城・石背・安房・能登・諏方）が設置される。国や郡の区画を変更の理由には往来が不便であるということがあげられる場合が多いが、それがこの時期に集中しているのは、大宝令の規定に従って国郡制による政治を行ってみた結果、不都合があったということのほかに、京—国の中央集権的な地方支配体制の中心となる平城京遷都との関係が想定される。すなわち、和銅・霊亀年間には、大宝・慶雲年間に引き続き、大宝令制実施のための細則が具体的に示されることが多かったが、養老年間にかけて国郡の新設や交通路の変更がみられるのは、平城京を中心とする中央集権的な地方支配体制を行政区画という点で整備しようとしたためであったと考えられる。

ｆは大宝令が意図するような国司制度の運用を目的とするものであるが、たとえば和銅五年五月甲申条については、それが大宝令制を質的に変更するものなのかどうかということが、その性格を判断する一つの基準になると考えられる。それでは、この時期に出された政策はどうであったのかということであるが、国司の綱紀粛正を強調したり巡察使の毎年派遣をするなど、一見、国司監察を強化したようにみえるが、それらの政策はいずれも国司の職務・権限に直接介入するものではないことから、質的に大宝令とことなるものではないと考えられる。[13] なお、大宝令国司制が変質しはじめるのは何時かということが問題になるが、このことを判断するための基準の一つは、大宝令で国司に与えられた権限を中央政府が吸い上げ、国司を通さず、遣使などによって中央政府が直接支配するようになるところに求められると考える。

3　大宝令の施行と国司の存在形態

国司制が大宝令を契機に大きな変化をみせたことは、制度の制定や規定を記す文献史料からは明らかなことであるが、一方、国司の活動の拠点となる国衙の成立については、もう少し時期が下がって八世紀第2四半期から八世紀中頃であると考えられている[14]。山中敏史氏は国衙の造営を第一の画期（七世紀第4四半期頃（八世紀はじめ頃））と第二の画期（八世紀第2四半期を中心とする八世紀前半頃）にわけ、九・十世紀まで継続する建物がみられるのは第二の画期になってからであるとする。そして、国衙の成立以前は、国司は拠点的郡衙に駐在するか、郡衙を巡回してその任務を遂行したという[15]。また、初期の国司の存在形態については、青木和夫氏が『出雲国風土記』巻末の「国庁意宇郡家」という表記と発掘事例から、出雲国の国庁が意宇郡衙に置かれていたという見解を示され、国司は拠点的郡衙に駐在したのではないかという[16]。

文献史料から明らかにされる国司制成立の画期と考古学的に明らかにされる国府の成立時期との間には時期的な差があるが、発掘調査の結果には動かし難い事実が認められることから、これをどのように説明するのかということが問題になる。また、初期（国衙の形成が十分ではない）に、国司がどのような活動形態をとっていたのかという点で説がわかれる。以下、この二点について、どのように矛盾なく説明できるのかということを考えてゆきたい。

まず、何をもって国の成立とするのかということが問題になるが、このことについての従来の研究は、国の機能（領域による人民の区分）の成立をメルクマールとするという大町健氏の指摘が重視されている。[17] 大町氏は、具体的には、天武天皇十二年から十四年にかけて行われた国境画定事業をあげる。ところが、この時期の国府が九世紀までつながる事例は一般的ではない。

しかし、国司が後には国府で政務をとったように、当時、その場所がどこであるのかということは別にして、一箇所に常駐する形態をとっていたであろうことは、国司の職掌が大宝・養老令の規定どおりに課せられたとすれば、不可欠の要素であるし、また、そのような存在形態を推測させる史料もみられる。九世紀につながる建物が確認できる以前では国府の語は、『続日本紀』霊亀元年十月丁丑条、養老二年四月癸酉条にみられ、国庁の語は仮寧令外官聞喪条に「国郡庁内」という表現でみえる。もちろん、国府という表記があるからといっても、その実態については詳らかではないところもあるが、国府か、それに類似したものがあったと考えられる。

なお、『出雲国風土記』巻末記にも国庁の語がみえる。これは、奥付に天平五年と記されることから、霊亀・養老年間の史料と同じ扱いをすることはできないが、『風土記』の編纂が命ぜられたのは和銅六年であるから、この約二〇年の間に国府が営まれていた可能性は考えられる。

ところで、八木充氏は国府の形成過程と、国・国司のそれとは区別すべきであるというが、[18] 妥当な見解であると考えられる。ただ、先にも述べたように、国司が所管国のなかに固定した拠点をもたなかったことは考え難いから、恒久的なものを想定した国府は形成されていなくても、国司は所管国のどこかに居を構えたと考えるのが自然である。それでは、具体的にどのようなところかということになるが、第一に、青木和夫氏をはじめ、多くの研究で認めているように、郡衙に併設される場合である。第二に、特殊な例になるが、『日本書紀』天武天皇十四年十一月甲辰条の「周芳総令所」、持統天皇三年七月丙寅条の「詔二左右京職及諸国司一。築二習射所一」というように、総領や国司といった中央派遣官人が駐在する特定の場所があったことを示している。

そもそも、国司派遣の形態がどのようにして形成されたのかといえば、律令制以前におけるミコトモチの派遣に起源をもつと考えられ、律令制下での種々の遣使による政策の実施がなされたのも、そのような国司制の起源と関係が深いと考えられる。そして、大宝令に規定されるような常駐国司の職務・権限との関係でいえば、国司と使人との比重がどのようになっているのかということで、地方支配における国司の果たす役割の程度を知ることができる。

八木充氏は国庁の成立が遅れた理由として、壬申の乱以後の国司の権限縮小ということをあげるが、この点については必ずしも賛成できない。確かに、天武・持統朝における国司の権限は、大宝令制下のそれに比べると小さかったのであるが、天智朝において大宝令制下のものと比べて大きかったのかといえば、そのことを裏付ける史料はないのである。

大宝令以前の地方支配は、常駐の、一定の任期をもった国司のほか、個別の任務を課せられた使人、総領・大宰などが併置されるという複雑な展開をみせていたが、天武天皇十四年十一月甲辰条に「周芳総令所」とあるように、この段階で、それらの中央官人が駐在する施設はある程度整備されていたものと推測される。それらは恒久的な建物ではなかったとしても、一国を統治する際の拠点として、大宝令制が実施された時点でも機能したものと考えられる。そして、国府の成立が大宝令の施行よりも遅れたのは、大宝令制定の段階で国司が政務をとることのできる状況であったからと考えられる。ただ、この時期の国府は九世紀まで続くものでなかった。そして、平城京遷都後の国郡制行政区画の変更（国郡の新置）をはじめ、国司制関係の諸制度実施の際の細則の整備が、恒久的な国府形成が計画される契機となったものと推測される。

九世紀まで継続する国府の成立を大宝令の施行よりもかなり遅く、八世紀第2四半期から八世紀中頃とみるものである。しかし、文献史料から判断できるところでは、大宝令の規定はもとより、八世紀初頭に出された国司制にかんする種々の命令の内容から推測しても、国司が勤務する場所が確保されていなければ、それらの実施は不可能であると考えられる。また、それらの命令は大宝・慶雲年間だけではなく、和銅・霊亀年間に及んでおり、このことをどのように説明するのかということが問題になる。

大宝令の制定は、それが施行された八世紀初頭の段階では、律令的地方支配における国司制の理念を明確にしたというところに大きな意味を見出すことができる。そして、国の新置を含めて地方支配の基本をなす行政区画の変更が行われたり、施行のための細則が定められたりして、大宝令国司制が制度的に安定をみるのが和銅・霊亀から養老年間にかけての時期になるのである。なお、采女の資養の問題のように、大宝令の施行後、きわめて短期間で旧制に復したものについては、この時期のものとしては異例のものということができるが、復すべき旧制が存在したという点で、そのような体制が整っていたにもかかわらず新しい方法を定めたというところに、大宝令制定の特質の一端をみることができる。

国司制の研究は国府の発掘調査によって大きな進展をみせたが、文献史料とどのように整合性をもった解釈をするのかということが課題になることを述べておきたい。

注

（1）黛弘道「国司制の成立」（『律令国家の基礎構造』吉川弘文館、一九六〇年）、早川庄八「律令制の形成」（岩波講座『日本歴史』二、岩波書店、一九七五年）。

（2）国司が駐在する国の機関の呼称として国府・国衙・国庁などが用いられるが、山中敏史氏は、国衙とは国司が政務を執行する官衙施設と官衙地区であるとし、国府とは国衙周辺の官人の居住地域を意味する場合と、それに国衙をあわせていう場合とがあるとする（山中注（3）論文）。国司の活動形態によって官人居住地域の実態はことなってくるが、国司制が機能するためには、少なくとも令に定められた国の定員の駐在を必要とすると考えられることから、ここでは国衙を含む概念をもつ国府という語を用いることにする。

（3）山中敏史「国衙・郡衙の構造と変遷」（『講座日本歴史』2、東京大学出版会、一九八四年）、『古代地方官衙遺跡の研究』（塙書房、一九九四年）。

（4）たとえば、小林昌二氏は八世紀初期までの国司の存在形態にかんする山中氏の見解に対して、「一般論として従来の研究に整合的であるが、独立した官衙として成立していないという点は、職員令の国司職掌規定が膨大多岐にわたり、その職務が独自拠点の成立を見ないままに遂行できたかどうか甚だ疑わしい」という。小林昌二「国衙と郡家」（『日本の古代国家と城』新人物往来社、一九九四年）。

（5）山中前掲注（3）書、八木充『日本古代政治組織の研究』（塙書房、一九八六年）、加藤友康「国・郡行政と木簡―『国府跡出土木簡の検討を中心として―」（『木簡研究』一五、一九九三年）。

（6）黛、早川前掲注（1）論文。

（7）早川前掲注（1）論文。

（8）浄御原令の兵衛・采女貢進制については詳らかではないところがあるが、天智朝にはヤマト王権下のものに近い形態がみられる。なお、大宝二年四月壬子条では除外されていた陸奥国からは、この後、一時、貢進が行われたものの、短期間で停止されている（養老六年閏四月乙丑条）。これは、陸奥国が辺境であることと、当時、蝦夷の反乱などのために不安定な状況下にあったことなどによるものと考えられる。ただ、辺境とはいっても、南九州の薩摩国や日向国からは、やや変則的になることはあっても貢進が続いていることから、陸奥国の場合はあくまでも例外的なものとみなしてよいのではないかと考えられる。

（9）渡部育子「律令的采女とジェンダー」（秋田大学医療技術短期大学部『研究紀要』2、一九九四年）。

(10) 渡部育子「国医師についての基礎的考察」(『秋大史学』二四、一九七七年)、「律令国家の地方医療政策と遣使」(『秋大史学』三八、一九九二年)。

(11) ⑲の七条の事のなかで国司制に関係があるものは、一（選限の二年短縮）・四（京・畿内の調徴収方法の改定）・五（庸の軽減）・六（義倉の粟徴収方法の改定）である。ここでも、これらを大宝令規定の大きな変更とみるのかどうかということが問題になり、その性格を判断することは難しいが、少なくとも国司の権限の問題については大宝令制を否定するものではないと考えられる。なお、戸別の調について定める四は、その具体的内容については不明であるものの、この語が改新の詔第四条にもみられることから、用語の問題にかんしては、大宝令以前の制度の復活ということができる。

また、⑳の「遣使七道。始定田租法。町十五束。及点役丁。」は、文面上は田令田長条の本註の二束二把を一束五把に改定したということになるが、日本思想大系『律令』(岩波書店) 補註、田令1c、新日本古典文学大系『続日本紀』一（岩波書店）補註、3—73ロなどで説明されるように、不成斤の二束二把から成斤の一束五把に定められ、また、実質的には量的にほとんど変化はなかった。

(12) 岸俊男「律令制と都城」(『日本の古代』9、中央公論社、一九八七年)。

(13) 渡部育子「奈良朝における国司監察制度について」(『続日本紀研究』一八八、一九七六年)。

(14) ただし、『国立歴史民俗博物館研究報告』第二〇集（一九八九年)。シンポジウム「古代の国府」で阿部義平氏は、出土品から、国府造営は七世紀にさかのぼる可能性もあるとする。

(15) 山中前掲注（3）書、三章。なお、山中氏は八世紀第2四半期を中心とする八世紀前半の時期を国衙成立の最大の画期としたが、これに呼応する形で、天平年間に国司の権限強化、国衙政治の実質化・積極化の政策がとられたという。しかし、現実に即した国衙政治が行われたという点は納得できるが、検税などにおいては、この時期になるとそれまでの国司の権限を奪う形もみられるので、国司の権限強化ということについては賛成できない。

(16) 青木和夫『古代豪族』(小学館、一九七四年)。

(17) 大町健「律令制的国郡制の特質とその成立」(『日本史研究』二〇八、初出一九七九年、『日本古代の国家と在地首長制』(校倉書房、一九八六年）に所収）。
（18） 八木充『日本古代政治組織の研究』（塙書房、一九八六年）。

二　律令国家の国司と郡領政策

国司制と郡司制は不可分の関係にある。律令的地方支配体制の成立については、郡司制の成立を国司制の成立とあわせて考えなければならない。律令国家にとって国司とは何であり郡司とは何であるのか。郡司の非律令的性質が指摘されて久しいが(1)、そのような見方が妥当であるのかどうか、仮に郡司の性質を非律令的とするのであれば、国司を律令的としてよいのか、何をもって律令的、非律令的とするのかなど、制度の基礎的部分にかかわる問題を明らかにしなければならない。

1　大宝・養老令に定められた郡司の職掌

律令的人民支配体制における国司と郡司の関係、それぞれの役割については、地方統治は国司に委ねられるものの、国司は郡司の協力なくしては人民支配を行うことはできず、一方、郡司は銓擬や考課、子弟の国学入学、兵衛や采女の貢進など、その身分にかかわることは国司の裁量に任されていた、というのが一般的理解であり、それはおおむね妥当である。

研究史を繙くと、大宝・養老令に規定された郡司の位置づけについて分析したものとして岸俊男氏の研究が注目される。氏は、子弟の国学入学や兵衛・采女の貢進は郡司の特権であったが、郡司はその特権の行使も含めて、銓擬・考課などにおいては国司の支配下にあったこと、律令国家の地方統治はあくまでも中央貴族官人である国司を中心とするものでありながらも、具体的な統治の問題では「国郡司」という表現によって両者一体的に把握される場合が多いこと、本来は国司の権限である出挙や雑徭徴発に郡司が介入したことなどを明らかにした(2)。中央政府―国司―郡司―人民の関係についての今日の一般的理解は岸氏の研究成果に負うところが大きい。しかし、「国郡司」という表現で国司と郡司が一体になっていることが多いとはいっても国司と郡司はことなる性質のものであることは明らかであるから、具体的にどの部分が一体となっていて、国司は地方統治のどの部分を担当し郡司はどの部分を担当したのかというところまで踏み込まなければならない。兵衛や采女の貢進についても、郡司の特権という一面があることは事実であるが、律令国家の郡領政策のなかでどのような意味をもっていたのかということを検討しなければならない。

原秀三郎氏は、郡司の職務を国司のそれと比較し、その特徴を明らかにした。郡司は「司法と行政、とりわけ徴税と勧農を中心としたいわゆる民政を担当する点で国司と共通性をもちつつも、軍事と宗教（祀社・僧尼）には関与していない」のであり、「律令国家の地方行政区画たる国のなかに司法・行政の基礎単位としておかれた郡の政務を担当する地方官人」という(3)。原氏の説にも問題がないわけではない。

まず、「民政を担当するという点で国司と共通性をもつ」といっても、一〇〇％オーバーラップしていたのでなければ、国司はどこまで関与し、郡司はどこまで関与していたのかということを明確にする必要がある。また神祇は国造、僧尼は国師が統轄し、郡司は宗教に関与しなかったというようにいいきれるのかという疑問が残る。

郡司と国司の職務の分担についてみる際、次のように三つの場合にわけることができる。第一は国司自らが関与し、単に最終的な責任だけを負わせられているのではない場合、第二は主として郡司のみが携わる場合、第三は国司と郡司の職務がオーバーラップする場合である。

最初に、第一の国司自らが関与するものについてみてみる。まず軍事関係では、戎具の簡閲（軍防令簡閲戎具条）、上番する兵士の差遣（同兵士以上条）をはじめ、固関（同置関条）・放烽（同放烽条）等は、令の規定の上では郡司の介入する余地はほとんど認められない。また、司法関係では、郡司の関係するのは笞罪のみで、杖罪以上は国司が行うことになっている。そのほか駅伝馬の検閲（厩牧令駅伝馬検簡条）や度量衡（関市令官私権衡条）等も、国司レベルで処理することになっている。次に神祇・僧尼関係であるが、大体は国司が直接管轄することになっているが、大嘗祭などにおいては郡司にも任が課せられており、宗教関係は国司とすることには問題がある。

徴税や勧農等、いわゆる民政に関しては、従来いわれてきたように、大体は国司と郡司が共通した任務を課せられており、国司が郡司の協力を最も必要とする部分と考えられるが、国司自らが携わるように定められたものがある。

戸令造帳籍条

凡戸口当下造二帳籍一之次上。計レ年。将レ入二丁老疾一応下徴二免課役一。及給上侍者、皆国司親皃二形状一以為レ定レ簿。一定以後。不レ須二更皃一。若疑レ有二奸欺一者。亦随レ事皃定。以附二帳籍一。

賦役令雇役丁条

凡雇二役丁一者。本司預二計当年所レ作色目多少一。申レ官。録二付主計一。覆審支配。七月卅日以前奏訖。自二十月一日一。至二二月卅日一内。均分上役。一番不レ得レ過二五十日一。若要月者。不レ得レ過二卅日一。其人限外上役。欲レ取レ直者聴。国司皆須下親知二貧富強弱一。因対二戸口一。即作二九等一定レ簿。預為二次第一。依レ次赴上役

戸令国司巡行条

凡国守毎年一巡二行属郡一。観二風俗一。問二百年一。録二囚徒一。理二寃枉一。（下略）

これらは国司自らが業務に直接携わらなければならないことを明記している。このほかに、公田の貸租（田令公田条）、官田の役丁の配遣（田令役丁条）も国司レベルで処理することになっている。水旱虫霜等の災害による課役免のための調査（賦役令水旱条）も国司が行うことになっているが、同じく災害にかんする事項でも賑給のための調査は国司・郡司が行うように定められているのに対し（戸令遭水旱条）、賦役令のそれが、実際には郡司の協力を必要としたとしても「国司」とのみあるのは、課役免という律令国家の税制の主要な部分にかんすることであるためと考えられる。そして、戸令造帳籍条に「国司親」とあるのも、戸穎や計帳の作成には、その実務には郡司や里長の協力は不可欠のものであるが[4]、課役すなわち人民掌握の台帳となるものであるだけに、郡司に委せておくようなことはしないという律令国家の方針を明示したものと考えられる。

次に、第二の主として郡司が携わるものについてみてみる。もちろん、郡司が携わるとはいっても、最終的な責任は国司にあることはいうまでもないが、令条のなかには郡司が行うよう明記しているものがある。

戸令鰥寡条

凡鰥寡孤独。貧窮老疾。不レ能二自存一者。令二近親収養一。若無二近親一。付二坊里一安恤。如在レ路病患。不レ能二自勝一者。当界郡司。収二付村里一安養。仍加二医療一。并勘二問所由一。具注二貫属一。患損之日。移二送前所一。

ここで定められている郡司の任務は、職員令に規定された郡司の職掌の最初の部分である「撫二養所部一」にあたると考えられる。戸令国守巡行条や和銅五年五月辛巳詔[5]によれば、郡司は、国務のなかでも民政を中心に担当したと考えられるが、民政といっても、第一の場合のように、国司自らが担当する場合もあれば、次にみるように「国郡司」

という形で規定される場合もあるのであり、郡司が単独でも行い得ることは、この所部の撫養であったと考えられるのである。

第三は国司と郡司の職掌について令の条文では「国郡司」と記されるもので、軍防令国司部領衛士防人条、同防人番還条、僧尼令非寺院条、同禅行条、戸令水旱条、営繕令近大水条など多数みられる。また、調庸の運京にも郡司は責任者として携わっており、第一の場合や、雑徭・出挙等にも、実際には国司と郡司の両方が携わっていたのである。(6)そして、令条においては、この第三の形態が最も多くみられ、そこに国司と郡司の職掌が類似しているとか、両者は職務において一体的に理解されているとされてきた理由があったと考えられる。

このように、郡司は、律令国家の地方支配機構の末端に位置する官人として、令の規定の上においても重要な役割を有するものとして定められており、そして実際には、それをはるかに上回る活躍が必要とされたのである。しかし、郡司にどこまで自由裁量権が認められていたのかということになれば、第一の場合でみてきたように、律令国家の人民支配の根幹となる部分については、郡司ではなく、国司自らが携わることになっていたのである。

次に郡司と宗教、とくに神祇関係の問題について考えてみたい。大宝・養老令の条文に郡司にかんする規定はみられないが、(7)郡司は大嘗祭において重要な意味をもっていた。践祚大嘗祭を行う場合、悠紀国・主基国が卜定されるが、抜穂使が派遣されるのは、悠紀・主基両国の斎郡である。そして、郡司は抜穂や斎場の設置にも参加しており、また、使によって卜定される造酒童女は郡領の女をもってあてられるのである。(8)このほか、新穀の貢献の際も、郡司には種々の任務が課せられている。また、大嘗祭の時に賜物・賜禄が行われることがあるが、これには悠紀・主基国の郡司が対象になることもあり、(9)そのようなことからも、大嘗祭における郡司の重要性をうかがい知ることができる。

大嘗祭における悠紀・主基国の卜定については、古い伝統的なものとは考えられないとする見解もあるが、(10)制度的にはそうであるとしても、大嘗祭が、ヤマト王権下の豪族の服属儀礼に起源をもっていることは明らかであり、そのような宗教儀式への郡司の参加が何を意味するのかといえば、かつて郡司が豪族として有していた宗教性を、令制下においてもそのまま残したものと考えられる。そして、このような形で、郡司は律令国造とともに国家祭祀にもかかわりあっていたのである。

2　郡司の非律令官人的性格

ここでは郡司の豪族としての側面を、律令国家がどのように把握し、統制を加えていったのか明らかにしてゆきたい。

郡司が官人であるとはいっても、中央官人とことなることについては、すでに坂本太郎氏が指摘しているところであるが[11]、米田雄介氏は、坂本氏のいう郡司の非律令的性質というのは必ずしも律令的原理に反するものではないのであり、そのような特性をもつことが郡司の律令的特質であるという批判をした[12]。しかし、米田氏も、律令的とは何かという明確な基準は示していない。そこでまず、律令的、非律令的という語の概念を明確にするために、両説を検討することからはじめたい。

坂本氏が指摘した郡司の非律令的性質とは、（イ）官位相当の官ではない、（ロ）任用基準が一般の官人とはことなり、古来の氏姓の制約を蒙る、（ハ）国司に対する路上敬礼の規定が一般官人とはことなり、位階の如何を問わず下馬することになっている、（ニ）考限がことなり、また、郡司は終身官である、（ホ）職分田は国司に比べて著しく多い、（ヘ）これらの特殊性は唐制によって掣肘されない、等である。米田氏は、坂本氏の指摘したこれら郡司の諸性質は、律令的原理―在地首長層の支配力を前提にして律令的行政機構を構築するもの―に反するものではなく、律令的諸性質に相いれないという意味である非律令的という表現は正しくないという批判をした。

米田氏の見解についてであるが、律令法にもとづいて政府が行う政策は、少なくとも形式上は律令に反するものはありえないわけであるから、米田氏の批判はその意味では当を得ている。一方、坂本氏の見解は、郡司を他の官人と比較してみてどうかという観点から組みたてられており、郡司の豪族性を律令国家が利用したことについてはほとんど注意が払われていない。そこに坂本説の欠陥があり、米田氏の批判が意味をもってくる理由があるのである。しかし、米田説も説明が十分であるとはいえないのである。

まず、郡司の豪族性についてであるが、郡司は豪族としての性格を有するものであり、郡司を下級官人とみる場合、律令制とは異質のものを認めざるを得ない。すなわち、郡司には、国司の下にあって人民支配の実際を担当するなどの官人としての職務が課せられていたのであるが、中央官人一般と比較したとき、任用方式、考課、給与等多くの点で郡司は彼らとはことなっていた。そしてこのような郡司の性質は、非律令的といえば漠然としすぎているが、非律令官人的というにふさわしいものであると考えられるのである。もっとも、そのような非律令官人的性格は、いうまでもなく、郡司の豪族としての性格からくるものであるが、それは律令制採用以前からのものであり、前律令的という意味で非律令的という語を使用するのであれば、それは妥当であると考えられる。

ところで、米田氏のいう郡司の律令的特質の具体的内容についてであるが、それは郡司の豪族としての側面を律令国家がどのようにして律令法のなかに組み入れていったのかを明らかにすることによってはじめて明らかになると考えられる。そこで坂本説をもう一度ふりかえってみると、坂本氏が指摘した郡司の諸性質は確かに郡司の特殊性ということはできるが、それは、郡司が官人としてどうかという点からみたものである。しかし、ここで問題にしなければならないのは、律令国家と郡司との直接的関係にみられる郡司の豪族としての性格についてであり、兵衛・采女の貢進、大祓の際の財物貢献、大嘗祭の際の献穀など、郡司が豪族であるが故に課せられた義務についてである。まず、兵衛・采女の貢進について検討してみることにする。

軍防令兵衛条

凡兵衛者。国司簡下郡司子弟強幹便二於弓馬一者上。郡別一人貢之。若貢二采女一郡者。不レ在下貢二兵衛一之例上。三分二一国一。二分兵衛。一分采女。

後宮職員令氏女采女条

凡諸氏。氏別貢レ女。皆限年卅以下十三以上。雖レ非二氏名一。欲二自進仕一者聴。其貢二采女一者。郡少領以上姉妹及女。形容端正者。皆申二中務省一奏聞。

養老令における兵衛・采女の貢進にかんする規定は右のとおりであり、大宝令の規定もこれとほぼ同じ内容のものであったと考えられる。これらの規定によれば、各郡の郡司（軍防令兵衛条の『令義解』によれば郡領）の一人は、兵衛か采女のいずれか一人を貢進しなければならなかったことが知られる。そこで次に、この兵衛・采女の貢進がどのような性格のものであったのか検討してみたい。

兵衛・采女の貢進の性格について磯貝正義氏は郡領に与えられた特権とみるが(13)、以下に述べる三点から、これを特権とすべき理由は、大宝・養老令の規定のなかには認めることができないと考える。

第一は、中央の下級官人も兵衛や氏女を出仕させることがあるが、この場合と郡領が兵衛や采女を貢進する場合とではかなりことなることである。すなわち、兵衛は、郡領の子弟のほかに内六位以下八位以上の官人の子弟からも簡ばれるのであるが、彼らは、同じ兵衛として出仕するのであっても、それは兵衛として差し出されたのではなく、簡試の結果、上・中・下の三段階にわけられたうち、中等の者が充てられることになっており(14)、必ず出仕させなければならないというものではないのである。また、同じ下級女官の供給源である氏女には「自進仕」の者が認められているが[15]、采女貢進の場合には、そのような自由意志の者は認められていないのである。

第二に、采女貢進を郡領の特権とみる磯貝氏は、その論拠として、采女を貢進した豪族が、その采女の中央での活躍の恩恵をうけ改賜姓される場合があったことをあげるが、それは、貢進された采女全体の割合からみると非常に少ないと考えられ、また、貢進した豪族に恩恵があるとはいっても、結果としてそのようになったというだけのことであって、大宝・養老令の規定の意味するところとは関係がないのである。

第三に兵衛貢進についてであるが、今泉隆雄氏は、兵衛貢進は中央における蔭位の制度と同じように、地方において郡領氏族がその地位を維持するための出身法上の特権であるという[16]。今泉氏は、兵衛として出仕した郡領子弟が一定期間中央で仕えた後、再び地方に戻り郡司になるというコースは、郡領がその地位を世襲する上での特権であるとする。確かに、兵衛を貢進した場合、このようなコースは考えられるが、問題になるのは、律令国家がそこまで意図していたかどうかということである。もし、今泉氏のいうように、郡領子弟→兵衛出仕→郡領任用というコースが郡領任用の才用主義を否定するものであり、律令国家がそのような意図をもって条文をたてたのであれば、郡領には、采女ではなくすべて兵衛を貢進させなければ不公平なものとなる。ところが、律令国家は兵衛貢進と采女貢進を同一のものと位置づけていたのであり、郡ごとに兵衛か采女のいずれか一人を貢進させるよう定めた[17]。また、今泉説の論拠となる軍防令兵衛考満条についてであるが、この条文は、兵衛が六〇歳の停年に満たないうちに退く例として、郡司に任ぜられた時の処置について述べているものであって、軍防令兵衛条に定められた兵衛貢進とストレートに結びつくものではない。したがって、兵衛貢進を郡領の特権とすべき理由は、大宝・養老令のなかには認められないと考える。

以上、兵衛・采女の貢進が郡領の特権というべきものではないとする理由について述べてきたが、特権ではないかといって、衛士・仕丁・女丁等の一般力役と同類というものでもないのである。令制下における采女貢進は律令国家による徴発という性格のものであり、その点において一般の力役と何らことなるところがないとする説もあるが(18)、兵衛や采女は、貢進されてからは、中央官人の子弟であるトネリや、氏女から構成されたであろう女孺と同様の待遇をうけており、兵衛には季禄も支給されるなど、一般の力役とは明らかにことなる。

それでは兵衛・采女の貢進は律令国家にとって何を意味していたのかということが問題になるが、それは郡領に課した義務であったと考える。兵衛・采女は郡ごとにいずれか一人を貢進するものであったが、それは「自進仕」ということが認められていた氏女や、一つの氏から何人というような規制のないトネリ一般とはことなるのであって、トネリ制＝律令官人の養成という点からみても(19)、特権や力役徴発という点からみても、いずれにも該当しない特殊な性質のものであったのである。そして、その特殊性がどこからくるものなのかといえば、ヤマト王権下で国造クラスの豪族が服属のしるしとしてトネリやウネメを差し出したところまでさかのぼるのであり、律令国家は、ヤマト王権下で豪族が服属のしるしとして行っていた慣習を令制のなかにも同様に位置づけ、具体的には、郡ごとに人一人を貢進するという規定を設けたのである。それは一般官人に対するものとも、また班田農民に対するものともことなる、郡司にのみ課せられた特殊な義務であったのである。

次に、郡司が大祓の際に行う料物貢献についてみてゆきたい。

神祇令諸国条

凡諸国須二大祓一者。毎レ郡出二刀一口。皮一張。鍬一口。及雑物等一。戸別麻一条。其国造出二馬一疋一。

この条文の前半は、郡司が大祓に際して料物を差し出すことを規定したものであるが、同条所引の古記に「問。大祓刀輸二皮鍬難物一何物也。答郡司等私輸耳」とあることから、郡司は私物を貢献しなければならなかったことが知られる。そして、この大祓の際の郡司の負担は、天武天皇五年のものとほぼ同様であると考えられるが[20]、その原型は、ヤマト王権下までさかのぼると考えられる。

このように、郡司は、物や人を貢進するという形で律令国家と直接的なかかわりをもつのであるが、いずれにも共通していえることは、ヤマト王権下で豪族が行っていた慣習を令制のなかに位置づけていることで、もともとは郡司（豪族）単位であったものが郡単位となり、郡ごとに貢進するよう定められている[21]。そして、律令国家にとっては、それら前律令的なものを律令のなかに組み入れることが必要であったのであり、そこに、豪族という非律令的ともみられる性質を有する郡司の律令的特質があると考えられるのである。

3　大宝・養老令における郡領任用方針

郡領の任用の問題については、これまでに多くの研究がなされてきたが、大宝・養老令における郡領任用の方針にかんしては、次のような問題が残されている。第一は、任用基準である譜第と才用は、相対立する概念としてとらえられるのか、また、実際に対立していたのかどうかということ、第二は、第一の問題とも関連するが、選叙令郡司条の註記規定の解釈をめぐる問題である。

まず第一の問題について考えてみたい。郡領任用における譜第主義と才用主義は、従来は対立する概念としてとらえられてきたが、今泉隆雄氏は、そのような従来の理解には問題があり、両者は複合的にとらえるべきであるという見解を示した[22]。すなわち、選叙令郡司条にみられる才用主義は、郡領の兵衛出仕制に限定されたものであり、中央官人が徳行才用主義を標榜しながらも、蔭位制などによって官人内部の諸階層が固定的に再生産されたのと同じであるという。これに対して新野直吉氏は、天平七年五月二十一日制、天平勝宝元年二月二十七日勅、同四年十一月七日勅（『続日本紀』）、同十七年三月十三日詔（『類聚国史』）等の表現では、譜第を負う郡司は、才用・身才・労効・芸業などにもとづく郡司との対比において問題になっているのであるから、両者を対立する性格とみることには妥当性があるという(23)。そして、新野氏が列挙した史料について検討してみると、氏がいうように、譜第と才用は、少なくとも概念としては明らかに対立するものなのであり、律令国家は、郡領任用の基準として「譜第」をとりあげた天平七年以降は、常に、譜第・才用を対立する概念として問題にしていたのである。

概念としての譜第主義と才用主義が対立するものであることについては疑義をはさむ余地のないことは明らかであるが、実際にそれを郡領任用の基準として適用する場合も、大宝・養老令においては、この相反する両者が、今泉氏のいうような意味で複合的にとらえられたとは考えられないのである。すなわち、今泉氏は、郡領子弟→兵衛出仕→郡領任用というコースは郡領職の世襲にもつながるというが、前に述べたように、律令では郡領が兵衛を貢進する段階においては何らそのような特権的要素を認めていないのであり、また、兵衛として出仕していた者が郡司に任ぜられることがあっても、それは、トネリ→郡司というコースの一例でしかなく、ストレートに兵衛貢進制と結びつくものではないのである。したがって、郡領任用における譜第主義と才用主義は、語の概念としてはもちろん、実際に適用する律令のなかにおいても複合的にとらえられているとみることはできない。

ところで、郡領任用の基準として譜第主義・才用主義という相反する二つの方式が存在するわけであるが、「譜第」という語の初見は天平七年であり、いずれの方式をとるのか問題になるのもそれ以降である。大宝・養老令における任用方針が才用主義にもとづくものであったことは疑う余地がない。しかし、その論拠となる選叙令郡司条の註記規定の解釈をめぐって検討しなければならない問題も残されている。そこで選叙令郡司条についてみてゆきたい。

選叙令郡司条

凡郡司。取下性識清廉。堪二時務一者上。為二大領。少領一。強幹聡敏。工二書計一者。為二主政。主帳一。其大領外従八位上。少領外従八位下叙之。其大領少領。才用同者。先取二国造一。

ここで問題になるのは、註記でいう「国造」が旧国造をさすのか新国造をさすのか、あるいは国造氏をさすのかという点、[24] また、この註記規定はどの程度実効性をもっていたのかという点である。まず、この「国造」について『令集解』に引かれる明法家の説をみてみると、義解・跡・朱・穴の各説はいずれも新国造と解することを明記している。古記は、

古記云。先取二国造一謂必可レ被レ給二国造之人一。所管国内不レ限二本郡一。非二本郡一任意補任。以外。雖二国造氏一不レ合

（下略）

というものであるが、この古記の「国造」解釈をめぐつて、新国造とする説と国造氏とする説があり、前者はさらに、古記が誤ってそのように解したとみるかどうかという点で説がわかれる。

まず、国造氏と解する米田雄介氏の見解についてであるが、[25] 古記の文に即して解釈する限り、これを国造氏とみなすことは無理である。また、郡司条註記の「国造」を旧国造と解する伊野部重一郎氏や今泉氏は、古記をはじめ明法家は、誤って新国造と解しているとする。『令集解』に引かれる明法家の解釈すべてが令の真意を正しく伝えているとは限らないが、この条文にかんしては、引用されるすべての明法説が新国造と解しており、また、新野氏が指摘するように、神祇令諸国条の国造と、同一法典内で一つの語に対して二種類のことなる意味を付したとは考えられないから、選叙令の国造も新国造を指していると解釈するのが妥当であると考えられる。

伊野部氏は、選叙令の国造が新国造であるとすれば、国造から郡領へという任用は、実質上の降任ということにな

り、そのような無意味な規定を註記の形とはいえ、規定しなければならない理由はないといい、今泉氏は伊野部氏のこの見解を支持する。ところが、新国造説を主張する側からは、旧国造説の論拠となる右の点に対してはあまり反論が出されておらず、磯貝正義氏が、非律令的な新国造から律令的な郡司へ任用するのであるから、十分意味があるというにすぎない(26)。しかし、磯貝氏の主張も、何をもって律令的・非律令的とするのかという点であいまいさを残し、旧国造説の主張を否定する論拠とはなりえない。それでは旧国造説が妥当であるのかといえば、そうではないのである。明法家が誤って解釈したというにしても、そのようにみなさなければならない論拠はどこにもないし、新国造と解したとしても、伊野部氏がいうような不都合は生じない。このことは律令法における国造（新国造）と郡司の間にみられる本質的な差異について考えてみるとわかることである。

新国造については新野直吉氏に一連の研究がある(27)。氏によれば、律令国造（新国造）とは、氏姓国造族（旧国造）がもっていた神祭りの権威を新制度のなかに吸い上げて地方神祇官という制度として整えたもので、大宝令では神祇令諸国大祓条にみられる。この制度は持統天皇三年（六八九）までに確立していたものと考えられ、その職掌は国別の祭祀にかんすることである。一方、郡司は、中央官人とは種々の点でことなり、その身分は国司の支配下にあるものの、国司を中心とする律令国家地方支配機構の末端に位置し、人民支配の実務を担当するという点では律令官人的性格の強いものであった。すなわち、新国造は、旧国造がもっていた前律令的なものを律令制のなかに組み入れた一地方神祇官であるのに対し、郡司は、国司とともに律令国家地方行政機構における官人としての能力を期待された存在であったのである。

ただ、実際にはどうであったのかといえば、郡領と同程度の豪族の出身である新国造にとって、その地位は自己の在地における勢力維持・拡大のために、望ましいものであったと考えられる。たとえば、大和国国造大和宿祢長岡や伊勢国国造伊勢朝臣老人などは、中央政府と結びつき、一地方豪族としては異例の出世をした(28)。そして、長岡や老人は例外的であるとしても、国造であることによって、当時、地方豪族が求めていた中央との結びつきの可能性が大きくなることは明らかであり、その点では郡司とことなるところがなかったのである。したがって、大宝令制下において、この註記規定があまり意味をもたなかったということは否定できないが、新国造の制度が定められた浄御原令制下においては十分意味があったのであり、それが、大宝令にも註記の形でそのまま受け継がれたものと考えられる。

以上のことから、選叙令郡司条の註記規定の「国造」を新国造と解して何ら不都合のないことが明らかになったと考える。

ところで、先に、大宝・養老令における郡領任用の方針は才用主義によるもので、それは、律令国家の意図としては郡領子弟の兵衛出仕などの譜第による制約を受けないものであることを述べたが、次に、大宝令制下における郡領任用の実態は如何なるものであったのかということを検討してゆきたい。まず、大宝令制下における郡領任用政策の実態を示す史料を次にあげておく。

Ａ　延喜式部式

凡郡司有レ闕。国司銓二擬歴名一。附二朝集使一申上。（下略）

Ｂ　『続日本紀』文武天皇二年三月庚午条

任二諸国郡司一。因詔二諸国司等一。銓二擬郡司一。勿レ有二偏党一。郡司居レ任。必須レ如レ法。自レ今以後不二違越一。

Ｃ　『続日本紀』文武天皇二年三月己巳条

詔。筑前国宗形。出雲国意宇二郡司。並聴レ連二任三等己上親一。

D『続日本紀』文武天皇四年二月乙酉条
上総国司請三安房郡大少領連二任父子兄弟一。許之。

E『続日本紀』大宝三年三月丁丑条
（上略）又有三才堪二郡司一。若当郡有二三等以上親一者。聴レ任二比郡一。

F『続日本紀』和銅五年四月丁巳条
詔。先レ是。郡司主政主帳者。国司便任。申二送名帳一。随而処分。事有二率法一。自レ今以後。宜下見二其正身一。准レ式試練上。然後補任。応レ請二官裁一。

G『続日本紀』和銅六年三月壬午条
詔曰。任二郡司少領以上一者。性識清廉。雖レ堪二時務一。而蓄銭乏少。不レ満二六貫一。自レ今以後。不レ得二遷任一。

H『続日本紀』和銅六年五月己巳条
制。夫郡司大少領。以二終身一為レ限。非二遷代之任一。而不善国司。情有二愛憎一。以レ非。為レ是。強云二致仕一。奪レ理解却。（下略）

郡領は、官人の任用方式からいうと奏任官にあたり、大宝令施行段階では国司によって銓擬され（A・B）、任用の手順は、国司によって銓擬された後、その名簿が式部省に提出され、奏任の手続がとられたものと考えられる（A）。そこで次に、銓擬が国司によって行われたことの意味について考えてみたい。

国司による銓擬は式部省による銓擬に相対する方式で、一応、天平七年まではこの方式によって郡領銓擬が行われたものと考えられる。

『続日本紀』天平七年五月丙子条

制。畿内七道諸国。宜下除二国擬一外。別簡二難波朝廷以還。譜第重大四五人一副上レ之。如有下雖レ无二譜第一。而身才絶倫。并労勤聞レ衆者上。別状亦副。并附二朝集使一申送。其身限二十二月一日一。集二式部省一。

この格の意図するところは、副擬制の採用と身才・労効の者に対して郡領任用資格を与えたところにあるが、それでは、なぜ副擬制を採用しなければならなかったのか、すなわち、なぜ、式部省が国司銓擬の制に介入しなければならなかったのか考えてみたい。このことの考察は、大宝令制下における国擬制が、律令国家の地方支配政策のなかでもっていた意味を明らかにする上で重要であると考えられる。

まず、この格の意図について米田氏は、国擬以外の者を登録することで中央政府は彼らを国家の側に立たしめようとしたところにあるというが[29]、この格で問題になるのは、むしろ、国司が郡領銓擬から一部除外されていることである。大宝令の郡領政策は、任用も含めてすべて国司を通して行われるものであった。そして、大宝令の段階では、国司は中央政府の権限を身につけたものであり、したがって、国司による銓擬とはいっても、中央政府が行うのと何らことならなかったのである。しかし、国司が中央政府の分身であるとはいっても、中央政府は郡領銓擬に関与しなかったのかといえば、そうではないのである。

律令国家の官人養成のための制度としては、中央における大学のほか、トネリとして一定期間出仕して官人としての素養を身につけさせるトネリ制があげられる[30]。そして、トネリとして出仕するのは、中央官人の子弟のみならず、地方豪族の子弟にもその機会が与えられていた。出仕したトネリが郡司になるには、軍防令兵衛考満条にその可能性のあることが示されている。また、郡司になる条件としてトネリを経験することは有利であったらしく、たとえば、大領に任ぜられたい旨を上申した他田日奉部神護は、当時、中宮舎人であった[31]。

このように、中央政府は、官人養成という立場から郡領の任用の問題に関与していたのであり、国司が中央政府に忠実な官人であり、一方、郡司も中央に出仕した者は、その間に、官人としての素養を十分身につけていれば、律令国家の地方支配は、国司を通した形でスムーズに展開するはずであった。ところが、実際にはそのようにうまくいかなかったらしく、中央政府は、郡司銓擬に式部省を介入させるのである。そして、このことは、対郡司政策の強化という点もさることながら、一部ではあるが国司の権限に対する制約を加えたことを意味する。このような政策の変化の背景には、中央政府と国司との関係の変化があるものと考えられる。

次にB～Hについてみてゆきたい。官人任用に際して選叙令同司主典条は、同司の主典以上の三等以上の親の連任を禁止しており、浄御原令にもこの規定は存在したと考えられるが、このような規定があるにもかかわらず、C・Dでは、宗形・意宇・安房各郡の三等以上の親の連任を認めている。米田氏は、それは才用主義が貫徹しなかったためであるというが[32]、そうではないのである。すなわち、C・Dで連任を認めている郡はいずれも神郡であり、神郡は采女貢進など他の面でも特別扱いされていることを考えると[33]、これらの史料を才用主義が貫徹しない結果とみるよりは、神郡は例外的に扱われたとみる方が妥当であろう。しかも、Eでは、三等以上の親で才能のある者は近隣の郡に任用するとしていることからも明らかなように、政府は、あくまでも同司主典条にしたがって政策をおしすすめているのである。

規定の上では、郡司政策はすべて国司を通して行われることになっていたが、実際には、政府は国司と郡司の関係をどのようにとらえていたのかみてゆきたい。

まず、大宝令施行にあたって、中央政府は、国司による郡司銓擬が厳格になされなければならないことをいっている（B）。大宝令では郡司の銓擬の責任は国司にあったのであるから、国司に少しでも不正があると地方支配に歪みが生ずるわけで（たとえばH）、これはそのような弊害を生まないために出されたものであったと考えられる。そして、和銅六年には不善国司を戒める制が出され、国司に対して、銓擬の公正を強調しているのである（H）。

4　郡領政策の転換

以上、大宝令制下の郡領政策についてみてきたが、それは、実際には律令国家の意図するとおりには実施されなかったのであり、天平初年ころには、中央政府の政策に変化が認められる。本項では、そのような変化の具体的内容、およびその原因について考察を加えてゆきたい。まず史料をあげておく。

a.『続日本紀』天平六年四月丁巳条
禁下断以二年七十已上人一新擬中郡司上。

b. 天平七年五月二十一日格(34)
終身之任理可二代遍一。宜三一郡不レ得レ并二用同姓一。如於二他姓中一无レ人可レ用者。僅得レ用二於少領已上一。以外悉停レ任。（下略）

c.『続日本紀』天平七年五月丙子条（前掲）

d. 天平十年四月十九日格(35)
（上略）奉レ勅。郡司縁二身労効一被レ任一世者。不レ得下取二譜第一之限上者。（下略）

e.『続日本紀』天平十一年五月甲寅条
詔曰。諸国郡司、徒多二員数一。無レ益二任用一。侵二損百姓一為レ蠹実深。仍省二旧員一改定。大郡大領少領主政各一人、主帳二人。上郡大領少領主政主帳各一人。中郡大領少領主帳各一人。下郡亦同。小郡領主帳各一人。

f．天平十一年七月十五日格（『類聚三代格』）
右奉レ勅。諸国郡司不善。不レ得レ在二終身之任一。

g．『続日本紀』天平十四年五月庚午条
制。凡擬郡司少領已上者、国司史生已上共知簡定。必取二当郡推服。比都知聞者一。毎レ司依レ員貢挙。如有二顔面濫挙一者。当時国司随レ事科決。又采女者。自レ今以後。毎レ郡一人貢進之。

まずcについてであるが、これは、大宝令の郡司銓擬方式である国司銓擬に対し、一部ではあるが式部省銓擬の方式をとりいれたものであり、大宝令制では国司に任せられていた郡司銓擬に、中央政府が直接介入してくることを意味する。そして、このような、中央政府が郡司を直接把握しようとする政策の変化の原因は、郡司よりもむしろ国司にあったと考えられる。すなわち、律令国家の地方支配は国司に一任された形になっており、国司が中央政府の意図どおりに行動する限り、中央政府は、すべて国司に任せておいてよかったはずである。しかし、現実にはどうかといえば、和銅六年五月己巳条にみられるように、郡領銓擬が公正になされなかったり、また、以下述べるように、国司は、中央政府と一体のものではなくなっていたのである。もちろん、式部省が介入するとはいっても、国擬を除く外に難波朝廷以還の諸第重大の者四、五人を簡ぶというのであるから、国司の銓擬権をまったく否定したのではないが、制約を加えていることは事実である。

aの新擬郡司の年齢制限、fの不善郡司の解任は、郡司の資質を一定レベルに保つことを目的としたものであり、郡司を律令国家に忠実な官人として位置づけておくためには、当然必要な措置である。gの前半部は国擬の適正化をはかったものであり、bの神郡等を除く地域の同姓任用の禁止は、同司における三等以上の親の連任の禁止という、官人任用の原則を強調するものなのである。

以上、天平年間初期にみられる郡領政策の変化についてみてきた。a・b・e・f・gのいずれにも共通していることは、大宝令の規定を変更してはいるが、基本的には大宝令の精神を貫くべく出された政策であるということである。しかし、cは、大宝令の全面的な変更ではないが、郡司層を直接把握しようとするいぶきをうかがわせるものがあり、この傾向は、天平勝宝四年勅にもみられるのである。

『続日本紀』天平勝宝四年十一月己酉条

勅。諸国司等欠㆓失官物㆒、雖㆓依㆑法処分㆒。而至㆓於郡司㆒、未㆓嘗科断㆒。自㆑今已後、郡司亦解㆓見任㆒、依㆑法科罪。雖㆑有㆓重大譜第㆒、不㆑得㆑任㆓用子孫㆒。

この勅は、官物欠失の責任がこれまでは国司にのみ問われており、郡司は罪に問われなかったが、これからは郡司も処罰するという内容のものである。八世紀初期においては、たとえば婚姻など私生活にかんしては、郡司に対する処罰は国に対するものよりもきびしかったのであるが[36]、政治的責任は国司の方が重かったことは明らかである。そして、それは国司―郡司を通して地方支配を行う際に国家にとって重要な問題は国司自ら行うように規定した律令国家の姿勢そのもののあらわれであると考えられる。ところが、ここに至って郡司の政治的責任も問うようになったのである。

このような、政策の転換の背景として、在地の動向は如何なるものであったのかということが問題になってくるが、以下、この点について簡単にみておきたい。

郡司は、常に、他の郡司や競合する他の豪族よりも優位に立とうとする要求をもっており、それは、在地における自己の立場を安定させ、在地支配をより確実に行うという要求である。そのための最も有効な手段は郡領職を確保することである。郡領職をめぐる争いは、氏族の分裂がさかんになる天平年間頃からはげしくなったと考えられ、やがて、いわゆる神火事件のような問題をひきおこすことになる。[37]競争相手を失脚させることは郡領職を手に入れるための一つの手段ではあるが、同時に、中央と結びつくことも必要であった。そして、中央と結びつくためには、具体的には、兵衛貢進を含めたトネリとしての上番や采女の貢進、郡散事への就任、続労や財物貢献による位の獲得など、さまざまな方法があったのである。[38]

ところで、このような郡司の要求の実現は、国司の裁量に左右されることが多く、郡司側の右に述べたような要求実現の願望と、国司側の、在地支配をスムーズに行い、さらに私的な利益も追求するという願望とが相まって、国司と郡司の結託が行われるのである。たとえば、郡司の子女と国司との婚姻の例（注（36））や、但馬守陽侯史真身のように、郡司との結託は必ずしも明らかではないが、国司在任中にかなりの富を貯えた者もいる。[39]それらの国の行動は、もちろん、中央政府に対して抵抗を示したというようなものではないが、政府が求めていた国司像とはかけはなれていたものであり、そのような国司の例は、先に述べた和銅六年の不善国司、和銅二年十月丙申条にみられるような職務怠慢、天平二年四月甲子条にみられるような不正、また、和銅〜神亀年間の欠穀量の急増などがあげられる。そして、中央政府が郡司を直接把握しようとする傾向が強まるというのは、このような国司の動向に対して、中央政府ができるだけ、大宝令の精神に即した政策をとろうとしたためであり、[40]それがcのように、一部ではあるが、国司の権限に制約を加える形であらわれるのである。

注

（1）　坂本太郎「郡司の非律令的性質」（『日本古代史の基礎的研究』下、東京大学出版会、一九六四年、初出一九二九年）。
（2）　岸俊男「律令体制下の豪族と農民」（岩波講座一九六二年版『日本歴史』3）。

(3) 原秀三郎「郡司と地方豪族」(岩波講座一九七六年版『日本歴史』3)。
(4) たとえば、賦役令口及給侍条によれば、里長が調査して国郡司に報告することになっている。
(5)『続日本紀』同日条。
(6) 和銅五年五月辛巳詔に、国郡司や里長が大税の借貸を行うべきであるにもかかわらず、法を枉げて利を収めているとあることから(『続日本紀』同日条)、すでに八世紀初期から郡司が公出挙を行っていたことは推察に難くない。
(7) 神祇令には「凡大嘗者。毎レ世一年。国司行レ事。以外毎レ年所司行レ事」と規定される。
(8)『延喜式』践祚大嘗祭式。
(9) たとえば、『続日本紀』霊亀二年十一月辛卯条には「由機遠江。須機但馬国郡司二人進二位一階一」とあり、文武天皇二年十一月己卯条には「賜二神祇官人。及供レ事尾張美濃二国郡司百姓等物一各有レ差」とある。
(10) 岡田精司『古代王権の祭祀と神話』(塙書房、一九七〇年)。
(11) 坂本前掲注(1)論文。
(12) 米田雄介『郡司の研究』(法政大学出版局、一九七六年)。
(13) 磯貝正義「采女制度の一研究」(『郡司及び采女制度の研究』吉川弘文館、一九七八年、初出一九五八年)、岸前掲注(2)論文。
(14) 軍防令内六位条。
(15) 後宮職員令氏女采女条。
(16) 今泉隆雄「八世紀郡領の任用と出自」(『史学雑誌』八一―一二、一九七二年)。
(17) 渡部育子「令制下における采女貢進制について」(『秋大史学』二二、一九七五年)。
(18) 門脇禎二『采女』(中公新書、一九六五年)。
(19) 井上薫「トネリ制度の一考察」(『日本古代の政治と宗教』吉川弘文館、一九六〇年)。
(20)『日本書紀』天武天皇五年八月辛亥条。

(21) 兵衛・采女の貢進は、ヤマト王権下で豪族がトネリ・ウネメを貢進した慣習を制度化したもので、令制では郡単位で各郡いずれか一人となっており、大祓についても、天武天皇五年八月辛亥条では「郡司」とあるのが、大宝・養老令では「郡」となっている。
(22) 今泉前掲注(16)論文。
(23) 新野直吉『日本古代地方制度の研究』(吉川弘文館、一九七四年)。
(24) この国造を氏姓国造と解する説として伊野部重一郎「郡司制創始についての覚書」(『日本歴史』八九、一九六四年)、今泉前掲注(16)論文、律令国造と解する説として磯貝正義「律令時代の地方政治」(坂本太郎博士還暦記念『日本古代史論集』上、吉川弘文館、一九六二年)、新野前掲注(23)書などがあり、国造氏と解する説として八木充『律令国家成立過程の研究』(塙書房、一九六八年)、米田雄介「国造氏と新国造の成立」(『続日本紀研究』一六二、一九七二年)がある。
(25) 米田前掲注(24)論文。
(26) 磯貝前掲注(24)論文。
(27) 新野前掲注(23)書、『謎の国造』(学生社、一九七五年)。
(28) 長岡、老人の活躍については、それぞれ、『続日本紀』神護景雲三年十月葵亥条、神護景雲二年六月戊寅条に記される。
(29) 米田前掲注(12)書。
(30) 井上前掲注(19)論文。
(31) 『大日本古文書』三―一四九、一五〇。
(32) 米田前掲注(12)書。
(33) 『続日本紀』神亀三年九月己卯条に「停二安房国安房郡。出雲国意宇郡采女一令レ貢二兵衛一」とあるが、これら二郡は神郡であるために特別扱いされたものと考えられる。
(34) 弘仁五年三月廿九日官符(『類聚三代格』)。
(35) 天長四年五月廿一日官符(『類聚三代格』)。

（36）　天平十六年十月十四日勅（『類聚三代格』）によれば、国司が部内の郡司の子女と婚姻を結ぶようなことがあった時は、郡司のみが処罰の対象となっている。

（37）　いわゆる神火事件の原因としては、国司の動向、郡司の動向等から、さまざまなことが考えられるが、八世紀半ばころの神火事件は、郡任争奪によるものが多い（渡部育子「神火事件についての管見」『歴史』五〇輯、一九七七年）。

（38）　たとえば『続日本紀』慶雲元年六月己未条には「令下請国勲七等以下身無二官位一者。聴中直二軍団一続上労。上経二三年一。折二当両考一。満之年送二式部一。選同二散位之例一。其身材強幹須レ堪二時務一者。国司商量充二使之一。年限考第。一准二所任之例一。」とある。続労、財物貢献については、米田前掲注（12）書に詳しい。

（39）　米田前掲注（12）書。

（40）　天平初年の国司政策の変化については渡部育子「奈良朝における国司監察制度について」（『続日本紀研究』一八八、一九七六年）。

第二章　広域行政区画の形成

律令的な地方支配は国司制を基軸に、郡司制がこれと相互補完関係を保ちながら展開する。ここで中央政府の地方支配の基本となる単位は国であるが、国・郡という行政区画のほかに、道（七道）、大宰府管内、按察使管内、坂東・縁海国というような、一国の範囲よりも広い区画が政策実施の単位となることがある。これらの区画は、いずれも令制の一国の規模を越え、数カ国にまたがるものであることから、一応、広域行政区画とでもいうべき概念でとらえられるが、それらを一律に広域行政区画としてとらえてよいのか、律令的な地方支配制度全体のなかではどのように位置づけられるのかなどということの詳細については、なお、検討しなければならない点がある。

このような国レベルを越える区画にかんする考察は、律令的な地方制度のなかでも史料の不足から最もわかりにくい七世紀後半から八世紀前半にかけての国制を考える上でも重要であるし、大宝令施行後のものについても、一つの行政単位という視角での研究はあまり行われることがなかった。また、このような区画はかならずしも国の領域のように常に固定した形で機能しているわけではない。たとえば、令に定められた行政区画として七道制があるのであるが、一部の按察使管国のように、七道制の区分とは一致しない場合もある。さらに、坂東や縁海国などについては、広域行政区画と称することが適切なのかどうかということも検討しなければならない。

本章では、律令制下における広域行政区画の実態と、そのような区画が存在したことが国司制を基軸とする地方支配体制全体のなかでどのような意味をもっていたのかということを、七世紀後半から八世紀の時期を中心に明らかにしたい。

一　律令的地方制度形成期の広域行政区画

律令的な行政区画である国郡制の整備の過程にはいくつかの画期があった。国の場合は、たとえば吉備国から備前・備中・備後へというような分割が行われることによってその領域に変化が生じたし[1]、郡の場合は評の新置・再編そして郡制への移行というような変化がある[2]。そして、そのような行政区画の変遷は、当然、国司制や郡司制の制度そのものの形成過程と密接にかかわる。ここで考察の対象とする広域行政区画も国制との関係が深いものであるから、地方制度形成過程における変化と連動することが多いと考えられる。そこで、このようなことを念頭において、律令国家の地方支配のための区画についていくつかの段階を想定してみると、①律令的な国制成立以前、②国制成立の過渡期、③国制成立以降にわけられる。

①は大化元年八月にはじまる東国国司派遣にみられるような区画である。この段階では後の令制国に相当する国はまだ成立しておらず、地方支配は評の官人や、まだ存在する国造を、直接、対象に行われたことから、その区画もいくつかの国をあわせた形での広域行政区画の形成という意味よりも、広範囲の地域を区分して行政上の目的を達成することの意味の方が重要となる。なお個々の政策を実施するための遣使は①・②・③に共通してみられるものであるが、①の場合は国（令制国）の領域の画定も行われておらず、大宝令のような国司制の形態も整備されていなかったというのが、②・③の場合と大きくことなる点である。

②は、①と③の間の時期を想定して過渡期という語を用いたが、②と③との区分は大宝令の制定・施行の時期とする。天武・持統朝の国司制・評制には、天智朝以前と比較すると大宝令の国司制・郡司制に共通する特質もみられるが、郡司制はもちろんのこと、国司制も大宝令の施行が大きな画期になると考えられるからである。この時期には国（令制国）がみられ、広域行政区画はそのような国をいくつか統括するものとしての意味をもってくる。具体的には、総領・大宰と七道制があげられるが、総領・大宰はこの時期に特徴的なものである。③は令制国を単位として①にみられるような範囲と七道制による区分が基本となる。

律令的な地方支配体制の制度上の整備が何時からはじめられたのかということについては、孝徳朝の政治変革をどのように評価するのか、また、一連の地方支配政策はどのような単位で実施されたのかということを検討しなければ明らかにできない。律令的な地方制度である国郡制のなかでも郡制の方はその前身である評の設置が孝徳朝にみられるのに対し、国制の整備はこれよりも遅れてはじめられた。そして、令制国の区域の決定は、国の分割をともなって漸次行われたと考えられるが、そのような国の分割が行われたのが天武朝・持統朝の頃であった。そして、それ以前の国において、常駐国司は斉明朝か天智朝の頃にはみられたのではないかと考えられる(3)。

まず、孝徳朝の段階では、大宝令制のような形で中央政府が国の区画（国境）を定めて、国司が所管地域の行政を担当するという形はとられておらず、中央からの派遣官が、ある一定の範囲に対して中央政府の政策を実施するという形をとっていた(4)。そこで、そのような使人が派遣された範囲がどのようなものであったのかということが問題になる。しかし、いわゆる東国国司を含む大化の遣使関係の史料としては、『日本書紀』の大化元年八月丙申朔庚子条、九月丙寅朔条、九月甲申条、大化二年正月是月条、三月癸亥朔甲子条、三月辛巳条、三月甲申条、八月庚申朔癸酉条があげられるが、それらの使人が個々に管轄した範囲を具体的に示すような記載はみえない。

大化の東国国司の派遣で問題になることは、東国の範囲が具体的にはどの地域なのかということである。このことについては第Ⅰ部第一章で述べたが、畿内以東のすべての地域を含むのかどうかは別として、それに近い範囲を想定することが妥当であると考える。(5) そして、このような国司が派遣される国は国造のクニではなく、クニをいくつかあわせた範囲のものであったと考えられる。

一使人の管轄範囲については右にあげた『日本書紀』の各条には記されないが『常陸国風土記』から令制の一国の区域よりも広い範囲ではなかったのかということが推測される。

常陸国司。解申二古老相伝旧聞一事。問二国郡旧事一。古老答曰。古者自二相模国足柄岳坂一以東諸県。惣称二我姫国一。是当時不レ言二常陸一。唯称二新治・筑波・茨城・那珂・久慈・多珂国一。各遣二造別一令二検校一。其後至二難波長柄豊前大宮臨軒天皇之世一。遣二高向臣・中臣幡織田連等一。惣二領自レ坂伊東之国一。于レ時我姫之道分為二八国一。常陸国居二其一矣一。（下略）

高向臣と中臣幡織田連は相模国足柄坂以東の地域を管轄していたことになる。『常陸国風土記』の記載内容に字句も含めて修飾や書き換えがなかったわけではないが、少なくとも、彼らの管轄範囲が令制の一国よりも広い区域であったことは容易に推測できる。また、ここには『日本書紀』の大化の東国国司の派遣記事との関連は記されないが、この二人の人物が活躍した年代が己酉年（大化五年）・癸丑年（白雉四年）であることと、その任務の内容が行政区画の画定にかんすることであることから、大化二年八月の使人派遣と関連が深いものとみるのが妥当であると考えられる。(6)

第Ⅰ部第三章で述べたように、総領にかんする史料は、文武朝のものまで含めても非常に少ない。(7)『常陸国風土記』には、右の史料のほか信太郡条・行方郡条・香島郡条・多珂条に総領の語がみえる。これらの史料にはいずれも「惣領」が「建郡」に携わったことが記される。しかし、それらの内容はそのまま認めるとしても、そこに数カ国にわたって行政権をもつ天武朝以降の総領と同じ性質を見出すことができるのかどうか。この問題にかんしては史料がきわめて限られていることから解釈の難しいところであるが、ここで総領と記される人物の任務の対象は国（国司）レベルではなく、評レベルであること、令制的な国制はまだ形成されていなかったことから、これを天武朝以降の総領と同じとみなすことはできず、上級国司として数カ国を統括するという形での広域行政区画の存在も、この段階で見出すことはできないと考える(8)。

このような令制国成立以前の使人の派遣範囲は何を基準に決められたのかといえば、孝徳朝の段階では、当時、一般的な概念として成立していた○○国というような地域をいくつかまとめた区域を単位としたものと考えられるが、○○国というような地域的まとまりは、多くはその地域内の交通の便をはじめとする自然地形や人々の交流の実情にもとづくものであったと推測される(9)。律令的な地方支配が円滑に行われるためには、中央からのアクセスが重要であるが、一つのまとまりをもつ地域は、その内部における交通の便の良さが条件になる場合も多い。

天武・持統朝になると、国司制の整備は一段と進む。この時期には、従来の国の分割が行われたことと、上級国司としての総領が存在したいう点で大きな変化がみられる。総領は史料上では吉備・周芳（周防）・伊予・筑志（筑紫）の四地域にしか確認できないが(10)、伊予総領が讃吉国の放養を行ったり（持統天皇三年紀八月辛丑条）、筑志惣領が薩末の評の官人の決罰にあたった（『続日本紀』文武天皇四年六月庚申条）ことから、その所管の範囲は一国のレベルを越えるものであったことが知られる。この期間には分割前の範囲をもつ国と分割後の範囲をもつ国とが併存する形になっているが、大宝令制下で行われた国域の変更のような部分的な修正ではない国の分割が、全国一斉にではなく漸次行われており、そのようなアンバランスな状態である故に上級国司の存在する意味があったものと考えられる。

このような形態は、天武・持統朝において国司制が整備されるに従ってしだいに衰退したというものではなかったらしく、大宝令施行直前の文武天皇四年十月己未に総領の任命が行われていることから（『続日本紀』同日条）、大宝令の施行によって一斉に新しい国制に切り替わったものと推測される。

次に、七道制がしかれたことによって地方支配に変化があったのかどうかということについてみてみたい。七道制は『日本書紀』天武天皇十四年九月戊午条の「巡㆓察国司郡司及百姓之消息㆒」のために派遣された東海・東山・山陽・山陰・南海・筑紫の六道使の記事が初見であるが、この使は大宝令制下の巡察使と同じものであると考えられる。巡察使を含む種々の遣使が道別に行われるというのが大宝令制下の形態で、『続日本紀』には「七道（諸国）」という表記が多い。ところが、『日本書紀』のこれ以前の記事ではどうであるのかといえば、天武天皇四年十月癸酉条・同五年是夏条・同六年十一月甲申条には「四方国」に遣使した旨が記される(11)。『日本書紀』の記載には編者による文や語の修飾・述作の可能性も考えなければならないので、記事の用語・内容をすべてそのままの形で認めることはできないが、持統天皇七年十二月丙子条の陣法博士の諸国への派遣命令は大宝令制下の遣使の形態と同じものであったのではないかと推測される(12)。陣法の教習については、天武天皇十二年十一月甲申条に諸国に詔が出されているが、特殊な技術を確実に全国に伝達するための方法として、中央からのアクセスということもあわせてみてみると、道制を利用した可能性が大きいと考えられるのである。

このように、天武・持統朝には、七道制による使人派遣が初見するなど大宝令制下での広域行政の形態がみられる一方、律令的な地方支配制度、とりわけ国司制の確立までの過渡的な形態もみられ、大宝令の施行までその両者が併存する形でそれぞれ機能しているのである。

二　八世紀の広域行政区画

大宝・養老令制下では地方支配の単位として国という行政区画を定め、そこに中央官人である国司を派遣し、地方支配を行った。律令国家の地方支配政策の大部分はそのような国を単位に実施されたのであるが、七道が地方支配のための単位となる場合があり、七道のほかにも、いつかの国をまとめた地域を指す語がみられる。ここではそのような国のまとまりが律令国家の地方支配制度のなかでどのような意味をもつものであったのか明らかにしてゆきたい。

1　大宝令国司制と広域行政区画

まず、七道制についてであるが、大宝・養老令では道制を明記した規定としては、公式令朝集使条に東海道以下七道が、また、廐牧令置駅条、同置駅馬条に諸道という語がみられる。したがって、大宝令施行の段階で、行政上の区画の一単位として道制が法に規定されていたことは明らかである。中央政府が地方に対して目的別に使人を派遣する例として、令に規定されているものとしては、巡察使をあげることができる。巡察使は国司監察のための制度として、養老令では職員令太政官条の最後に規定され、大宝令でも同様のものであったと考えられる。職員令の規定では巡察使は常置の官ではなく、使人の人数も臨時に定めることになっていたが、八世紀の地方行政監察は、基本的には巡察使を通して行われており、道制の区分に従って派遣された(13)。

大宝・養老令には国郡制や道制のほか、三関や辺境などの特殊な性質を有する地域についての規定がある。職員令大国条によれば、辺境の地域である陸奥・出羽・越後、壱岐・対馬・日向・薩摩・大隅等の国々と三関国の国守には特殊な任務が課せられる。また、大宰府は「帯二筑前国一」ということで、国司制による支配形態からみても特殊な性質をもつ。ここで注意しなければならないことは、実際に政策を実施する時には大宰府に西海道諸国を管轄させることはしばしばあるが、令の規定では、その特殊性は主として外交の問題に限られるということである。なお、この点については、大宰府が実際には九州地方全域に対して行政権を行使していたことから、あまり問題にされることはなかったが、職員令集解大宰府条で朱が「凡大宰府管九国等。依何文可知（下略）」と記しているのは、令規定と現実の間に差異があったためではないかと考えられるのである。

職員令大国条で特殊な位置づけをされる国々が一つの区画を形成していたのかどうかということであるが、ここにみえる国のなかで、具体的な政策を実施する上で一定の地域的まとまりを示すことが多かったのは、東北辺境三国のなかの陸奥・出羽二国である。この二国と越後国は蝦夷対策という共通点はあるが、これら三国が一つの行政区画として扱われることはほとんどなく、南九州辺境の薩摩・大隅・日向三国、三関国の場合も、それぞれ同様の性質をもつ国という意味があるだけである。そして、陸奥・出羽二国が広域行政区画として掌握される場合があるのは按察使が上級国司としての機能を発揮するようになってからとくに顕著になったのである(14)。

このように、職員令大国条の特殊な位置づけをされる国々は、少なくとも令文の意味するところは、律令的な地方支配制度のなかで特殊な性質をもつ地域、すなわち特別行政区画とでもいうべきものであって、広域行政区画としての位置づけはなされていなかったことが明らかである。したがって、大宝・養老令の規定にみられる広域行政区画は、道制にもとづく使の派遣の場合ということになる。

2　七道制と按察使・大宰府

八世紀において政策実施上の単位として道制が利用された例として、早い時期では、『続日本紀』大宝元年八月戊申条の大宝律令の講義のために西海道を除く六道への遣使をあげることができる。このほか、七道あるいは六道という形での全国的規模のものから、東海・東山二道というような特定の地域に限定されたものまで、道制にもとづく区分によって政策が実施された例は非常に多い。(15) それでは、一つの区画としては国制よりもはるかに広い範囲となる道制は、律令的な地方支配体制のなかでどのように位置づけられていたのであろうか。八世紀における具体例を分類してみると、おおよそ次のようになる。

①ほとんど例外なく道制の区分に従って行われるもの（全国的な遣使の際に道別に派遣する旨が記される場合。たとえば、大宝元年六月己酉条の大宝令による施政の勅、同元年八月戊申条の新令講義のための遣使、慶雲二年十月壬申条の賑恤のための遣使など）。

②比較的広範囲にわたる地域を示す時に、道制の表記を用いたもの（たとえば、和銅二年九月己卯条の東海・東山二道の兵士、養老元年紀九月戊申条の山陰道は伯耆より以東、天平十年八月甲申条の山陽道諸国、なお、全国の国々を指すときに「畿内七道諸国」という表現を用いることは非常に多い）。

③道制の区分と合致しない部分がでてくるもの（たとえば、按察使・節度使）。

道制を広域行政区画と位置づける際、問題になるのは③のような例があることをどのように解釈するのかということである。まず、按察使は『続日本紀』養老三年七月庚子条に設置記事が、養老五年八月癸巳条に所管国の一部変更がみられる。これは、ある国の国守が近隣の数カ国に対して国司監察権と上級国司権をもつものであるが、次の諸国では道制の区分を越えて所管国が定められている。

武蔵（東山道）　相模（東海道）・上野・下野（東山道）
美濃（東山道）　尾張・参河（東海道）・信濃（東山道）
※養老五年八月に諏方・飛騨（東山道）
播磨（山陽道）　備前・美作・備中（山陽道）・淡路（南海道）

また、節度使は八世紀には天平四年と天平宝字五年に設けられ、それぞれ、天平四年八月丁亥条と天平宝字五年十一月丁酉条に設置記事がみえる。ここで問題にするのはその所管国であるが、天平四年のものについては東海・東山、山陰、西海の各道に派遣されたということだけで具体的な国名はほとんどわからない。北啓太氏が出雲国計会帳と宝亀十一年七月丁丑条の縁海諸国の記載内容から、伯耆・出雲・隠岐・石見・因幡・安芸・周防・長門の諸国であったとする(16)。天平宝字五年のものについては所管国が明記されるが、東海・南海・西海の三節度使のうち、東海・南海の場合は所管国が道制の区分を越えた範囲となっている。

東海道　遠江・駿河・伊豆・甲斐・相模・安房・上総・下総・常陸（東海道）・上野・武蔵・下野（東山道）
南海道　紀伊・阿波・讃岐・伊豫・土左（南海道）・播磨・美作・備前・備中・備後・安芸・周防（山陽道）

按察使や節度使にみえるこれらの道制の区分を越えた範囲が一つの区画になっている理由は明らかになっていない。史料の数が少ないのでよくわからない点もあるが、この問題について検討してみたい。

まず、武蔵・上野・下野・相模はいずれの場合も一つのまとまりとして扱われる。武蔵国は宝亀二年十月に東山道から東海道に変更になっているから、養老三年および天平宝字五年の段階では東山道である。武蔵国の道制区分の変更にかんしては『続日本紀』宝亀二年十月己卯条に駅路の利便性にかんする事情が記される。神護景雲二年三月乙巳条の東海道巡察使紀朝臣広名の「下総国井上・浮嶋・河曲三駅、武蔵国乗潴・豊嶋二駅、承二山海両路一、使命繁多。（下略）」という報告の内容から武蔵国が東海道と東山道の中継地になっていたことが推測される。[17] これらの諸国は坂東（八国）という語で表される地域でもあるが、このことが何を意味するのかといえば、地域的まとまりを必要とする政策実施の過程において、坂東八国というまとまりの方が道制による区分よりも重視されたということである。また、美濃国と尾張国についても、この二国の間には交通路が開かれていたことは歴史地理学の研究によって明らかにされている。[18][19]

按察使は所管地域に対して行政権を行使するものであるし、節度使の場合も、兵士の動員や船・武器の調達など、軍事行動を起こす際に必要な軍政を行うわけであるから、所管部内の交通路の確保ということが重要な要素となる。按察使の所管範囲を一つの広域行政区画とみなす根拠として次の史料をあげることができる。

『続日本紀』養老七年十月庚子条

　勅。按察使所㆑治之国補㆓博士医師㆒。自餘国博士並停㆑之。

国博士・国医師は職員令国博士医師条によれば国別に一人ずつ任命されることになっていたが、この時、医師の定員は令制どおりに、博士は按察使が置かれている国、すなわち数カ国に一人ということになった。その理由については詳らかではないが、おそらく、選叙令国博士条の博士・医師の任用方法、大宝三年三月丁丑条、霊亀二年五月丁酉条などから推測すると、適任者がなかなかみつからなかったことが関係すると考えられる。[20]

ただ、医師の場合は大宝令の定員を崩していないことから、需要の問題もあったものと考えられる。そして、神亀五年八月壬申の太政官奏（『続日本紀』同日条）の定員改正でも、博士は三、四国に一人というように、養老七年の措置が受け継がれ、天平神護二年五月乙丑条でもこれを確認する。この定員は宝亀十年閏五月丙申の太政官奏（『続日本紀』同日条）で令制に戻されるまで続いた。したがって、国博士の定員と設置国には養老七年の制が大きな影響を与えたことになる。

ところで、陸奥・出羽では、養老三年に全国的規模で設置された按察使が他の地域ではみられなくなってからも存続し、律令国家の東北経営に大きな役割を果たしたという特質がみられるが、それは按察使の地方行政監察の機能ではなく、上級国司としての機能が必要とされたためであった。しかし、大宝令が施行された八世紀初頭の段階では、陸奥・出羽二国は一つの区画として扱われていたわけではなく、蝦夷征討の際にも東山道と北陸道の二つのルートをとって将軍が派遣されている（『続日本紀』和銅二年三月壬戌条）。この地域の広域行政区画としての特質が顕著になるのは八世紀中葉以降のことであるが、それには、鎮守将軍と按察使の兼任のように、上級行政権と上級軍事権とをあわせもつ官人の存在が常時みられる(21)、陸奥国多賀城から秋田までの内陸直路の開拓事業が大規模に行われるなど、行政区画内の交通路の整備がなされる(22)、というような条件が加わってくる。

このように東北の場合は、辺境という地域的特質から特別行政区画として位置づけられた上で、この地域に対する律令国家の支配政策の必要性から広域行政区画としての条件が整えられていったのであるが、一方、九州はどのように考えられるのであろうか。まず、大宰府に西海道諸国を統括する機能があったことは次のような史料から明らかである。

大宰府管内諸国　　大宝三年七月甲午条。その他多数あり。
大宰所部　　慶雲三年二月庚寅条。
大宰府言（九州全体について）　霊亀二年五月辛卯条。その他多数あり。
大宰府并部下諸国　　神亀三年八月乙亥条。　（『続日本紀』）

大宰府の場合、陸奥・出羽二国とはことなり、大宝令施行以前から九州地方の国々に対して行政権を行使していたものと考えられる。このことは、『日本書紀』持続天皇三年正月壬戌条の筑紫大宰による隼人の朝貢物の献上、『続日本紀』文武天皇四年六月庚辰条の竺志惣領による薩末の評の官人への決罰権の行使などから知られる。すなわち、大宰府管内諸国の場合は、すでにおおよそ出来上がっていた広域行政区画の体制を継続的に利用したものと考えることができる。

大宰府管内諸国の地域的特質としては、令制の筑前国に置かれた大宰府が外交交渉の拠点であり、周辺地域をも含めて軍事的緊張をともなうということがあげられる。このような九州地方の特殊性は、外交と対外的な軍事的緊張の度合いにおいて東北地方とは性質を異にするものがあったことはいうまでもないことである。確かに東北地方の場合も北方との関係において軍事的な緊張度が高くなることもあり、時には蝦夷の動向ともあわせてみると、中央政府にとってかなり大きな問題となることもあるが、(23)朝鮮半島や大陸との抗戦の事実がある九州地方とは質をことにするものであると考えられる。また、九州地方の場合、大宰府が一般の国をはるかに上回る官人構成をともなっており（職員令大宰府条）、それが実際には九州地方全域にわたって機能していたものと考えられる。なお、按察使の官制としては養老三年七月丙午に属官として典が置かれ、これは翌四年三月己巳に記事と改められる（いずれも『続日本紀』同日条）。

広域行政区画を形成したとみなされる九州地方と東北地方にはこのような違いが認められるのであるが、道制との関係でみれば、東北地方は東山道の北端に位置する地域であり、しかも出羽国は八世紀初頭の段階では北陸道の延長線上にあったのに対し、九州地方はちょうど西海道と合致する。すなわち、九州地方は道制の区分でみても一つのまとまりをもっていたことになる。これは、道制の成立以前にすでに一定のまとまりをもっていた地域を西海道として区分したのではないかと考えられるのである。大宰府を中心とする九州地方の地域的まとまりを示す史料は、天武朝以前には少ないが、『日本書紀』天智天皇十年十一月癸卯条の対馬国司が筑紫大宰府に使を遣したという記事は、外交にかんするものではあるが、そのことを示唆すると考えられる。

そもそも、律令的な地方支配体制は基本的な理念としては中国・唐の制度の模倣という原則を掲げながらも、慣例やそれまでに出来上がっていた体制を利用し律令法のなかに組み込むという一面がみられるが、大宰府管内諸国が広域行政区画として位置づけられた背景にも、そのような性格が現れたものと考えることができる。また、養老職員令大国条に辺境として特殊な位置づけをされた地域は、九州方面でも東北方面でもそのまますべてが広域行政区画を形成しているわけではなく、このような点からも、広域行政区画と令に定める特別行政区画とは同義ではないと考えられるのである。

3　坂東・縁海国

八世紀において官制をともなう広域行政区画として大宰府と按察使について検討してきたが、国を越えた地域的まとまりを示す語はこのほかにもみられる。たとえば、これまでの研究でとりあげられたものとしては縁海国があげられるが、坂東という語についても用例と概念を確認する必要があると考えられる。

まず、坂東についてであるが、この語は律令の規定にもみられる。

公式令朝集使条

凡朝集使。東海道坂東。東山道山東。北陸道神濟以北。山陰道出雲以北。山陽道安芸以西。南海道土左等国。及西海道。皆乗₂駅馬₁。自餘各乗₂当国馬₁。

この条文は朝集使が駅馬を利用することのできる範囲について定めたものであるが、東海道は坂の東ということになっており、具体的には令義解・令釈とも駿河と相模の界という説明をしている。この条文は駅馬の利用に関する規定であるから各道を途中で区切る場合、距離が目安になったであろうことは推測に難くないが、この七道の範囲がすべて国の近・中・遠という区分と一致するわけでもない。令の本文および令義解・令集解所引の諸説をまとめてみると次のようなことが知られる。

東海道　坂東（駿河と相模の界）

東山道　山東（信濃と上野の界）◎

北陸道　神済（越中と越後の界）◎

山陰道　出雲以北

山陽道　安芸以西　◎

南海道　土佐　◎

西海道　全域　◎

◎印は賦役令集解調庸物条古記所引の民部省式の近国・中国・遠国の区分で、中国と遠国の界になっている国。

このなかで国の中・遠の区分の界と一致しないのは東海道と山陰道であるが、東海道では駿河と相模の間で区分されていることと、その地域が坂東という語で表されていることと無関係ではないと考えられる。すなわち、相模・安房・上総・下総・常陸の五国が、上野・武蔵・下野の三国とあわせて、一つのまとまりとしてとらえられていたのではないかということである。ここで義解・令釈のいう界の坂とは『常陸国風土記』に記される足柄岳坂のことで、これよりも東の地域がそれにあたる。坂東という語は、『続日本紀』では神亀元年四月癸卯条に「坂東九国」という形で記される以外は、天平宝字元年閏八月壬申条をはじめ多くの記事で「坂東」・「坂東諸国」のほかは「坂東八国」というように八国と記される。天平宝字年間以降に坂東関係の記事が多くみられるのは、東北経営における軍事的危機が強くなったためで、大部分が東北経営にかかわる内容である。具体的には柵戸移配・救援（物資・兵士）・課役免除などであるが、次の記事には注意しなければならない。

a．天平宝字三年九月庚寅条

遷二坂東八国、并越前・能登・越後等四国浮浪人二千人一、以為二雄勝柵戸一。及割二留相模・上総・下総・常陸・上野・武蔵・下野等七国所レ送軍士器仗一、以貯二雄勝・桃生二城一。

b．宝亀十一年五月丁丑条

勅曰、機要之備、不レ可二闕乏一。宜下仰二坂東諸国及能登・越中・越後一、令上備二糒三万斛一。炊曝有レ数、勿レ致二損失一。

c．宝亀十一年七月甲申条

征東使請二襖四千領一。仰二東海・東山諸国一、便造送之。勅曰。今為レ討二逆虜一、調二発坂東軍士一。限二来九月五日一、並赴二集陸奥多賀城一。其所レ須軍粮、宜二申レ官送一。兵集有レ期、粮餽難レ継。仍量二路便近一、割二下総国糒六千斛、常陸国一万斛一、限二来八月　日以前一、運二輸軍所一。

d．延暦七年三月辛亥条

下レ勅、調二発東海・東山・坂東諸国歩騎五万二千八百餘人一、限二来年三月一、会二於陸奥国多賀城一。（下略）

e．延暦七年十二月庚辰条

征東大将軍紀朝臣古佐美辞見。（中略）坂東安危、在二此一挙一。将軍宜レ勉之。因賜二御被二領、采帛　疋、綿三百屯一。

a・bでは坂東と越前・越後などの国が対象となっている。北陸地方と東北とは、とくに出羽との関係を中心に、緊密なかかわりがみられるところであるが、これらについては国名をあげる一方で坂東と記すのは、坂東という語で示される一定の地域的まとまりをもった範囲が存在したことを意味する。そして、dでは東海・東山・坂東の歩騎というように、道制の単位である東海・東山と並列する形で坂東の語がみられる。しかも、坂東の国々は東海道・東山道のいずれかに含まれるのであるから、これに坂東という範囲を付け加えると、国名が重複することになる。それにもかかわらず坂東と記されるのは、坂東という語で示される範囲が一つの行政区画としての意味をもっていたからであると考えられるのである。cは東海・東山の諸国には物資の調達を命ずる一方、坂東に対しては軍士の徴発を命じている。また、eで「坂東安危、在二此一挙一」といっているのも、坂東の地域が東北の軍事情勢と深いかかわりがあったことを示すものと考えられるのである。

右の史料から、八世紀において坂東という語で表される地域は、律令国家の東北経営と緊密なかかわりをもつものであったことが明らかである。この点については、すでに奥野中彦氏が、坂東八国は柵戸と鎮兵を送りだし、東北に急変があった際は臨時に増援軍の出動を命ぜられる主要対象地であったという指摘をし、東海・東山の二道に分離・編成されていた国々が一つの行政単位として統括されてくることの歴史的意義は大きいという。(24)

次に縁海国についてであるが、この語を一つの地域区分として位置づけたのが竹中康彦「縁海国考」である。(25)竹中氏は、まず三善清行「意見十二箇条」(26)の第四条の「縁海国半分坂東国半分」という記載と第十条の縁海諸国の弩師任命に関する状況を手がかりに、縁海国とは坂東国と同様な一つの広域の行政目的を共通にした区画であり、その範囲は、丹後国を含み北陸・山陰・南海三道の「浜海之国」で構成されていたと指摘する。竹中氏は、さらに、縁海国の初見記事である宝亀十一年七月丁丑条や対新羅防衛政策の内容などから、新羅を仮想敵国とする海防上の必要のある地域、奈良時代は具体的には筑前・筑後・肥前・肥後・豊前・豊後と壱岐・対馬、北陸・山陰の二道と瀬戸内海西部の諸国をあげる。この範囲（国名）は対新羅防衛政策の変化とともに変わるが、主として大陸に面した日本海側で対新羅防衛政策を八世紀以来継続して担ってきた地域という定義づけをする。

竹中論文では、律令国家の地方支配において、国や道以外の行政上の単位となりうる地域区分が存在しそれが坂東国や縁海国である、これらは特定の行政内容を共有するがために一つの単位として成り立っていたとする。この論文は、律令制下の広域行政区画の、従来ほとんど認識されていなかった一つの実態を指摘した点で注目すべきものである。しかし、縁海国という語の示す範囲は時期によってことなること、この語は特定の国々を指す場合以外にも使用されることから（『延喜式』民部下　国司赴任条）、固定された区画を形成する坂東とはことなる性質をもっていることも事実である。ここでは八世紀の縁海国すなわち宝亀十一年の記事を中心に、それが律令国家の政策実施において広域行政区画としてどのような意味をもっていたのかということについて検討してみたい。

『続日本紀』宝亀十一年七月丁丑条

勅、安不レ忘レ危、古今通典。宜下仰二縁海諸国一、勤令中警固上。其因幡・伯耆・出雲・石見・安芸・周防・長門等国、一依二天平四年節度使従三位多治比眞人縣守等時式一、勤以警固焉。又大宰、宜レ依二同年節度使従三位藤原朝臣宇合時式一。

ここに国名が記されるのは因幡・伯耆・出雲・石見・安芸・周防・長門の各国と大宰（大宰府）であるが、これらの地域は以前出された式に依れということなので、これらがそのまま縁海国であるということにはならない。それでは、この時縁海国の国名が固定したものであったのかどうか。まず、因幡以下の七国は天平四年（『続日本紀』天平四年八月丁亥条・壬辰条）の節度使多治比真人県守の時の式に依れとあるが、多治比真人県守は山陰道節度使であるから、この式では山陰道の諸国を指しているものと考えられる。ところが右の史料の因幡以下の諸国は山陰道として区分される国々と国名が合致しない（山陰道では丹波・丹後・但馬・隠岐がみられず、山陽道の安芸・周防・長門が含まれている）。そこで、これらを道制を越えた一つの広域行政区画とみなすことができるのかということが問題になる。

　このことについては次の史料から一つの結論が導き出される。

『続日本紀』宝亀十一年七月戊子条

勅曰、筑紫大宰僻二居西海一、諸蕃朝貢、船檝相望。由レ是簡二練士馬一、精二鋭甲兵一、以示二威武一、以備二非常一。今北陸道、亦供二蕃客一、所レ有軍兵、未二曾教習一。属レ事徴発、全無レ堪レ用。安必思レ危、豈合レ如レ此。宜下准二大宰一依レ式警虞上。事須下縁海村邑見二賊来過一者、当即差レ使速申中於国上。国知二賊船一者、長官以下急向二国衙一、応レ事集議、令二管内警虞一、且行且奏。（下略）

この勅は北陸道の縁海の村邑に対して、賊の船が通過した時には直ちに国に報告し、国は賊の船であることを確認したならば管内を警護するとともに、中央に奏上せよというもので、具体的な警護の方式について規定するものである。この記事で注意しなければならないことは、賊船が来日した時の国司の対処の仕方について述べていることである。職員令大国条の国守の職掌のなかで辺境国の国司には特殊な任務が課せられ、権限が与えられているが、その一つが外交に関することである。すなわち、この記事は職員令大国条には規定されない国々でそのような必要が生ずる可能性のある地域として北陸道の諸国をあげたものと考えられる。したがって、この条の「縁海村邑」は縁海国と記されてもよいものであり、渤海使の漂着の可能性があることも考慮して、「縁海諸国」の警護に関する規定を設けた七月丁丑条で対象となった地域に補足する意味があったものと考えられる。

　宝亀十一年七月の二つの史料についてこのような解釈をすると、縁海国という語は、八世紀における使用例としても国名が固定されるものではないことになる。ただ、単に「海に面した国（地域）」という意味だけでないのは、それらが国防上の必要性にかかわる政策の実施と関係があることである。(28)

縁海国は、固定した地域が区分されているのかどうかという点で坂東とはことなるが、中央政府の政策推進上、道制のみでは区分できない一定の範囲を区切って、一つの地域的まとまりとして把握しているという共通点がみられる。また、律令的地方支配における行政単位を示すものとしては国・郡があげられるが、これらは厳密な領域区分をともなう。しかし、他のものは律令国家の政策実施の際に、ある一定のまとまりを示すものであるということは変わりないが、国や郡のような厳密な意味をもつ区画ではなかった。とくに、坂東や縁海国の場合は、大宰府や按察使などとはことなり、広域区画全体にかかわる官制をともなうものではないことから、国の集合体ととらえられ、国司に与えられた権限の範囲内で問題を処理することになる。また、このような範囲の設定が軍事的な問題と密接にかかわる場合が多いが、これは、兵士の徴発、物資の調達が国司を通して行われることと関係があると考えられる。

まとめ

律令国家の地方支配において国レベルを越える範囲をもつ単位は広域行政区画という概念でとらえられるのが一般的であるが、本章ではそのような広域行政区画の実態について、律令的地方支配体制の形成期から確立期にあたる七世紀後半から八世紀の時期を対象に、個々の場合の具体的な内容をみながら、それぞれが広域行政区画と称するのが適切であるのかどうかということも含めて考察してきた。広域行政区画は、①大宰府や按察使の所管区域のように一定の官制をともなうもの、②官制はともなわないが、道制による区分のように、令規定のなかに位置づけられ、遣使の単位として頻繁に利用されるものや、坂東のように区域の固定されたもの、③政策を実施する上で、縁海国のように同じ性質をもつ地域を特定の語をもって表現するもの、というように大別できる。

①〜③は中央集権国家にとって必要な交通路の確保、中央政府にとって好都合な地域的まとまりということによって特徴づけられる。まず、②の道制の場合は、中央からの交通路が確保されている。すなわち、律令法に規定される道は七道の地域区分を意味するものと幹線道路としての七道を意味するものとがあるが、七道ごとに使人を派遣する形態がとられたのは、この幹線道路が整備されていたことによって可能であったのである。また、①の場合は長官の所管地域内の往来[29]ということもあって、その区画内での交通ということが重要である。ところが、③の場合は、ある語で表記される国々に共通する性質は認められるものの、一つの地域的まとまりをもつ区画としてそれらの国々を結ぶ交通路の整備を急ぐということはなかった。

律令的な地方支配の基本的な単位である国の場合、その区域の画定には、自然地形による交通の便を考慮しながら中央政府にとって支配しやすい一つの地域的まとまりということが重視される。本章で考察の対象とした一国の範囲を越える（いくつかの国をまとめた）区画のなかで、按察使の場合はその所管地域の交通について国の場合と同様の機能が求められる。たとえば、按察使制度が長期にわたって存続した陸奥・出羽の場合、陸奥国府から出羽国府への交通路の整備が行われている。すなわち、広域行政区画という概念でとらえられる範囲というのは、ある政治的目的（必要性）のもとに形成されたものであり、それは自然の地域的まとまりということが重視されるのであるが、陸奥出羽按察使のように、区域内の支配手段の整備が人為的になされる場合もあったのである。

また、③の場合のように、同じ性質をもつ地域のまとまりについては、養老職員令大国条に規定される特殊な扱いを受ける地域と同じ性質のものと考えることができる。したがって、そのような地域は広域行政区画という概念でとらえられる地域と区別する意味で、特別行政区画というような表現の方が適当であると考えられる。そして、辺境・辺要、縁辺、城国なども同じように考えることができるが、それらを含めての考察は今後の課題としたい。

注

（1）大宝令施行以前における国の分割の時期については、八世紀のものとはことなり、正確な時期がわからないことも多いが、吉備の場合、『日本書紀』天武天皇元年六月丙戌条に「吉備国」『続日本紀』文武天皇元年閏十二月己亥条に「備前・備中」の国名がみえる。

（2）郡制の成立過程については、渡部育子『郡司制の成立』（吉川弘文館、一九八九年）。

（3）早川庄八「律令制の形成」（岩波講座『日本歴史』二、岩波書店、一九七五年）。

（4）東国国司には、それ以前のミコトモチとはことなる点がいくつかあるが、令制の国司にみられる特質と比較した場合、ある特定の任務を携えて派遣されるミコトモチとしての性質を強くもつものと考えられる。（渡部育子「大化における遣使について」『川内古代史論集』六、一九九二年）。

（5）渡部前掲注（4）論文。

（6）この点については関晃「大化の東国国司について」（『文化』二六―二、一九六二年）の見解が妥当であると考えられる。

（7）総領と大宰を同一の官職とみてよいのかどうかということについては、直木孝次郎「大宰と総領」（『九州歴史資料館開館十周年記念大宰府古文化論叢』上、吉川弘文館、一九八三年）の、これらをことなるものとみる説がある。

（8）大化の段階での地域区分に関しては山田英雄氏が指摘した大化の道制の問題がある（山田英雄「もう一つの道制試論」（『日本古代史攷』岩波書店、一九八七年。初出一九七六年）。それは、大化の道は国造制衰退期にみられる評と同格の行政区画であるというもので、山田氏は『和名抄』の訓や『古事記』・『国造本紀』の国名表記に道前・道後の用例がみられることから、ミチおよび道制は抹殺することのできない史料的根拠を有するとした上で、次の点を述べた。

①道制は改新後に実施されたが短期間で廃止された。
②道制は全国同時期、同一方式とする必要はなく、地域的にことなった手続き、時期に実施された。
③総領とは評造と国造とをすべおさめるという意味であり、評とクニが併存する時期に国の制度をもって行うと混乱が生ずるので道の制度を設けた。
④道制が史料に表れないのは、道制が消滅したために字面を変えたからであり、令制下においてはその痕跡を止めるにすぎない。

山田氏の説は、前田晴人「『四方国＝四道』制の構造」（『続日本紀研究』二三五、一九八四年）によって支持され、また、鐘江宏之「『国』制の成立―令制国・七道の形成過程―」（笹山晴生先生還暦記念会編『日本律令制論集』上巻、吉川弘文館、一九九三年）によって批判されたが、次のような理由で山田氏説に賛成できない。

令制下の七道制とはことなる道制については、それが行政区画として機能したという史料がほとんどないこと、評制の初期の段階では国造のクニもまだ残っていたから、確かに国とクニの用語が錯綜することはあったかもしれないが、国という語には国家という意味もあれば〇〇地方という意味もあるというように、さまざまな用法があるので、この時期に国制（国司制）をもってくると混乱するからというのは道制採用の理由としては説得力に欠ける。また、道に派遣されたのが総領であると想定することについては、『常陸国風土記』のみから全国的な行政区画の問題を論ずることには無理がある。したがって、この時期の道を地方支配のための行政区画とすることは妥当ではないと考える。

（9）渡部育子「国制の成立―行政区画としての国の成立をめぐって―」（『日本歴史』五五二、一九九四年）。
（10）『日本書紀』天武天皇十四年十一月癸卯朔甲辰条、持統天皇三年癸八月辛丑条、『続日本紀』文武天皇四年六月庚辰条、同十月癸未条など。
（11）四方国についてとりあげた論文は多いが、大津透「律令国家と畿内」（『律令国家支配構造の研究』岩波書店、一九九三年、一九八五年初出）の、『日本書紀』の大化以降にみえる記事について、単なる修辞ではなく実体が存在しそれは畿外を意味していたとする点は、従うべき見解であると考える。

(12)　大宝令の施行後、技術伝達のための遣使の例として、『続日本紀』和銅四年閏六月丁巳条の挑文師があげられる。

(13)　大宝令制下の巡察使の派遣の実態については、林陸朗「巡察使の研究」(『上代政治社会の研究』吉川弘文館、一九六九年)に詳しい。なお、巡察使の制度について渡部育子「奈良朝における国司監察制度について」(『続日本紀研究』一八八、一九七六年)。

(14)　陸奥出羽按察使については、渡部育子「陸奥国の按察使について」(『宮城の研究』二、清文堂、一九八三年)で詳述したので、ここでは結論だけを述べることにしたい。

(15)　大宝令制下、八世紀における種々の遣使については、渡部育子「『続日本紀』にみえる遣使記事」(『続日本紀研究』二〇七、一九八〇年)、「七・八世紀における遣使について」(『新野直吉・諸戸立雄両教授退官記念歴史論集秋田地方史の展開』みしま書房、一九九一年)で個々の例を確認した。また、鐘江宏之氏は文書行政が七道と単位として行われると指摘した(鐘江宏之「計会帳に見える八世紀の文書伝達」『史学雑誌』一〇二―二、一九九三年、鐘江前掲注(8)論文)。

(16)　北啓太「天平四年の節度使」(土田直鎮先生還暦記念会編『奈良平安時代史論集』上、吉川弘文館、一九八四年)。

(17)　この問題の研究史については、森田悌『古代の武蔵』(吉川弘文館、一九八八年)に詳しい。

(18)　藤岡謙二郎編『古代日本の交通路』Ⅰ(大明堂、一九七八年)第二章第五節。

(19)　美濃と尾張に関しては神護景雲三年紀九月壬申条に、(木曾川の)洪水のために国境確認の問題がおきたことが記される。この二国の堺の問題は河川の流路の変更によってしばしばおきるが、このことはこの二国がきわめて密接な関係にあることをも意味する。

(20)　渡部育子「国医師についての基礎的考察」(『秋大史学』二四、一九七七年)、同「律令国家の地方医療政策と遣使」(『秋大史学』三八、一九九二年)。

(21)　按察使は近隣の国々に対して行政権をもっており、この場合は陸奥国守が兼任する陸奥按察使が出羽国守に対して指令を発することができるシステムになってはいるが、陸奥按察使は陸奥・出羽両国に対する軍事権を有する鎮守将軍と兼任する場合が多いことには注意しなければならない。すなわち、陸奥・出羽の二国という広大な地域支配をする官人は、上級行政権と上級軍事権とを同一人物に与えることによって存在し得るのである。そして、上級軍事権を常時必要とするのは軍事的緊張の度合いが強い地域に限られるから、陸奥・出羽二国の広域行政圏としての性格のなかにはこの地域が特別行政区画であるという条件が含まれ、この点で、必ずしも、他の地域と同じではない。渡部育子「律令制下における陸奥・出羽への遣使について—鎮守将軍と征東使—」（『東北古代史の研究』吉川弘文館、一九八六年）。

(22) 陸奥・出羽二国が一つの行政単位として機能するための必要条件として交通路の確保ということがあげられる。天平九年に陸奥按察使で鎮守将軍でもある大野朝臣東人が多賀城から秋田までの内陸直路の開拓を試み（『続日本紀』天平九年正月丙申条・同四月戊午条）、これが開通したのが天平宝字三年九月己丑のことである（『続日本紀』同日条）。陸奥から出羽への交通路の整備ということは八世紀第2四半期以降、律令国家の東北経営のなかでも大きな課題となったのである。

(23) 環日本海圏という観点から古代の陸奥・出羽を東北アジアを含むアジア全体のなかに位置づけた場合、出羽と北方との関係が重視され、その間には交易のみならず政治的・軍事的関係も問題になることから、東北や出羽の外交上の位置づけということがとりあげられる。ただ、このような観点は重要であり、歴史的事実としてもいくつかの例をあげることができるが（たとえば、『続日本紀』神亀四年十二月丙申条に記される渤海使到着の際の現地住民である蝦夷の動き）、それは、これまでほとんど指摘されなかったことに対してとくに強調されたものと考えられる。したがって、同じく対外的危機というような場合でも九州地方と東北地方のもつ地理的条件の差を十分に考慮しなければならないと考える。

(24) 奥野中彦「古代東北の軍制について」（『日本歴史』三八二、一九七六年）。

(25) 竹中康彦「縁海国考」（『続日本紀研究』二七一、一九九〇年）。

(26) 『本朝文粋』。

(27) 宝亀十一年七月戊子条に関して、北陸道警護が命ぜられた理由として、渤海使来日に対処するためという見解（酒寄雅志「七・八世紀の大宰府」『国學院雑誌』八〇—一一、一九七九年）とこれを否定する見解（竹中前掲注（25）論文）があるが、渤海使が北陸道の地域に来着することは十分に考えられることであるので、酒寄氏の説が妥当であると考える。

(28) それでは、なぜ、八世紀後半の宝亀年間になってからそのような施策が必要になったのか、すなわち職員令大国条に記されない国々に対して賊船来着の際の対処の仕方についての規定を設けなければならなかったのかといえば、次のような事情が考えられる。

第一に新羅、そして渤海との外交関係が緊迫したものになりうる可能性があったことである。渤海との関係については、それが結果的に外交的危機につながるかどうかは別として、渤海使の到着地が日本海沿岸地域という場合が多い。到着した地域の現地住民との間にトラブルがおきることがある。たとえば、神亀四年の第一回の渤海使の来着地は出羽国であるが、この時使節団の半数以上が蝦夷によって殺害されるという事態が生じているように、とくに東北の日本海沿岸の地域に到着した場合には、軍事的危機ということがないわけではなかったのである。そして、蝦夷の居住地ではないが、北陸道諸国にも渤海使はしばしば到着していることから、その対応の仕方について徹底しておく必要があったものと考えられるのである。

第二は宝亀年間の対蝦夷情勢の悪化との関係である。宝亀年間に入って顕在化した蝦夷問題の解決は中央政府にとって急務であり、その軍事行動のための物資や兵士等人員の徴発を、坂東諸国や東海・東山二道のほか北陸道に対しても命じている。このように、国内において軍事的危機の状況が認められる時に、その危機的状況と深いかかわりをもつ地域でトラブルが生ずることは、どうしても避けなければならない。

(29)　『続日本紀』養老三年七月庚子条および『類聚三代格』巻七に載せられる按察使訪察事條には、按察使には国郡司のほか、百姓に対する状況監察も定められている。

第三章　大宝令制下の遣使と国司

一　大宝令制下の国司監察制度

巡察使・按察使を中心とする八世紀の国司監察制度については、これまでに数多くの研究がなされてきたが[1]残された問題も多い。その第一は、巡察使と按察使は、それが派遣された時期、期間からすれば一貫して考察されるべきものであるにもかかわらず、両者別々の形で論ぜられることが多く、また、官人監察制度全体のなかで考察されることがほとんどなかったことで、そのために、巡察使制の意義、按察使設置の理由、按察使制崩壊の原因等の理解の仕方に問題を残している。第二は、国司監察制度は、国司と中央政府との関係が如何なるものであったかということを念頭におきながら考察されなければならないにもかかわらず、従来の研究にはこの視角が欠けていたことである。

第一の点については、林陸朗氏が「巡察使の研究」で巡察使、按察使をともに論じていることは高く評価すべきであるが、従米の研究は林論文をあまりとりあげない。これは、林論文がやや平面的にながされたきらいがあるためであろうが、林論文の難点は、右の第二の問題点に村する配慮があまりなされていないところにある。

また、大宝令制における国司の権限の強化の実態について、理想にすぎる、あるいは、現実認識の甘さという指摘をし、国司制研究の上で大きな成果をおさめた村尾次郎氏、黛弘道氏も、国司のそのような強大な権限に制約を加え、監察を強化する制度として、按察使制の意義を評価される。しかし、国司監察のための制度としては巡察使の制度があったのであり、按察使と国司の権限との関係についても、巡察使制を含めた国司監察制度全体のなかで按察使制度を考えてみてはじめて解明できるのである。

1　大宝令に規定された国司監察制度

大宝・養老令では、国司監察のための制度として巡察使が定められていたが、この制度は、養老令では職員令太政官条の最後に規定され、大宝令でもこれとほぼ同様の規定があったものと推測される(2)。

> 巡察使。掌。巡二察諸国一。不二常置一。応二須巡察一。権於二内外官一。取二清正灼然者一充。巡察事条及使人数。臨時量定。

巡察使は太政官に属する官であるが、常置の官ではなく、巡察の事条や使人の数も臨時に量り定めるというものであった。その職掌は、ここでは諸国を巡察することと記すのみであるが、具体的には倉庫令在京倉蔵巡察条「在京倉蔵。並令二弾正巡察一。在外倉庫。巡察使出日。即令二按行一」や、『続日本紀』大宝三年正月甲子条に東海道以下七道に使を遣して「巡二省政績一、申二理冤枉一」していること、同年十一月癸卯の太政官処分で「巡察使所レ記諸国郡司等、有二治能者一、式部宜二依レ令称挙一、有二過失者一、刑部依レ律推断。」といっていることなどから、巡察使の任務は、国司の非違の検察、賞罰や黜陟等ための資料を提出することであったと考えられる。

このような巡察使は大宝令制下における官人監察制度のなかでどのように位置づけられるのであろうか。この問題については、これまでにも朝集使による考課上申制との関連において論じられることもあったが、それはかならずしもすべてが妥当性を有するわけではなく、また、巡察使が律令国家の官人監察制度のなかでどのように位置づけられるかということの解明はほとんどなされていないのである。

　律令国家の官人監察のための制度を大別すると、一つは監察官が直接赴いて行政全般にわたって監察を行うもので、弾正台、巡察使がこれにあたる。他の一つは各司、諸国の一定期間の行政報告にもとづいて監察を行うもので、朝集使による考課上申の制、検税などにみられる新司による旧司の財政監察等をあげることができる。巡察使はこれらの諸制度と如何なる関係にあったのであろうか。

　巡察使の職掌の第一には国司の非違の検察ということがあげられるが、官人の非違の検察、糾弾を掌《つかさど》る官といえば弾正台がある。弾正台は唐の御史台に倣ったもので「粛㆓清風俗㆒。弾㆓奏内外非違㆒」とし、一方、巡察使も唐制に倣ったものと考えるが、唐の御史台と巡察使の関係と、わが国の弾正台と巡察使の関係とはことなる。したがって、官人監察制度全体のなかでの巡察使の比重も、唐とわが国とではことなる。

　まず唐制についてみてみることにする。唐の御史台は御史大夫一名、中丞二名のほか、侍御史、殿中侍御史、監察御史計二〇名、および主簿、録事、令史等から成り、侍御史は主として宮殿内、殿中侍御史は主として宮殿の外の京師およびその近郊、監察御史は主として地方の郡県の監察を任務とした[3]。巡察使は令外官で、貞観八年（六三四）にはじめてみられ、以後、同十八年、二十年、万歳通天元年（六九六）、神龍二年（七〇六）にその派遣が確認できるが[4]、それはあくまでも臨時的なものであり、監察御史と併存する形で派遣が行われたのである。

　中国における官人監察制度の歴史は古く、漢の武帝の時代には、乱れた国内の治安を糺すために州を監察する刺史の制度が設けられた。刺史は、司隷校尉とともに、南北朝時代、隋を通して置かれてきた。ところが、唐高祖武徳元年に「罷郡置州。改太守為刺史。而雍州置牧」（『通典』巻三十三）というように、監察制度としての刺史の制度は廃止され、官人の監察はすべて御史に任せられたのである。このような長い監察制度の歴史のなかでみると、巡察使は臨時的性格の強いものであり、曾我部静雄氏が、司隷校尉や刺史の制度は本来、設けなくてもよい制度であり、官人監察は御史の制度を十分活用すれば可能であるというように(5)、巡察使は唐においては、監察制度上、不可欠のものではなかったのである。

わが国の官人監察の機関である弾正台は尹以下の四等官と一〇人から成る巡察弾正、史生、使部、直丁をもって構成される。尹は中央、地方すべての官人の非違を弾奏することをその職掌とするが、実際に巡察して非違を糺弾する巡察弾正、巡察弾正を統括する大忠、少忠の管轄範由は、宮城内及び左右両京であったのである(6)。したがって、大宝・養老令では、地方官監察のための恒常的な機関は設けられていなかったことになるが、地方官の監察が不要であったかといえば決してそうではないのであって、倉庫令在京倉蔵条、和銅五年五月乙酉詔、職員令集解弾正台条所引令釈から知られるように(7)、弾正台が中央の官人の監察にあたるのに対し、巡察使が地方の官人の監察にあたることになっていたのである。そして、このように巡察使が制度上不可欠のものであったという点が、わが国の巡察使制と唐制とのことなる点であったと考えられる。

それではなぜ、巡察使は、弾正台条ではなく太政官条の最後に規定されるのかという疑問が生ずるが、これは御史台と巡察使は職掌上重複する面はあるが、本来は別々の制度として定められたという唐制の影響によるものと考えられる。すなわち、わが国では唐巡察使制を模倣する際、唐制がそうであるように臨時の官として設け、太政官条の最後に付記するような形で規定したと考えられるのである(8)。

次に朝集使の考課上申制と巡察使との関係についてであるが、これについては、巡察使は朝集使考課上申制の不備を補うものであるとする林陸朗氏の見解(9)と、林説を否定する今泉隆雄氏の見解(10)がみられる。林説は考課令集解内外初位条所引古記⑾、和銅五年五月乙酉詔（後述）を論拠としており、今泉氏は、林氏の内外初位条古記の解釈は誤りであるとして、林説を否定する。内外初位条古記の解釈は、文に即して解釈すれば今泉氏の方が正しく、林説はこの点においてすでに妥当性を欠くものであるが、和銅五年五月の詔から、巡察使と朝集使考課上申制との間の関連性は認めることができる。

林氏は朝集使考課上申制の不備を補う意味において巡察使は制度上積極的な意味をもったとするが、考課上申制の不備といっても、長官の考課についてはは上日と行事を記すのみであるから、それたけでは正確になされないという考え方自体に問題があるのではないだろうか。朝集使考課上申制とは、長官が主典の記す記録にもとづいて属官の一年間の功過行能について考校し、九等の考第に考定して朝集使に付して太政官に申達する制度であり、この時、朝集使は、式部省において、持参した考文にかんしての質問に弁答しなければならない。また、長官自身の考課については、上日と行事を長官自らが記したものによって行われることになっていた⑿。そこで問題になることは、このような方法では長官の考課は不正確になり不都合が生じるのかということであるが、私はそうは考えない。次にこの問題について述べてみたい。

まず、長官は属官の考定を行うのであるが、その長官の考定に誤りがないかということは、朝集使が式部省において弁答する際にチェックすることになっており、長官の考定が理に背くと省が判断した場合には、長官の考を降ろすことになっている⒀。このことは、属官の考課という、長官の一つの重要な職務に対してチェックがなされることを意味する⒁。もっとも、非があっても発覚しないこともあるかもしれないが、それは式部省が長官の考定の正否を決める時のみならず、主典の記録が正しく書かれたかどうかをチェックする「並集対読」の時にもあり得ることなのである。そして、式部省におけるチェックや「並集対読」などが十分活用されれば、朝集使考課上申制は、制度としてそれ一つで完結したものであり、巡察使制によって補われなければ不完全であるというものではない。

以上、大宝令制下における巡察使制について述べてきたが、わが国の官人監察は、弾正台と巡察使の二つの機関によってはじめて全国を把握しうるものであるにもかかわらず、唐制の影響のためか巡察使は臨時的性格の濃いものとして規定されるという矛盾があった。このような矛盾を解消しようという動きが、和銅五年五月乙酉詔にあらわれたのではないかと考える。

『続日本紀』和銅五年五月乙酉条

詔二諸司主典以上并諸国朝集使等一曰、制レ法以来、年月稍久、未レ熟二律令一、多有二過失一。自レ今以後、若有二違レ令者一、即准二其犯一、依レ律科断。（イ）其弾正者、月別三度、巡二察諸司一、糺二正非違一。若有二廃闕者一、乃具二事状一、移二送式部一、考日勘問。（ロ）又国司因二公事入京者一、宜乙差下堪レ知二其事一者上充甲使。々人亦宜下問二知事情状一、並惣中知在レ任以来年別状迹上。随レ問弁答、不レ得二礙滞一。若有二不レ尽者一、所由官人及使人、並准レ上科断。（ハ）自レ今以後、毎年遣二巡察使一、検二校国内豊倹得失一。宜下使者至日、意存二公平一、直告莫上レ隠。若有二経レ問発覚者一、科断如レ前。（ニ）凡国司、毎年実二録官人等功過行能并景迹一、皆附二考状一、申二送式部省一。々宜レ勘二会巡察所見一。

この詔は官人の間に律令を徹底させる旨を述べたものであるが、この詔の意義についてはあまり論じられることがなく、今泉氏が、この詔が出されたことによって巡察使が国司の考課の問題と直接関係するようになったというのみである。この詔は、中央官人を対象とする部分（イ）と地方官人を対象とする部分（ロ）・（ハ）（ニ）から成り、中央官人に対しては、弾正台の監察を強化する。地方官人に対しては、まず（ロ）は、朝集使による考課上申制を徹底させる旨をいっている。（ハ）は巡察使の毎年派遣を定めたものであるが、大宝令では巡察使は臨時の官として規定されていたことからすれば注目すべきことである。すなわち、大宝令では巡察使は弾正大忠・少忠が行うのと同じような任務を地方において課せられていたにもかかわらず、法文上は臨時的な性格のものとして規定されるという矛盾があったのであるが、そのような矛盾は巡察使の毎年派遣を定めたことによって、制度上は解消されたことになる。そして、このことは、大宝令段階では唐制の直輸入的傾向の強かった巡察使制を、わが国の実情にあわせて施行できる形に修正したことになり、ここに至って大宝令巡察使制は名実ともに完成したということができるのである。（二）は朝集使の申上する考文と巡察使の所見とを勘会せよというもので、この部分からは、林氏がいうように、朝集使考課上申制と巡察使との関係をうかがうことができるが、ただ、それは林氏がいうような不備を補うというものではなく、この詔全体から考えると、朝集使考課上申制に対する監察を強化したものということができる。もちろん、監察を強化するという背景には、国郡司の職務怠慢や不正という問題があったのであるが[15]、この詔が出されたことによって、それまでの中央政府と国司の関係に何らかの変化（たとえば国司の権限が制約されるような）が認められるかといえば、そのようなことはみられない。したがって、この詔は、大宝令と同一線上で、しかもその不備を補い、そして強化すべく出されたものと考えられるのである。

以上、巡察使の制度的側面を中心にみてきたが、次に、巡察使は政府が国司、郡司を通して人民支配をする上でどのような役割を果したのか考えてみたい。

律令国家の人民支配は中央政府―国（国司）―郡（郡司）という機構によって行われ、国司が一国の監督にあたることは周知のとおりであるが、調・庸を確実に京に入れるためには、この支配系列のどこにも支障がなく、かつ、調・庸を負担する百姓の再生産が不可欠の要素となる。政府は単に調・庸の物数が十分であるのかということのみならず、百姓の状態についても問題にした。たとえば霊亀二年四月乙丑詔[16]では、貢調脚夫が入京した時、その服装などがみすぼらしければ、帳簿記載内容がよくても、うそ偽りを書くような国司や郡司は評価しない旨を明記する。人民の状態を良く保つことは、国司の勧農の任務の一つであり、政府は百姓の状態の如何によって、国司の政績を判定したのである。[17] それを直接監察するのが巡察使なのであり、この点において、巡察使が監察制度全体のなかで果たす役割は重要であるといわなければならない。

2　按察使の制度

養老三年七月庚子、全国的に按察使の任命がみられるが[18]、この時から神亀三年までの間は巡察使の派遣は確認できない。[19] 令制官である巡察使が廃止されたという記事はどこにもみあたらないから、巡察使は制度としては存続していたのであろうが、実際にはこの間における国司監察は按察使によってなされたと考えられる。

按察使についてはこれまでに多くの研究がみられ、設置事情、職掌、待遇、任国、陸奥出羽按察使の特殊性などが明らかにされてきたが、問題が残されていないわけではない。その一つが設置事情をめぐる問題であり、もう一つは按察使は八世紀の国司監察制度全体のなかでどのように位置づけられるかという問題である。ここではこの二点を中心に按察使について考察を加えてゆきたい。

まず按察使設置の理由についてであるが、巡察使制の制度的不備、欠陥（巡察使は臨時的なもので制度的に弱体であること）を克服するために常置の官である按察使を置いたとする見方が多かった。ところが、このような見解は、和銅五年五月乙酉詔の意義を見落してきたことによる誤りと考えられる。確かに大宝令の規定それ自体からすれば、臨時の官で制度的に弱体であるという表現も当たらなくはないが、それが按察使設置段階までそのままであったというのではないのである。また、もし按察使制が巡察使制の制度的不備、欠陥の故に採られたものであったとするならば、なぜ、わずか数年間でほとんどが姿を消してしまうのか、そして、その後、なぜ、巡察使が再び重視されたのかということから、按察使設置の理由として巡察使制の制度的不備、欠陥ということだけを重視するのは妥当性を欠くと考えられる。

巡察使制が制度的に問題があることを前提としてはいるが、按察使制が直接影響をうけたものは何かということを考察した論考として、唐制の影響を大きくみる坂本元種氏の研究[20]と、総領制の影響を大きくみる菊地康明氏の研究があげられる[21]。まず、総領制との関係についてであるが、菊地氏は、総領も按察使も国司の上におかれた地方官制であること、総領の置かれた国と按察使の置かれた国が一致することを論拠として、両者が密接な関係にあるという。ところが、総領も按察使も数か国の国司の上に位置する形をとるが、大宝令の施行は国司制成立の最大の画期であり[22]、国司による領域支配が未だ確立していない大宝令施行前と、それが確立する施行後とでは、国司の上に位置する上級地方行政官の性格も、仮に総領が全国的に置かれたものであったとしてもことなると考えられる[23]。また、総領が設置された国についてであるが、それらはいずれも交通の要衝であるというように、総領と按察使が仮に性格をことにするものであっても、数か国を統括する上級地方行政官を置く場合には一致するという可能性は十分考えられる。総領制自体、まだ解明されていない点もあるが、少なくとも、総領制と按察使制がストレートに結びつくことを説明できる史料はみられないのである。

ところが、按察使設置の理由を唐制の影響というところに求めると矛盾なく説明できるのである。このことについては坂元義種氏も指摘するが、氏は按察使制採用の理由として、わが国でも巡察使制には唐と同じような不備、欠陥があったことをあげる。しかし私はそのようには考えないので、以下、唐制の影響について考察を加えてゆきたい。

唐按察使制は、景雲二年（七一一）はじめて置かれ[24]、以後、開元二十年（七三二）に採訪処置使が置かれるまでの約二〇年間存続する。この唐按察使については、巡察使の単なる改称であるという解釈もなされており[25]、もしそうであるとするならば、わが国における按察使設置の理由として唐制の影響を考えることは無意味になるので、この点の検討からはじめたい。

まず、職掌については地方行政の監察を行うという点で両者は共通する。ところが、派遣の形態は必ずしも同じというわけではない。唐按察使制の成立事情は『唐会要』に詳しい。開元元年（七一三）に按察使の復置を提言した張庭珪の上疏文によれば(26)、巡察使のような巡視官では使者はしばらく駐在した後帰ってしまうので、その使者に官吏の非を訴えても、後にかえって患いをもたらすことになり、誰も何もいわない、このような弊害をなくすために「十道按察使」を置いて「不レ限二年月一」監察したら風俗が一変した、ということである。このことは、巡察使と按察使の派遣の形態がことなっていたことを示している。したがって、按察使は単に巡察使を改称したものではないことが明らかである。また、当時、唐においては按察使制の効果が強調されていたことがわかる。

私は、わが国の按察使設置の理由として、唐制の影響を重視すべきであると考えるが、その理由は次のとおりである。すなわち、養老元年三月遣唐使が派遣され、この使は翌二年十月帰朝するが、按察使はその翌年に設置されていること、しかも、遣唐押使多治比真人県守、大使大伴宿禰山守、副使藤原朝臣宇合の三人がそろって按察使に任命されていることから、わが国の按察使制は、当時唐においてその効果が評価されていた按察使制をわが国にもち帰った可能性が高いのではないかと考えられる。

そして、唐按察使設置の目的は「不レ限二年月一」監察することであったが、わが国においても按察使はより実態に即した監察を目指していたものとみられる。まず最初の任命記事のある『続日本紀』養老三年七月庚子条に「其所レ管国司、若有三非違及侵二漁百姓一、則按察使親自巡省、量レ状黜陟」とあり、同年七月十九日に出されたいわゆる按察使訪察事條(27)には、国郡司のみならず百姓への訪察事條をも定めている。風俗の観省ということは巡察使による監察が行われていた和銅・霊亀年間にもいわれていたにもかかわらず十分になされたとは考え難く、その意味でも、百姓への訪察事條を定めたことは、百姓の生活状態までをも観省し、より実態に即した監察をしようとする意図を強くもっていたことを示している。ただ、唐とわが国とでは、按察使設置の目的が類似しているからといっても、坂元氏のように設置しなければならない事情までが同じであるというのではない。すなわち、唐においては巡察使による監察では効を奏しないばかりか弊害まで生じたのに、わが国ではそのような事実はみられない。このことはわが国では按察使が全国的に任命されなくなった後に巡察使が派遣されているのに対し、唐では、按察使制が停止してから巡察使が再置されることはなく、採訪処置使の制が採られることからも推察できる。それでは、わが国では巡察使制で弊害はないのになぜ按察使制を採用したのかということが問題になるが、それは、国郡司の職務怠慢や(28)不正に悩まされていた政府が、唐では非常に効果のあったという按察使制に非常な期待をもったためと考えられる。(29)

以上、按察使設置の事情をめぐって述べてきたが、次に、按察使が八世紀の国司監察制度のなかでどのような意義をもっていたのか考察を加えてゆきたい。

按察使の職掌は『続日本紀』養老三年七月庚子条や同年七月十九日官符（『類聚三代格』）などから知られる。地方官を監察することはいうまでもないが、その具体的な活動を知る例として以下をあげることができる。

（イ）『続日本紀』養老三年七月庚子条

（前略）其所レ管国司、若有三非違及侵二漁百姓一、則按察使親自巡省、量レ状黜陟。其徒罪以下断決、流罪以上録レ状奏上。（下略）

（ロ）賦役令水旱条所引養老三年格

諸国卒飢、給二義倉穀一。五百斛以下二百斛以上聴之。若応二数外給一者、使専知レ状。且給、且申。若義倉不レ足、用レ税聴之。

（ハ）『続日本紀』養老五年五月辛亥条

令下七道按察使及大宰府巡二省諸寺一、随レ便併合上。

（ニ）正税帳

養老六年按察使検定穀一十六万二千八百八斛八斗（天平二年度尾張国正税帳総括部）

神亀二年検校按察使正五位上勲七等大伴宿禰山守（天平十年駿河国正税帳）

（イ）は国司に対する徒罪断決権を認めたものである。菊地氏や今泉氏はこの史料から按察使の上級地方行政官としての性格を指摘する。[30] ただ、徒罪断決権は巡察使による監察が行われていた時は中央政府が有していたものであるが、これが按察使に与えられたからといって国司の権限には何の変化もないのである。

（ロ）は卒飢の場合の特別な措置として国司に一定の義倉穀の裁量権を認め、その枠を越えた場合には按察使が処理することを定めたものであるが、この按察使の権限も国司の権限を奪ったというようなものではなく、特殊な場合の処理権を与えているにすぎないのである。[31]

（ハ）・（ニ）は、国司に行わせたがうまくない場合、按察使が代って行うというものである。（ハ）は霊亀二年五月庚寅に出された諸寺併合の詔を徹底させたものと考えられる。[32]（ニ）は按察使が検税を行った例である。検税は本来は国司が行うべきものであるが、神亀二年、駿河国の検税を行った大伴山守は遠江守であるから、この検税は国守としてではなく按察使として行ったものと考えられる。しかし、検税の権限が国司から按察使に移ってしまったわけではない。この場合は按察使が検税を行っているが、按察使設置後の養老四年に国司が検税を行ってなっている例もあることから、[33] 一概に検税が按察使に移されたとはいえないのである。神亀二年の駿河国の場合、欠穀量が霊亀元年の四倍にもなっていることから（後述）、国司ではうまくないことがあって按察使が検税にあたったものと考えられるのである。

以上、按察使について具体的にみてきたが、管見にふれる限りでは、按察使が国司の権限に制約を加えるという制度上の変更はみられない。したがって、按察使の制度を採用したことによって、中央政府と国司との関係が変化したということにはならない。

ところで、按察使制は期待をもって採用されたのであるが、全国的にその活動がみられるのはわずか数年間である。神亀四年に巡察使によって悪質な国司の摘発が行われているが(34)、以後は陸奥・出羽を除くと数例確認できるにすぎず、しかも全国的規模で任命が行われた例はない。国司監察は再び巡察使によって行われるのであるが、なぜ、按察使制が長続きしなかったのか考えてみたい。この問題については今泉氏が按察使も国守であるから国守に生ずる不正は按察使にも生ずるためであるというだけで(35)、これまでの按察使制研究ではほとんど触れていない。私は、按察制度がわずか数年間にして全国的には行われなくなってしまったのは、この制度の成立の事情と関係があると考える。すなわち、按察使は遣唐使によってもたらされた唐按察使制度の影響下に成立した制度と考えられるのであるが、唐では、御史台と按察使は併存しており、按察使に州の長官が任命された場合でも、御史台がそれを監察するとができた(36)。ところがわが国の場合、実際には弾正台に地方を監察する機能はないも同然である。監察官が同時に行政官であるという形態をとるわが国の按察使制は、機能上問題のある制度である。さらにいえば弾正台の発達していないわが国にはこのような制度を継受する基盤がなかったのである。そして、だからこそ、今泉氏が指摘したような問題も生ずることになるのである。

3　天平期における国司監察制度

神亀四年以降、国司監察制度としては巡察使の制度が主になるが、その体制は神護景雲年間まで続くと考えられる。そこでこの間における監察制度について考察を加えてゆきたい(37)。

神亀四年に七道諸国に使が遣され、その結集、褒賞、悪質国司の摘発等が行われたが、巡察使はこの後、天平十年まで派遣された形跡がない。ところが、ちょうどこの間、天平三年十一月丁卯に内物管、諸道鎮撫使が置かれ、畿内と山陰・山陽・南海の各道に使が遣されている。

『続日本紀』天平三年十一月癸酉条

制。大物管者、帯レ剣待レ勅。副物管者、与二大物管一同。鎮撫使、掌与二物管一同。判官一人、典一人。（中略）其職掌者、差二発京及畿内兵馬一、捜下捕結レ徒集レ衆、樹レ党仮レ勢、却二奪老少一、壓二略貧賤一、是二非時政一、臧二否人物一、耶曲冤枉上之事。又断下盗賊、妖言、自非二衛府一執二持兵刃一之類上。取レ時巡二察国郡司等治績一、如二得善悪一、即時奏聞。不レ須下連二延日時一、令上レ会二恩赦一。其有二犯レ罪者一。先決杖一百已下。然後奏聞。但鎮撫使、不レ得レ差二発兵馬一。

この史料によると、物管、鎮撫使の主な職掌は治安維持ということであるが、同時に、国郡司の治績を巡察して奏聞するという、本来は巡察使が行うべき任務も課せられている。この制は藤原四子政権に反対する動きをおさえる目的があったことは推察に難くないが、直接的には天平二年九月庚辰条のような治安の不安に対処するために発せられたものと考えられる。鎮撫使は天平十八年にも派遣されるが(38)、この時は兵士制の復活などの軍事上の問題のためであったらしい(39)。天平三年には本来は軍事的色彩の濃い鎮撫使に、巡察使の職掌である国司監察も行わせたのは、当時、国司の職掌の一つである部内の治安維持ということがとくに重視されたことによるものと考えられる。

藤原四子が疫病に倒れた翌年の天平十年十月乙丑、橘諸兄政権下で巡察使の派遣が行われた。「遣二巡察使於七道諸国、採㆓訪国宰政迹、黎民労逸㆒」というものであるが、天平十一年二月壬辰勅に記されるように、巡察使が百姓の私愁までをも問知して奏聞するというくらい、実態に即した監察を目指したものと考えられる[40]。この実態に即した監察というのは、以下みていくように、天平期の巡察使に共通していえることであるが、これは和銅年間から養老年間のはじめにかけて強調され、按察使制では制度の内容として具体的に表わされたもので、この時期には巡察使がそれを行っているのである。

諸兄政権下では、この後、巡察使の派遣は、天平十四年九月戊午、同十六年九月甲戌に行われているが、とくに十六年九月の巡察使にかんしては、同月乙酉、丙戌の二度にわたって勅が出され、国司に対する監察を強化している[41]。乙酉の勅は国郡司の公明正大さを奨励する内容のもので、丙戌の勅では、巡察使に対して条例三十二条、口勅三条、口勅五条を定めて国司黜陟の方法を明示し、さらに、巡察使自身の姿勢までをも問題にする[42]。このような巡察使制の強化は、国郡司の「不㆑行㆓法令㆒、空㆓置巻中㆒、無㆑畏㆓憲章㆒、擅求㆓利潤㆒、公民歳弊、私門日増」というような状態に対処するためであったが[43]、同時に、巡察使が非常に期待されたことも知られるのである。

藤原仲麻呂が政権を掌握してからも巡察使制は励行される[44]。まず、天平宝字二年十月甲子には巡察使を三年に一回の割合で派遣することを定め、同三年十二月丙申には武蔵国、備中国の隠田を巡察使が勘校している。同四年正月癸未に七道に巡察使が遣されるが、同年五月戊申勅では巡察使は国司とともに百姓の患苦を視問して賑給を行うよう命じている。また、翌五年七月甲申には西海道巡察使の奏言によって甲刀弓箭を造らせたり、八月癸丑朔勅では巡察使の奏上にもとづいて国司の吏にふさわしくない行為を非難するなど、巡察使はかなりの効力を発揮したようである。

天平宝字八年の藤原仲麻呂謀反の後、道鏡政権の下では天平神護二年九月丙子に西海道を除く六道に巡察使が遣され、神護景雲二年三月乙巳朔にはこの巡察使の奏言にもとづいて民政にかんするいくつかの制が出されている[45]。

以上、天平期における巡察使について述べてきたが、この期における巡察使は、非常に期待され、また、かなりの効果をおさめた。そして、この時期の国司監察において巡察使が効を奏した事実をみると、大宝令の理念に即した形で行われたものと考えられる。たとえば、天平勝宝六年九月丁未勅では国司の秕政を戒め、違犯する者は法に依て科罪することを命じており、(46)十一月辛酉朔に巡察使を派遣している。国司の政治姿勢までをも問題にし、それを実際に監察するというところに、律令国家本来の姿があったのであるが、この時期にはそのようなことが可能であったばかりでなく、和銅・霊亀年間のころにはなかなか実行されず、按察使制採用の誘因ともなった民憂の慰問ということが巡察使によって行われた時期でもあり、その意味では、巡察使制がわが国に定着した時期ともいえるであろう。

ところで、天平期は巡察使制が励行された時期であるが、一方においては、検税使がはじめてみえる時期でもある。検税は従来は国司によって行われていたものであるが、(47)この時期になると中央から派遣される検税使によって行われるようになった。林氏は、検税使は巡察使があまり派遣されなくなった宝亀年間に特徴的にみられるものとするが、(48)そうではないのであって、検税使の初見は『延暦交替式』天平宝字七年三月廿四日条の「天平六年七道検税使算計法」であり、派遣の具体例としては、天平九年長門国正税帳の総括部「天平七年検税使検校腐穀」があげられる。

このように天平期になると検税使が制度化されるが、ここに至って、検税にかんしてそれまで国司がもっていた権限が中央から派遣される検税使に移されることになり、これは明らかに国司の権限に制約が加えられたことを意味する。なぜ、このような制約を加えなければならなかったのかといえば、もちろん国司の不正に対処するためということになるが、具体的には、駿河国で、霊亀元年には一万四〇〇余斛であった欠穀量が、神亀二年には約四倍の四万二六一八斛にものぼり、(49)また、長門国では、天平二年に盗穀が三三八斛余も出るというようなことが問題になったものと考えられる。(50)

天平期には巡察使による国司監察が励行されるが、一方、財政面においては、国司の任務を代って遂行する検税使が派遣されたのである。この検税使は、中央から派遣される専当使という点では、巡察使制があまり行われなくなった宝亀年間の、また、財政面における国司監察を強化するという点では延暦年間以降の監察体制のいぶきとでもいうべきものである。従来、天平期の国司監察についてはあまり注目されることがなく、また、大宝令における国司の権限に制約が加えられるのは、監察制度としては按察使制によってであるといわれてきたが、監察制度上は、この天平期こそが、中央政府が国司の権限に対して制約を加えるようになった時期なのである。

巡察使が実質的な活動を行うのは、天平期でほぼおわり、宝亀年間になると、宝亀三年九月に六道巡察使が派遣されるにすぎず、国司監察は林氏の指摘のように検税使などの専当使によって行われた。延暦年間になると国司の非法を記す史科はますます多くなるにもかかわらず、それに対処すべく巡察使が派遣された例はみあたらない。桓武朝においては、巡察使の励行は叫ばれるのであるが、それは形式的なものであって、(51)実質的な国司監察は勘解由使などによって行われ、監察の事項も、ほとんど財政面に限られるようになるのである。(52)

注

（1）　高橋崇「按察使の制度―特に陸奥出羽の―」（『歴史地理』八五―三・四、一九五五年）、菊地康明「上代国司制度の一考察」（『書陵部紀要』六、一九五六年）、坂元義種「按察使制の研究―成立事情と職掌・待遇を中心に―」（『ヒストリア』四四・四五、一九六六年）、今泉隆雄「按察使制度の一考察」（『国史談話会雑誌』一三、一九六九年）、林陸朗「巡察使の研究」（『上代政治社会の研究』吉川弘文館、一九六九年）、同「桓武朝における地方行政の監察」（『古代学』一〇―二・三・四、一九六二年）、橋本克彦「按察使任国について」（『中央大学文学部紀要』二八、一九六三年）、川副武胤「天武十四年巡察使派遣と朱鳥元年当時の官制」（『大和文化研究』一一―一二、一九六六年）、曾我部静雄『律令を中心とした日中関係史の研究』（吉

川弘文館、一九六八年）、村尾次郎「律令制初期の正倉管理機構」（『律令財政史の研究』吉川弘文館、一九六一年）、黛弘道「国司制の成立」（『律令国家の基礎構造』吉川弘文館、一九六〇年）。

（2）職員令集解太政官条所引古記が「問。巡察使者。注権於内外官未知。外官有限以下。答。外官謂国司也」と云っていることから、大宝令の巡察使の頃にも、養老令とほぼ同じ内容の文があったものと考えられる。

（3）『大唐六典』巻十三。

（4）『唐会要』巻七十七。

（5）曾我部前掲注（1）論文。

（6）職員令義解弾正台条の大忠に「謂。内者。宮城以内。外者。左右両京、即与尹職掌所謂内外者。遠近既異其巡察弾正之巡察糺弾。一亦同忠也」とあり、令集解所引令釈も同様の解釈をする。

（7）令釈は、大忠が宮内京裏を巡察することを述べた後、「其外国者、巡察使人巡察耳」と云っている。

（8）弾正台は、唐の御史台を模倣したものであるが、その際、なぜ、監察御史にあたる制度を模放しなかったのかということが問題である。

（9）林前掲注（1）論文。

（10）今泉前掲注（1）論文。

（11）「若考当下第。状有不尽。量校難明者。附使視察勘覆」という条文に対して古記は「問。附使。答。遣巡察使、覆囚使。并差専使耳」と云っている。

（12）考課令集解内外官条所引穴説。

（13）考課令内外官条。

（14）考課令最条に「職事修理。昇降必当。為次官以上之最」とある。

（15）『続日本紀』和銅二年十月丙申条、和銅六年五月己巳条。

（16）『続日本紀』同日条。

(17) たとえば、霊亀元年五月辛巳朔勅（『続日本紀』）で百姓の困窮は国郡司の責任であることを述べ、巡察使を遣わして風俗を観省するよう命じているのはその一例である。
(18) 『続日本紀』養老三年七月庚子条。
(19) 畿内と西海道には按察使は置かれなかったが、畿内には摂官が置かれ、西海道は大宰府がその役割を果たしたと考えられる。
(20) 坂元前掲注（1）論文。
(21) 菊地前掲注（1）論文。
(22) 天武・持統朝に国司制の整備はかなり進むが、律令国司制成立の最大の画期は大宝律令の制定・施行にあると考えられる。
(23) 総領については、それが全国的に置かれたものなのか、あるいは軍事的要地にのみ置かれたものなのかという点で説がわかれる。いずれが妥当であるか検討することによって、按察使との関係もより明確になると考える。
(24) 『新唐書』。
(25) 林前掲注（1）論文、菊地前掲注（1）論文。
(26) 『唐会要』巻七十七。
(27) 『類聚三代格』巻七。
(28) 当時の国郡司の不正や職務怠慢を示すものとして、和銅二年十月丙申制、和銅六年五月己巳制、和銅七年四月壬午官奏、霊亀元年五月甲午詔、同年十月乙卯詔（以上『続日本紀』）、霊亀三年五月十一日勅（『類聚三代格』）等がある。
(29) わが国では按察使は国守兼官という形をとり、したがって地方に常駐したのであるが、唐では、地方に常駐し郡をも治めるという形態は採訪処置使を待たなければみられないことから、坂元氏は、我が国では唐制の本質をよく見抜き唐制にも萌芽のみえた地方在任制を彼に先んじてとりいれたというが、このような見解は妥当性を欠く。唐の採訪処置使は所部の大郡を治めることにはなっていたが、それに任命された人は御史台の官人、州刺史、郡大守等さまざまであって（『唐会要』）我が国のような国守兼官という形はとらない。監察御史にあたる制度のないわが国で国守兼官という形をとったのは、唐制を先どりしたというようなものではなく、地方に常駐させるには国守以外に適任者はいなかったのではないかということも考えてみる必要がある。
(30)　菊地前掲注（1）論文、今泉前掲注（1）論文。
(31)　国司の賑給にかんする権限は、戸令遭水旱条によれば、実態を調べて太政官に報告するところまでであるから、この格は国司の権限を拡大したものといえる。
(32)　『続日本紀』同日条。
(33)　天平九年度駿河国正税帳に養老四年「検校国司守従六位上矢田朝臣黒麻呂」とある。
(34)　『続日本紀』神亀四年二月甲子条。
(35)　今泉前掲注（1）論文。
(36)　唐において按察使にどのような人物が任命されたか詳らかではないが、採訪処置使には、御史台の官人や州・郡の官人などが任命されており、按察使にもそのような人物が任命されたと考えてよいであろう。
(37)　この間を便宜上、天平期と記す。
(38)　『続日本紀』天平十八年四月丙戌条。
(39)　林前掲注（1）論文。
(40)　『続日本紀』同日条。
(41)　『続日本紀』同日条。
(42)　これらの条例、口勅の具体的内容については明らかではない。
(43)　『続日本紀』天平十六年九月丙戌条。
(44)　林氏は、天平宝字二年正月に派遣された問民苦使を巡察使と同一のものとみるが、この時の問民苦使は、民苦を巡問するだけで巡察使のように国司の裁断にまでは関与しない。
(45)　『続日本紀』同日条。

(46)『続日本紀』同日条。
(47) 天平九年度駿河国正税帳によれば、霊亀元年「検校国守従六位下巨勢朝臣足人」とあり、国司交替の際、新司によって行われたものと考えられる。
(48) 林前掲注(1)論文。
(49) 天平十年駿河国正税帳。
(50) 天平九年長門国正税帳。
(51) たとえば、天応元年六月戊子朔に巡察使を派遣しているが(『続日本紀』同日条)その効果については定かではない。また、延暦十四年閏七月丙申に巡察使の任命が行われるが、翌八月甲子には停止されている(『日本紀略』同日条)。
(52) 笠井純一「平安初期国司監察制度の展開をめぐって」(『ヒストリア』七〇、一九七六年)。

二　八世紀の遣使

律令国家の地方支配の要となるのが国司制度なのであるが、国司が中央からの派遣官であることを考える時、個々の任務を携えて地方に派遣される使の存在が浮かびあがってくる。そのような使は、ヤマト王権下で派遣されたミコトモチから、律令制下において唐制を継受することによって設けられた巡察使のようなものまで含めると、さまざまな性格のものがみられる。そもそも律令的国司制はクニノミコトモチからはじまった。律令国司制と遣使は切り離して考えることはできない。ここでは、大化以降、七世紀後半から、律令的地方支配体制が確立する大宝令施行期を中心に、それが変質してくる八世紀後半までの時期の遣使の実態について、国司制との関係に留意しながら考察を加えてゆきたい。

1　国郡制の特質と遣使

わが国の律令的地方支配体制は、大宝令の制定・施行の時期をもって、一応、完成したものとみなすことができる。そこで、大宝令の規定のなかにみえる使について考察してゆきたいが、そのような使が律令国家の地方政策において果たした役割を明らかにするためには、中央政府の政策を地方において実現する機能を有する国司制と、国の機能と補完関係にある郡司制の特質を確認し、これら国郡制による地方支配体制と遣使との関係を明らかにしなければならない。

大宝令（以下、とくにことわらない限り、大宝令と養老令の内容を同じものと考え、史料の引用は養老令条文を掲げる）に規定される国と郡の機能についてであるが、具体的には、国司と郡司の職掌にかんする規定を検討することによって確認できる。

職員令大国条によれば、律令国家の地方統治は大部分の事項が国司に委任される形をとっていた。ところが、国司の任務遂行のためには郡司の協力を不可欠の要素としたことはいうまでもないことであり、また、令文中に「国郡司」という表現がみられることなどから、これまでの国司制・郡司制研究においては、国司と郡司の職務の間にみられる共通性を強調する研究も多かった(1)。しかし、国司が郡司の協力を最も必要とすると考えられるいわゆる民政関係の職務のなかには、令の規定をみると、国司と郡司とでは全くことなる位置づけがなされている場合がある。このことについては、大町健氏が、戸令造計帳条、田令班田条、賦役令水旱条などの規定から、戸籍・計帳の作成、班田収授などの機能が国司に集中しており、律令国家は国を支配の基本的単位としたという見解を示した。[2] 以前、拙稿でも、地方統治において国司の果たす役割が大きいものであったと指摘したことがある。[3] 中央派遣官人であり律令国家権力の代行者である国司と、地方豪族出身である郡司とは、その職務にかんする規定において明確に区別されていたことには留意すべきである。[4]

大宝令制下の国司が中央政府の地方統治にかんする権限の大部分を委任されているとすれば、地方政治にかんして中央から地方に派遣される使は、理論上は、中央から地方（国司）への連絡の機能を有するものと、国司の権限の範囲では処理できない内容（国司に対する監察機能を有するものを含む）にかんするものの二種類が存在することになる。そこで令に規定される使についてみてゆきたい。

まず、中央から諸国に対する連絡の機能を有するものについてであるが、中央官人の出使と帰京、諸国への公文書の送付にかんする規定が公式令京官出使条にある。

凡京官。以二公事一出レ使。皆由二太政官一発遣。所二経歴一処符移。弁官皆令二便送一。還日。以二返抄一送二太政官一。若使人更不レ向レ京者。其返抄付二所在司一。附二便使一送。即事速者。差二専使一送。

この条の大宝令条文は同条集解所引の古記に「其使不レ関レ官者。謂別勅遣使也。」とあることから、傍線部は養老令条文とことなっていたのではないかと考えられるが、「若使人更不レ向レ京者」、「返抄付」とあることから、官人の出使の際、太政官を経由するかどうかということは別として、この条文と同じ主旨の条文が大宝令にも存在していたことは明らかである。

この条文によれば、諸国への公文書の送付には専使を派遣する方法と便使に付託する方法があったことが知られる。専使とは、ある特定の目的のために派遣される使のことで、便使とは別の目的で派遣される使のことであるが、「弁官皆令使送」とあるのは、同条の義解や集解所引令釈の説明にあるように、符・移には内印が必要であるので、太政官を通さなければならず、弁官はそれらをまとめて使者に付したためであると考えられる。なお、中央と諸国との間の公文書の送達の方法としては、これらのほかに逓送、遙附などがある。遙附は諸国から中央への送達の際にとられることが多いが、その時、国からの使者が入京する。また、諸国から中央への使は朝集使などの上申制が定められていたから、中央と諸国との間は使者によって頻繁に連絡をとることができたのである。

また、令条には、これらのほかにもいくつかの使が定められている。臨時の幣帛班給（神祇令常祀条）、巡察使（職員令太政官条）、覆囚使（獄令国断条・覆囚条）、征討軍の将軍（軍防令節刀条）などが地方統治にかんするものであるが、これらの使は本来の目的以外にも利用される場合があったらしく、たとえば考課令内外初位条では、「若考当下第。状有不尽。量校難明者。附使勘覆。」という部分の使の説明として、義解、令釈はともに便使と記すのみであるが、古記には「遣巡察使覆囚使。并差専使耳」というように、巡察使と覆囚使が示されている。

次に、令条に規定されるこれらの使のなかで国司監察機能を有するものとして、巡察使と覆囚使があげられる。まず、巡察使については、以前、考察したことがあるので[5]ここでは結論だけを述べたい。

大宝令の規定によれば、国司監察のための制度としては、巡察使派遣の制度と朝集使による考課上申の制度があり、巡察使は職員令太政官条に臨時の派遣官として定められている。その任務は、この条文には諸国を巡察するということが記されるだけであるが、倉庫令在京倉蔵巡察条に「在京倉蔵。並令弾正巡察。在外倉庫。巡察使出日。即令按行」とあることから、倉蔵の巡察は、京は弾正台が行い、諸国では巡察使が行うことになっていたことが知られる。そして、巡察使には、国司の非違の検察・賞罰や黜陟の資料を提出するなどの任務があったと考えられるが[6]、弾正台が実際には地方に対してはほとんど機能していなかったわが国の地方行政監察体制のなかで[7]、巡察使の制度は国司監察において重要な役割を果たすものであったのである。また、覆囚使は国司の下した判決に対する再審のための使で、国司の司法権を監察するものである。ただ、覆囚使は天長二年五月十日官符では詔使の例に准ずるとあるものの、実際には、巡察使のように活躍した形跡はみられないのである(8)。

以上、大宝令制の遣使についてみてきたが、それは、諸国への連絡機能を有するものと、国司の監察機能を有するものとがある。そして、このような使はいずれも常置の官ではなく、使節の人数や構成も、その都度、必要に応じて定められるというものであった。

2　国郡制の形成と遣使

大宝令の地方支配の理念は国司制を十分に機能させるというところにあり、使の派遣は国司制の円滑な運営のためという性格が強かった。それでは、国司制が完成する以前の遣使にはどのような特質が認められるのであろうか。まず、大化元年八月に派遣された東国国司およびそれに関連する遣使記事を掲げるが、第Ｉ部第一章で考察を加えたので、『日本書紀』の日付のみを記しておきたい。

Ａ、大化元年八月丙申朔庚子条
Ｂ、大化元年九月丙寅朔条
Ｃ、大化元年九月甲申条
Ｄ、大化二年正月是月条
Ｅ、大化二年三月癸亥条
Ｆ、大化二年三月辛巳条

G、大化二年三月甲申条

H、大化二年八月庚申朔癸酉条

これらの史料のなかで「東国国司」の派遣にかんするものは、Aの前段、E、F、H で、Aの後段、B、C、D、Gは「諸国」への使者の派遣を記している。Aは第一回目の東国国司の派遣、E、FはAの使者たちの功過、Hは第二回目の東国国司の派遣、B、C、DはAとほとんど同じ任務を帯びた使者の派遣の記事である。また、Gには勧農のための使者派遣が記される。

東国国司の性格については、その任務の内容、派遣の目的、派遣範囲などから検討してゆくことができるが[9]、ここでは結論部分を中心に述べたい。東国国司の性格は、一語にしていえば、基本的にはミコトモチということになる。大化の東国国司は大宝令国司制の国司とはことなる性質のものであるが、ヤマト王権下のミコトモチ（使者）の派遣ともことなる新しさをもつものであることがわかる。それは、第一に使者派遣という形態ではあるけれども、人民支配の根本にかかわる事業を全国的規模で行おうとしたこと、第二に東国への使者には複数の任務が課せられたこと、第三にこの時の使者の任務はそれ以後の中央政府の人民支配の前提となる内容であったことである。したがって、大化における遣使には、ヤマト王権時代以来の形態を保ちながらも、その内容において律令国家の起点ともなる新しいものが認められたということになる[10]。

次にGについてであるが、この勧農のための畿内および諸国に対する使者派遣の命令は、前年八月に派遣された東国国司が帰京した後に出されたものである[11]。大化元年八月から翌二年正月にかけての東国および諸国に対する政策は使者派遣という形で実施されていったわけであるが、この二年三月甲申条に記される遣使も、それらに類するものと考えられる。

ところで、律令的な地方支配体制、すなわち国郡制は、大化以降、大宝令制定までの間に漸次、整備されてゆくのであるが、この時期には、地方支配政策遂行のための使者の派遣も、そのような国郡制の整備の過程と関連する面がみられる。そこで、この時期の遣使について具体的な例をあげながら検討してゆきたいが、それらを大別すると、次の三つのパターンに分類することができる。

第一は八世紀の遣使とも共通する内容がみられるもので、勧農[12]、災害時の人民撫養[13]、造船[14]、技術の伝達[15]、そして巡察使[16]などの使である。これらは唐制を継受したものと考えられる巡察使を除けば、大化以前の遣使にも共通しているものが多く、たとえば、造船のための使は推古天皇二十六年紀是歳条にみられるし、人民の撫養では推古天皇二十一年紀十二月辛未条に飢者を視察させた記事が載っている。

第二は辺境支配の拡大や対外的な危機に対処する必要から派遣される使である[17]。律令的な地方支配は中央集権的な体制を原則とするものであるから、辺境地域の開拓にも力を注ぐことになるのであるが、そのための遣使としては、まず、斉明天皇四年から六年にかけての阿倍比羅夫の北征があげられる[18]。東北北部の日本海岸への比羅夫の遠征の目的のなかには北方との交易ということもあったのではないかということも推察できるが、基本的にはこの地の蝦夷を服属させるための遣使であったと考えられる[19]。辺境支配に際しては、その地理を確認することも重要な事業であるが、『日本書紀』天武天皇十年八月丙戌条には多禰嶋に派遣されていた使が地図をもち帰ったことが記されるほか[20]、覓国使の派遣がみられる[21]。覓国使は『続日本紀』文武天皇二年四月壬寅条に南嶋への使の派遣が記され、『常陸国風土記』香島郡条には天智朝に陸奥国石城に派遣されたことが記されることから、史料の数は少ないが、北辺、南辺を問わず派遣されるものであったことが知られる。辺境への遣使は八世紀になってからも時々みられるが、それらの多くは、特別行政区画として位置づけられた上で、さらに主として軍事上の必要性などのために行われるものであった。それに対して七世紀後半の辺境への遣使に状況視察といった内容が認められるのは、律令的な地方支配体制の形成期というこの時期の特質をあらわすものと考えられる(22)。

第三は大宝令国司制のような形の国司制が整備されていなかったこととかかわりのある遣使である。国司制の前提となる国の成立にかんしてであるが、『日本書紀』天武天皇十二年十二月甲寅朔丙寅条、同十三年十月辛巳条、同十四年十月己丑条にみえる国堺画定のための使の派遣によって全国的規模で国の区域の画定が行われる。国の分割によって令制国の行政区域は天智朝の頃から漸次成立してきたが、この天武天皇十二年から十四年にかけての遣使によって、さらなる整備を図ったものと考えられる(23)。

次に国司の任務の内容という観点からみてゆきたい。まず、大宝令制では国司の重要な任務となる人民の徴発や勧農についてであるが、大化の段階にはミコトモチ的な使によって行われていたことは、右にあげた史料G・Hのほか、『播磨国風土記』揖保郡条の次の記事から明らかである。

難波長柄豊前天皇之世（中略）天皇勅曰、宜下墾二此野一作上用。乃遣二阿曇連太牟一、召二石海人夫一令レ墾レ之。（下略）

そして、天智朝の末年頃になっても、壬申の乱の際の人民の徴発の状況をみると、国司による徴発が必ずしも徹底していたわけではないと考えられるのである(24)。

また、勧農の具体的な施策の一つに史料Hにも記される築地ということがあげられる(25)。これは、『風土記』にもいくつかの例が認められるが、池を築いた人物には使人（ミコトモチ）と国宰（国司）の両方があげられる。使の派遣は史料Hに定められ、『常陸国風土記』行方郡条の枡の池の築地は、おそらく史料Hの命令にもとづくものであろう。一方、国宰（国司）が携わった例としては、『常陸国風土記』行方郡条の当麻大夫、『播磨国風土記』飾磨郡貽和里条の上生石大夫などがあげられる。このように、築池には使人と国宰の両方が関与していたのであるが、これは大化の段階では使によって開発が行われていたのが、新しい制度である国宰による開発が可能になった地域では国宰が築池に携わるようになったことを推測させるものである。

次に、この七世紀後半の時期には使によって行われ、大宝令の施行の段階で国司の任務となったものについてみてゆきたい。まず、田領、税司主鎰については以前から問題にされ、諸説のあるところであるが(26)、田領の場合、『続日本紀』大宝元年四月戊午条に「罷二田領一、委二国司巡検一」とあることから、大宝令以前には田領という個別の官の任務であったものが、大宝令の施行によって国司に委ねられたことが知られる。また、諸国の穀倉のカギについても、大宝令以前は主鎰が管理していたのが、大宝令の施行にともなって国司の管理下に移されたことは事実であるから、細部においては諸説がわかれるとしても、大宝令では国司の職掌であるものについて、大宝令施行以前は遣使の形態をとっていたことは明らかである。

班田については、大宝令の規定では、校田図の作成を含めて「京国官司」、すなわち京職・国司が行うことになっていたが、七世紀後半の時期には、この職務も国宰ではなく使によって遂行されていた。『日本書紀』持統天皇六年九月辛丑条に「遣二班田大夫等於四畿内一」とあり、『扶桑略記』の同じく持統天皇六年九月条に「遣二使諸国一、定二町段一」とあるが(27)、これらの史料から、当時の班田施行においては、中央から使者が派遣されていたことが知られる。

3　八世紀における遣使と国司

大宝令においては、地方統治にかんする大部分の権限が国司に与えられ、遣使による政策の遂行は最小限にとどめられるはずであったが、八世紀全般にわたってみてみると、数多くの遣使が認められる。そして、それらの使について国司の任務・権限とのかかわりにおいてみてゆくと、いくつかの類型に分類できる。

第一は中央政府と国司との間の連絡、中央政府からの国司への命令の伝達、中央政府のみが有する権限の行使などのための遣使で、これらは令に規定されるか、あるいは、大宝令の施行当初から予測されるものである。第二は国司を監察するための使や、本来は国司の任務であるものを中央から派遣される使が遂行するもので、前者は基本的には令に規定されるが、後者は国司制の実質的な機能の変化によって生ずるものである。八世紀の遣使の性格を大別すると右の二点になるが、以下、それぞれについて具体的に検討してゆきたい。

第一の例はさらに三種類に整理できる。一つは、主として中央政府の命令を伝達するだけの機能をもつものである。詔勅やその他の中央政府の命令の伝達のための遣使については公式令の規定を中心に前に述べたが、このような使は律令的な地方支配体制を維持するためには不可欠のものであるから、多数派遣されたものと考えられる。また、法令の制定に際しては、大宝元年六月に大宝令に依って政治を行うよう、七道に使者を派遣して伝えたあと[28]、八月には明法博士を派遣し新令を講義させることで、その徹底を図っている[29]。

第二は国レベルを超える問題の解決や、中央政府のみが有している有形無形のものを地方にわかつために遣使が行われる場合である。具体的には、国堺や河堤の争いの解決のためや、技術の教習[30]、冶金[31]・救療[32]・溝池修造[33]・解工[34]などの技術協力のための遣使である。

国レベルを超える問題の解決のための遣使は国司制の形成期における国堺画定のための使に代表されるが、八世紀になってからも、二国にまたがる問題が生じた時には中央からの使によって解決を図った。たとえば、『続日本紀』天平十三年四月辛丑条には河内国と摂津国の河堤をめぐる紛争を検校する使が派遣されている。また、技術協力のための使は、和銅四年六月の挑文師の全国的な派遣による錦綾織の教習のように[35]、律令国家の産業振興政策の一つとしてとらえられるものもあれば、『続日本紀』神護景雲二年九月壬申条の解工使のように、国（尾張国）からの要請に応じて派遣される場合もあったのである。

第三は中央から派遣された使の権限と国司の権限とがプラスされることによって一つの役割が機能する場合で、この時、中央から派遣される使の役割は、大宝令制定の段階ですでに想定されていることが多い。まず、神祇・祭祀関係では、大祓(36)、奉幣(37)、祈雨(38)、神社の修理・造営(39)のための遣使がみられる。幣帛の班給は、祈年、月次、新嘗などの恒例の祭祀のほか、旱魃、飢饉、山火、疫病などの際の祈願のために臨時に行われることがある。神祇令常祀条にはそのための使者の任命資格の規定が載せられるが、一方、恒常的なものについては、たとえば『続日本紀』大宝二年二月庚戌条に記されるように、神祇令諸国条に規定される一国一員の国造を京に召集して幣帛の班給を行っている例があるように、国の機能を活用することによって事がなされるのである。そもそも、神祇・祭祀は国司の任務の一つであり(40)、祈年祭の時の班幣においても、国司が国内の諸社に国幣を奉ることによってはじめて祭りが完了するのである。

神社の修理・造営については、『続日本紀』天平九年十一月癸丑条に「遣㆓使于畿内及七道㆒、令㆑造㆓諸神社㆒」とあるが、天平十年周防国正税帳に「国司巡行壱拾三度（中略）従造神宮駅使国司壱度」とあることから、使人が国司とともに国内を巡行したことが知られる(41)。また、神社の修理は国司が行う場合もあり、宝亀八年三月十一日官符では、国司の一人が専当して検校するよう定めている(42)。

次に、勧農、賑給などの民政関係の遣使であるが、これらの事業も、国司の権限と中央政府、すなわち使の権限とがプラスされてはじめて完結する場合が多い。

まず、賑給についてみてみる。賑給は、国司が所管国内の状況を調査し、それを太政官に報告して賑給の申請をすると使が派遣され、使は現地での状況を視て国司の報告に偽りがないことを確認した上で、はじめて実施されるものであった(43)。賑給における国司の役割は実態を調査して中央に報告するということであり、賑給の決定者は中央から派遣された使であるから、賑給は国司ではなく中央政府の権限に属するものといえよう。ただし、賑給を行うことを決定したあとの実務においては国司が携わったのであり[44]、このことは正税帳に記される国司の部内巡行[45]の内容からも明らかである[46]。

賑給は稲穀の支給をともなうことと、律令国家の人民支配の理念である儒教的徳治主義の影響が濃いものである故に、使者の派遣が義務づけられるのであるが、民政関係の遣使のなかには、百姓の存問や撫養というように、国司の職務と重複してしまっているものもある[47]。それは、勧農等による儒教的徳治主義の実現は、基本的には国司を通して行うものの、溝池修造のような技術指導の必要がある場合や、災害や緊急事態が発生した場合には、それらへの対処を補強する意味もあって、中央から使を派遣したものと考えられる。だからこそ、同一の任務を使者と国司とが分担することも可能であったのであり、たとえば、『続日本紀』天平宝字四年五月戊申条には「宜下天下高年、鰥寡孤独、廃疾及臥二疫病一者、量加中賑恤上。当道巡察使与二国司一視二問患苦一賑給。若巡察使已過之処者、国司専当賑給」というように、巡察使が通過してしまったところでは国司が専当して事にあたるよう命じており[48]、また、『続日本紀』宝亀七年八月庚午条では、蝗の被害の巡視に際して、畿内には使を遣わし、他の地域では国司に行わせようとしていることが記される。

このほか、外面上は国司の任務と重複するが、固関や外交使節の送迎・慰問などにおいては、中央からの遣使が必要な場合がある。固関は職員令の規定によれば、三関国の国守には関剗・関契という任務が定められているのであるが、天皇の崩御や内乱などの非常時には固関使が派遣される[49]。また、外交使節の送迎も国司の任務でありながら中央からの遣使も行われるのであるが[50]、渤海使の来日にみられるように、大宰府以外の地域に到着したような場合、当然、その地の国司が対応することになるものの、存問する使者の役割は看過できない。

以上のように、大宝令制下においては、遣使は、中央と国司との間の連絡機能をもつもの、国司制が本来的に有している制度上の不備や不足分を補うといった性格のものが多く、それらは基本的には大宝令制定当初から予想されるものであった。

ところが、国司監察や国司の任務代行のための遣使のなかで、とくに国司の任務代行のための遣使は、国司の権限に一定の制約を加えるという点で、大宝令国司制の意図するところとは矛盾するものである。

まず、国司監察については巡察使が行うことになっており、この制度は令の規定では臨時のものとされるが、実際には八世紀初頭から非常に重視され、制度的にも充実が図られた(51)。これは、国司制が必ずしも中央政府の意図するようには機能せず、国司の不正や行動が問題視されてきたことに対する監察行政の強化と考えられる。なお、軍事的な目的で派遣された使であるが、『続日本紀』天平三年十一月丁卯条に設置記事がみられ同十八年十二月に停止された鎮撫使の職務は、主として警察権の行使で、国郡司への処罰権も有していた。

また、問民苦使は天平宝字二年正月にはじめて派遣されたもので、藤原仲麻呂政権下における儒教的徳治主義にもとづく人民の撫養を目的とするといった性格のものであるが、『続日本紀』天平宝字二年七月癸酉条の老丁・老耆の年齢区分の改正に続き、九月丁丑条、十月甲子条などでは国司交替を問題にしていることから、この時の問民苦使は国司監察の機能も果たしたことがわかる。少し時期が下るが延暦十八年十一月の問民苦使は、はじめから国郡司の民政の監察ということを目標に掲げるようになる(52)。そして、なぜ、問民苦使が結果的に国司監察の機能も果たすようになったのかといえば、次に述べるように、国司の実態が、律令国家が当初意図した状況とは大きくかけはなれてしまったことと関係があると考えられる。

大宝令制においては一国の支配にかんする大部分の権限が与えられていた国司の権限に制約が加えられるようにな

ることについてであるが、それは、国司の職務怠慢・不正と大きくかかわっている。国司の不正は、まず財政面において顕著になるが、天平六年にはじめてみえる検税使も国司の申告する欠穀量の急増に対処するためであった。検税は本来は国司の任務であったのが、中央から使が派遣されて行われるようになったのである。(53) また、班田についても、大宝令の規定では校田図の作成を含めて国司が行うことになっていた。そして、八世紀中葉ころまでは実際に国司が携わっており、たとえば、天平神護二年十二月五日越前国足羽郡司解によれば、(54) 天年勝宝五年に校田使として国史生・次田□(ママ)が、同じく班田使として国医師・城上石村が就任していることが知られる。

ところが、一方、このころから国司の不正も顕在化してくるようになり、天平宝字三年十二月に派遣された巡察使に検田を命じ、隠没田を勘検しているのをはじめ、(55) 天平神護二年十月廿一日越前国司解によれば、巡察使のひとりが校田駅使として校田に携わっていることには(56) 注意しなければならない。そして、『日本後紀』延暦十八年八月丙戌条にははじめて畿内に校田使が派遣されたことが記されるが、これより以前、『続日本紀』延暦四年十月丙寅条にみえる検田のための使も、実際には校田と同じ意味であったと考えられる。

このように、八世紀中葉以降、大宝令制においては国司の重要な任務であるものに対して、その任務を中央から遣される使人が代行するという方法で制約が加えられている。それらの使人には、既成の制度とは別個に新設された検税使のようなものもあれば、巡察使や問民苦使のように他の目的で派遣される使に必要な任務をあわせて課す場合もあったのである。また、本来の目的は国司監察というものではなくても、結果として国司の不正の摘発に重要な役割を果したものとして、先に述べた賑給のための使があげられる。たとえば、弘仁十年五月廿一日官符は賑給を行った時の国司の報告と使の調査との間に大きなくいちがいのあることをあげている。(57)

以上、八世紀にみられる地方行政にかかわる遣使について、主として国司の権限とのかかわりにおいて分類し検討を加えてきた。大宝令施行以前は地方統治において遣使が大きな役割を果たす場合が多かったが、大宝令国司制が整備されることによって、それら使の機能は国司制の機能のなかに吸収され、大宝令制下では、遣使は国司の職務と重複しない種類のものにおさえられていたのである。ところが、八世紀中葉以降、国司制の機能の低下によって地方統治のための遣使は増加し、天長二年五月十日官符では「定二詔使官使一事」として、巡察・覆囚・検税・交替・畿内校班田・問民苦・訴などの使を詔使、賑給・検損田・池溝・疫死などの使を官使とするよう定めており、このような措置がとられた背景として、「頃年之間、為レ推二民訴一遣二使四方一。或国司等対二捍使者一不レ承二勘問一。」というような事情があったことが明記されているのである。(58)

まとめ

七・八世紀におけるわが国の遣使は、国司制の機能の実態と深くかかわりながら展開する。ここでは、『続日本紀』等にみられる使のすべてを網羅することをせず、論証に必要なものだけを掲げ、国司の任務・権限とのかかわりでいくつかの類型にわけた。それらのなかで、唐制をほぼそれに近い型で模倣しているものは多くはなく、基本的には州県制に倣ったとされる国郡制の場合と同様、使職の発達した中国（唐）とはことなるわが国固有の特質を明らかにしなければならない。そこで問題になることは、唐における遣使は中央政府の地方統治のなかでどのような意味をもち、一方、わが国の場合はどうであるのかということであるが、両者のさまざまな制度上の相違のなかで重要な意味をもってくるのは、唐御史台の機能である。唐では御史台から地方への使人に任命される者も多いが、(59)わが国の弾正台は地方に対してはほとんど機能しなかった。巡察使の制度を強化することによって制度上の不備を補おうとするのであるが、それだけでは限界があることはいうまでもないことである。大宝令国司制が、施行後、比較的早い時期に変化を余儀なくされる理由の一端は、制度上はそのような監察機構の不備というところに求められるのではないかと考えられる。

また、大宝令では国司は所管国内の統治にかんする大部分の権限を与えられていたのであるが、それ以前には遣使によって政策の実現を図る場合が多くみられた。それはヤマト王権下において行われたミコトモチの系譜をひくものであったと考えられるのであるが、大宝令国司制が変質しはじめる八世紀中葉以降に国司の権限に制約が加えられるようになると、国司に代わって任務を遂行するのは個別に派遣される使である。それらは外面的にはミコトモチ派遣の形態と類似する点をもちながらも、内容的には律令的地方支配の強化というものであり、しかしながら、唐の使職のような体制も整っていないという、律令制を継受しながらもわが国の独自性が強くあらわれているものと考えられる。

注

（1）岸俊男氏は律令政府の地方統治はあくまでも中央貴族官人である国司を焦点とするものでありながらも、具体的な統治の問題になると国郡司が一体的に把握されている場合が多いという（岸俊男「律令体制下の豪族と農民」岩波講座『日本歴史』三、岩波書店、一九六二年）。また、原秀三郎氏は国司と郡司の職務の範囲について、郡司は司法と行政、とりわけ徴税と勧農を中心とした、いわゆる民政を担当する点で国司と共通性をもちつつも、軍事と宗教には関与していないとする（原秀三郎「郡司と地方豪族」岩波講座『日本歴史』三、岩波書店、一九七六年）。

（2）大町健「律令的国郡制の特質」（『日本史研究』二〇八、一九七九年）。

（3）渡部育子「律令国家の郡領政策―大宝令制定から天平初年まで―」（『関晃先生還暦記念日本古代史研究』吉川弘文館、一九八〇年）。

（4）考課令国郡司条、戸令国郡司条および同条義解、『続日本紀』延暦五年六月己未条にみえる「国郡司」の表記については、律令国家が郡司に対して官人として儒教的徳治主義にもとづく行動をとるよう期待したことを意味すると考えられる。

（5）渡部育子「奈良朝における国司監察制度について」（『続日本紀研究』一八八、一九七六年）。

（6）『続日本紀』大宝三年正月甲子条、同十一月発卯条。

（7）わが国の巡察使の制度は唐制を継受したものと考えられるが、唐の御史台・巡察使と、わが国の弾正台・巡察使との相違をみてみると、次のような点があげられる。唐の御史台は、御史大夫一名、中丞二名のほか、侍御史、殿中侍御史、監察御史から成る（『大唐六典』巻十三）。また、巡察使は令外の官で、貞観八年にはじめてみえ（『唐会要』巻七十七）、その後も、同十八年、二十年に派遣されているが、あくまでも臨時のもので、地方行政の監察は、監察御史と巡察使とが併存する形で行われたのである。一方、わが国の場合であるが、御史台を模倣した弾正台は、尹以下の四等官と一〇人から成る巡察弾正などで構成される。尹は中央・地方のすべての官人の非違を弾奏することをその職務とするのであるが、実際に巡察して非違を糺弾する巡察弾正、その巡察弾正を統轄する大忠・少忠の管轄範囲は、宮城内および左右両京であった（職員令弾正台条、同条義解、同条集解所引令釈）。したがって、わが国では、地方行政監察のために中央から派遣される使としては、大宝令制では巡察使が唯一の制度であったということになるのである。

（8）『類聚三代格』巻十二。

（9）渡部育子「大化の遣使について」（『川内古代史論集』六、一九九二年）、同『郡司制の成立』（吉川弘文館、一九八九年）。

（10）総領については、大化五年、白雉四年の惣領は大化の東国国司と同様の性格のものと考え、『常陸国風土記』にみえる「惣領高向大夫」は、国宰の上に位置する上級国司としての総領とはことなるものではないかと考える（渡部育子「古代総領制についての一試論」（『国史談話会雑誌』二三、一九八二年）。

（11）『日本書紀』大化二年三月甲申条

凡始二畿内一及二四方国一、当二農作月一、早務レ営レ田。不レ合レ使レ喫二美物与レ酒。宜差二清廉使者一告二畿内一。其四方諸国国造等、宜下択二善使一、依レ詔催勤上。

この史料の解釈で問題になるところは傍線部分で、善使が国造への詔の伝達のために派遣されたのか、それとも、国造が所管地域に派遣した使なのかということであるが、私は前者のように考える（渡部前掲注（9）論文）。

（12）『続日本紀』文武天皇二年五月乙亥条。また、『常陸国風土記』久慈郡条には、天智朝に、藤原鎌足の封戸を検ずるために派遣された軽直黒麻呂が堤を造ったことが記される。

（13）『日本書紀』持統天皇六年閏五月丁酉条。

（14）『日本書紀』白雉元年是歳条、『続日本紀』文武天皇四年十月庚午条。

（15）『日本書紀』持統元皇七年十二月丙子条。

（16）『日本書紀』天武天皇十四年九月戊午条、持統天皇八年七月丙戌条、『続日本紀』文武天皇三年三月壬午条、同十月戊申条、同四年二月壬寅条。

（17）『日本書紀』天智天皇四年八月条に長門、筑紫の城の造営のための遣使がみられる。

（18）『日本書紀』斉明天皇四年四月条、同五年三月是月条、同六年三月条。

（19）律令国家の越以北への支配拡大政策は、阿倍比羅夫の北征のあと中断し、八世紀になってから本格的に展開するが、この中断は西日本の対外情勢の危機と、それに続く国内政治情勢の変化のためと考えられる。

（20）『日本書紀』天武天皇八年十一月己亥条に、大乙下倭馬飼部造連、小乙下上寸主光父を多禰に遣わした記事がみえる。

（21）多禰嶋にかんしては『日本書紀』持統天皇九年紀三月庚午条に「求二蛮所居一」、すなわち帰服しない人々の居所を捜させるための使が派遣されたことが記される。

（22）阿倍比羅夫の北征についても、その内容を検討してみると、現地蝦夷の状況視察といった目的も含まれていたものと考えられる。

（23）渡部育子「天武天皇十二年紀十二月丙寅条と国司制の成立」（『秋大史学』三二、一九八五年）。

（24）渡部育子「天武天皇元年紀七月辛亥条の解釈をめぐって」（『川内古代史論集』三、一九八三年）。

(25)　この時築地に携わった高向大夫は、『常陸国風土記』の他の箇所では惣領と記される。
(26)　田領については、鎌田元一「公田賃租制の成立」(『日本史研究』一三〇、一九七三年)や寺内浩「大税と大租」(『続日本紀研究』二六三、一九八九年)をはじめ多くの研究があるが、田領を屯倉管掌者とみるのか、公田賃租経営あるいは公田とは限らないが政府管理の土地にかかわる使とみるのかという点で議論のあるところである。また、税司主鎰についても、村尾次郎『律令財政史の研究』(吉川弘文館、一九六一年)、黛弘道「国司制の成立」(『律令国家の基礎構造』吉川弘文館、一九六〇年)、寺内前掲注(26)論文などがあげられる。
(27)　『扶桑略記』の記事について、この場合は持統天皇四年の庚寅年籍の制定との関係から推察すると、その内容を事実と認めて不都合はないと考える。
(28)　『続日本紀』大宝元年六月己酉条。
(29)　『続日本紀』大宝元年八月戊申条。
(30)　『続日本紀』和銅四年閏六月丁巳条。
(31)　『続日本紀』大宝元年八月丁未条。
(32)　『続日本紀』大宝二年二月庚戌条、神亀三年六月庚申条、天平勝宝八年四月壬子条、宝亀四年五月己丑条など。医師の派遣は疫病の流行の時に行われる。地方の医療制度としては国医師が各国に一人置かれており、選叙令国博士条によれば現地人の任用を原則とし、その実力の程度は国医生に医方を教授できる人物が任命されることになっていた(同条集解)。ところが、『続日本紀』和銅元年四月癸丑条によれば、はやくもこの段階で、中央からの派遣官人が任命されることが多くなっているという状況であり、これは、大宝令の地方医療制度の運営上の不備を補うためのものであったと考えられる。
(33)　溝池修造にかんする記事は『続日本紀』宝亀五年九月壬寅条、宝亀六年十一月丙申条にみえるが、このほか、延暦四年七月己酉条には、天平宝字八年に近江国に淡海三船が造池使として派遣されたことが記され、延暦四年正月庚戌条には摂津国に河川改修のための使が派遣されたことが記される。
(34)　『続日本紀』神護景雲二年九月壬申条

(35) この翌年の和銅五年七月壬午条には、伊勢国以下二十一か国で綾錦を織らせたことが記されるが、これは挑文師による教習の成果であったと考えられる。
(36) 『続日本紀』慶雲四年二月乙亥条、延暦元年七月庚戌条など。
(37) 『続日本紀』慶雲三年七月乙丑条、同八月甲戌条、天平二年閏六月庚子条など。
(38) 『続日本紀』大宝三年七月丙午条、和銅二年六月辛丑条、霊亀元年六月癸亥条など。
(39) 『続日本紀』天平九年十一月癸酉条、天平神護元年十一月壬戌条。
(40) 令条のほか、たとえば、『続日本紀』神亀二年七月戊戌条や天平七年八月乙未条からも、神祇・祭祀において国司が重要な役割を果していたことは明らかである。
(41) 『大日本古文書』二―一三五。
(42) 『類聚三代格』巻一。また、弘仁二年九月廿三日官符（同巻一）にも国司が毎年巡検して神社を修理するよう記される。
(43) 戸令遭水旱条、『延喜式』太政官式。
(44) 賑給にかんして、慶雲三年九月廿三日勅には水旱等の被害のために調・庸を免ぜられる戸数が四十九戸以下の場合は国司に処分権が認められ（『類聚三代格』巻十五）、賦役令集解水旱条所引養老三年格によれば、卒飢の場合の特別な措置として国司に一定の自由裁量権が認められることがあった。しかし、このようなケースはあくまでも例外的なもので、おそらく、運用の際の便宜のために国司の関与を定めたものと考えられる。
(45) 天平十年周防国正税帳、天平九年豊後国正税帳、天平八年薩摩国正税帳。
(46) 賑給のための遣使の例としては、『続日本紀』天平宝字六年五月壬午条、同七年八月癸巳条、宝亀四年三月己丑のほか多数みられる。また、実際には賑給と同義に使用されることもある賑恤についても、大宝元年九月戊寅条、同二年九月辛巳条、慶雲二年十月壬申条、同三年四月壬寅条など多数みられる。
(47) 『続日本紀』大宝元年八月甲寅条、同九月戊寅条、天平二年紀閏六月庚戌集、同六年紀四月壬子条など。
(48) 巡察使は国司監察を任務とし、このことは基本的には八世紀を通して変わらない。ただし、天平宝字四年の巡察使に本来の任務以外の内容も課されているのは、おそらく巡察使が全国的規模で派遣される使であったので、便宜上、付託したものと考えられる。
(49) 固関使は『続日本紀』養老五年十二月庚辰条、天平二年二月辛未条、天平勝宝八年五月丙辰条などにみられる。
(50) たとえば、『続日本紀』和銅七年十一月己亥条、神亀四年九月庚寅条、天平十年五月辛卯条、天平勝宝四年十月庚辰条など。
(51) 渡部前掲注（5）論文。
(52) 『日本後紀』延暦十八年十一月甲子条。
(53) 渡部前掲注（5）論文、同「『続日本紀』にみえる遣使記事」（『続日本紀研究』二〇八、一九八〇年）。
(54) 『大日本古文書』五―五四五。
(55) 『続日本紀』天平宝字三年十二月丙申条、同四年正月癸未条。
(56) 『大日本古文書』五―五七四。
(57) 『類聚三代格』巻七。
(58) 『類聚三代格』巻十二。
(59) 『唐会要』巻七十七、天授二年（六九一）の存撫使、儀鳳二年（六七七）の賑給のための使、開元十年（七二二）の覆囚使など。

三『続日本紀』にみえる遣使記事

大宝・養老令制下では、地方政治の大部分は国司に委ねられていたのであるが、令に規定がみられる巡察使のほか、必要に応じて中央から地方に使を派遣している。ここでは、そのような使について、『続日本紀』にみえるものを中心に考察を加えてゆきたい。

1　遣使記事一覧

『続日本紀』にみえる遣使記事を、その派遣の目的別に整理すると、次のようになる。

①幣帛を奉るため

幣帛使

慶雲三・七・二四（丹波・但馬）、慶雲三・八・三（越後）、霊亀元・六・一三（諸社）、天平二・閏六・一七（畿内七道諸社）、天平一三・正・一一（伊勢神宮及び七道諸社）、天平勝宝三・四・四（畿内七道諸社）、天平勝宝八・四・二九（八幡大神宮）、天平宝字六・一一・二八（天下群神）、天平宝字八・四・一六（畿内群神）、天平宝字八・一一・二〇（近江名神社）、神護景雲三・七・一五（五畿内）、宝亀元・八・二（越後・気比・能登・気多）、宝亀六・四・七（諸国群神）、宝亀六・九・二〇（畿内群神）、宝亀七・八・朔（天下群神）、宝亀八・一二・二五（五畿内諸社）

天平七・七・二七

②祈雨のため

文武二・五・五（京畿）、大宝三・七・一七（名山大川）、慶雲元・七・九（諸社）、和銅二・六・一六（畿内）、天平四・五・二三（五畿内）、天平一七・七・五、天平一八・七・辛亥朔（畿内）、延暦元・四・一六（畿内）、延暦四・五・二六（五畿内）、延暦七・四・三（畿内）、延暦七・五・二一（伊勢神宮及び七道名神）、

	延暦九・五・二一（畿内）
③大祓のため	文武二・一一・七（諸国）、慶雲四・二・六（諸国）、天平宝字二・八・一六（天下諸国）、宝亀九・三・二七（天下諸神）、延暦三・一二・六（畿内七道）
祓使	延暦元・七・二九
④神社造営のため	天平九・一一・三（畿内七道）、天平神護元・一一・五（天下諸国）
⑤賑給のため	天平七・八・一二（大宰府）、天平宝字六・五・四（京師・畿内・伊勢・近江・美濃・若狭・越前）、天平宝字七・八・二三（阿波・讃岐）、宝亀四・三・一四（七道諸国）、延暦二・四・九（坂東）、延暦三・九・五（京）、延暦四・九・一〇（河内）、延暦八・四・辛酉（美濃・尾張・参河）
⑥賑恤のため	大宝元・九・九（諸国）、大宝元・九・一七（駿河、伊豆、下総、備中、阿波）、慶雲二・一〇・二六（山陽・西海道を除く五道）、慶雲三・四・二九（河内・出雲・備前・安芸・淡路・讃岐・伊予）、慶雲四・五・二一（畿内）、和銅元・七・一四（隠岐）、霊亀元・五・辛巳朔（丹波・丹後）、宝亀一〇・八・二一（因幡）
⑦産業・百姓の巡省のため	文武二・五・一六（諸国）、大宝元・八・四（播磨・淡路・紀伊）、慶雲二・四・五（天下諸国）、慶雲三・七・二八（西海道を除く六道・大宰府）、天平二・閏六・二七（四畿内）、天平六・四・二一（京畿内）、天平一四・五・三（畿内）、宝亀六・八・二三（諸国）、宝亀七・八・一五（畿内）
医薬を与えるため	大宝二・二・一三（越後）、神亀三・六・一四（四畿六道諸国）、天平勝宝八・四・二九（四畿内）、宝亀四・五・一五（伊賀）
覆損のため	天平宝字七・八・二三（阿波・讃岐）、天平宝字七・九・二一（尾張・但馬・美濃・伯耆・出雲・石見）
⑧築池、河川修造のため	天平宝字八・八・一四（大和・山背・河内・近江・丹波・播磨・讃岐）、宝亀五・九・二五（五畿内）、宝亀六・二・一三（伊勢）、宝亀六・一一・六（五畿内）、延暦三・四・一四（摂津）
造池使	天平宝字八（近江）
解工使	神護景雲三・九・八

⑨外交使節の送迎・慰問のため	文武元・一一・一一（筑紫）、和銅七・一一・一五（筑紫）、神亀四・九・二一（出羽）、天平一〇・六・二四（大宰）、天平一五・二・六（筑前）、天平勝宝四・一〇・七（越後）、神護景雲三・一二・九（大宰）、宝亀五・三・四（大宰）、宝亀九・一一・一九、宝亀一〇・九・一四（出羽）、宝亀一〇・一一・三（大宰）
⑩造船のため	文武四・一〇・二六（周防）、天平四・九・四（近江・丹波・播磨・備中）、天平宝字六・四・一七、宝亀二・一一・癸未朔（安芸）
⑪関を守るため（固関使）	養老五・一二・七、神亀五・二・一〇、天平勝宝八・五・三、天平宝字八・九・一一、天平神護元・一〇・二、宝亀元・八・四、天応元・四・朔、天応元・一二・二三、延暦元・正・三
⑫検税使	宝亀七・正・一九、宝亀七・七・一四
⑬覆検のため	宝亀三・九・二六（六道）、宝亀五・九・七（天下諸国）
⑭その他	
巡察使	注(1)
鎮撫使	天平三・一一・二二（諸国）、天平一八・四・五（七道）
節度使	天平四・八・一七（東海東山・山陰・西海道）、天平宝字五・一一・一七（東海・南海・西海道）
問民苦使	天平宝字二・正・五（京畿内・七道）、神護景雲二・八・一九（東海道）
覔国使	文武二・四・一三、（文武四・六・三）
班田使	天平元・一一・七（京畿内）、天平一四・九・一七（畿内左右京）、延暦一〇・八・五（畿内）
検習西海道兵使	天平勝宝四・一〇・五
鉱物採取のため	大宝元・三・一五（陸奥）、大宝元・八・七（対馬嶋）、天平神護二・三・三（伊予）
法の施行のため	大宝元・六・八（七道）、大宝元・八・八（六道）、慶雲三・九・一五（七道）
技術指導のため	和銅四・閏六・一四（諸国）
囚徒を録すため	和銅七・二・一四（七道諸国）

盗賊を捕えるため	文武四・一一・二一（天下）
行宮営造のため	大宝元・八・一四（河内・摂津・紀伊）、大宝二・九・一九（伊勢・伊賀・美濃・尾張・三河）、養老元・八・七（美濃）、天平神護元・九・二一（大和・河内・和泉）
農民の徴発のため	和銅二・三・五（遠江・駿河・甲斐）
叙位のため	慶雲四・九・六（大宰府）
寺院の営造修理のため	養老六・二・二（筑紫）、天平一七・一一・二（筑紫）、天平一九・一一・七、延暦一〇・四・一八（山背）
争論の検校のため	天平一三・四・二三（河内・摂津）
官人の勘問のため	天平宝字六・七・四（遠江）
検田のため	延暦四・一〇・四（五畿内）
宅地班給のため	天平一三・九・一二（京）
鎮京使	延暦三・一〇・二六（左右）

＊日付は新訂増補国史大系本『続日本紀』の校訂の注記にしたがった。

2　遣使の目的

右にあげたものについて具体的に検討してゆきたい。①〜④は神祇にかんするものであるが、まず①幣帛にかんするものからみてゆきたい。幣帛とは神意をなぐさめるために諸社に供える物品のことで、これには、祈年・月次・新嘗等の恒例の祭祀のほか、旱魃、飢饉、山火、疫病等の際の祈願のために臨時に供せられる場合がある。これら臨時の奉幣のために使を派遣することについては神祇令常祀条に規定があり、「凡常祀之外、須下向二諸社一供中幣帛上者、皆取二五位以上卜食者一充（下略）」というものである。そして、このような使の派遣は幣帛が朝廷から諸社に与えられるものであったから必要であったのであり、なかには慶雲三年八月甲戌条にみられるように、国司の奏言によって行われることもあったのである。なお、①②とも「遣使」ということが明記されているもののみをあげたが、奉幣や祈雨にかんする記事のなかには、この部分が省略されているものもあることは十分考えられる。

次に③大祓の時に行う遣使についてみてみる。大祓は、践祚大嘗祭の時や災害、疫病などが発生した時に行われる。践祚大嘗祭の場合は、大嘗祭の準備として大祓使のほか伊勢大神宮および五畿七道に奉天神地祇幣帛使が派遣され[2]、それから祭儀が行われることになっていた。また、災害や疫病のために大祓が行われる場合も、たとえば延暦元年七月庚戌条に「其諸国釈レ服者、待二祓使到一、祓二潔国内一（下略）」とあるように、祓使の到着を待ってはじめて事を行うことができたのである。

地方において祭祀や神祇にかんすることは国司の職務であった。たとえば、践祚大嘗祭にかんしては、神祇令大嘗祭条に「凡大嘗者、毎レ世一年、国司行レ事」と定めている。また、天平七年八月乙未には病気を除くために神祇に奉幣し諸寺に金剛般若経を読ませたほかに「其長門以還諸国守若介専斎戒道饗祭祀」と命じたり[3]、神亀二年七月戊戌の詔では「宣下国司長官自執二幣帛一、慎致二清掃一常為中歳事上」といっている[4]。そこで右にあげたような祭祀における中央からの使の役割と国司の役割はどのような関係になっているのかということが問題になってくるが、これは、祈年、月次等恒例の祭祀の時の班幣の仕方と比較することによって明らかになる。

祈年、月次等の祭祀における班幣の仕方は『続日本紀』大宝二年二月庚戌条に「是日、為レ班二大幣一、馳レ駅追二諸国々造等一入レ京」とあるように、「諸国々造」すなわち律令制下において一国に一員置かれた国造を京に召集し、幣帛を班給するというものであった。践祚大嘗祭や臨時祭祀の時に中央から派遣される使は、恒例の祭祀の時に入京した国造とは逆であるが、いずれも、国司が任国で祭祀を行う時の、中央とのパイプ役とでもいうべき役割を担っていたのである。

④神社営造や修理のための遣使は、右にあげたほかに「天平十年周防国正税帳」にもみられる。(5)

国司巡行壱拾参度（中略）従造神宮駅使国司壱度掾一人目一人史生一人

この史料は国司の国内巡行について記したものであるが、これによると、造神宮駅使という使が派遣されていて、国司はこの使に従って国内を巡ったことがわかる。そして、この使は天平九年十一月癸酉の日に出された「遣二使于畿内及七道一、令レ造二諸神社一」という命令に従って派遣されたものであると考えられる。(6)

また神社の修理には、次にあげるように、国司が行う場合もあった。

宝亀八年三月十一日太政官符(7)

（上略）掃二修神社一、潔二斎祭事一、国司一人専当検二校其掃修一之状、毎レ年申上（下略）

弘仁二年九月廿三日太政官符(8)

諸国神戸（中略）宣下役二其身一修二理神社一、随レ破且修莫上致二大損一、国司毎レ年巡検修造（下略）

このように、神社の営造や修理は中央から派遣された使が行う場合のほかに、国司が行う場合もあったのであるが、神社の営造や修理を使が単独で行うことは不可能であるし、また、「天平十年周防国正税帳」によれば、中央から派遣された使に従って国司が国内を巡ったというのであるから、使は、国司とともに国内を巡り、不備な点を指摘したり、中央政府の命令を国司に伝えたりする役割を有していたものと考えられる。

⑤〜⑧は勧農や百姓の撫養にかんするものである。

⑤賑給の際に派遣される使からみてゆきたい。まず賑給の手続きについてみてみると、戸令遭水旱条、延喜太政官式等によれば、賑給をする時には国司が国内の状況について調査して太政官に報告し、賑給を申請すると、直ちに使

が派遣されることになっている。使は現地で国司の報告と実態との間にくいちがいがないかを調べて、その後はじめて賑給が行われるのである。この過程で国司がなしうることは実態を調査することのみである。ただ、慶雲三年九月廿日勅によれば、水旱等の被害のために調・庸を免ぜられる戸数が四十九戸以下の場合は国司に処分権が認められ(9)、また、賦役令集解水旱所引養老三年格によれば「卒飢」の場合の特別な措置として、国司に一定の裁量権が認められているが、これらは例外的な措置であって、賑給は中央政府の権限に属するものなのである。

また、この賑給のために派遣される使は、国司の報告にもとづいて実態の調査を行い、両者の間にくいちがいがないかどうかを確かめるのであるから、結果的には国司監察の役割も果たすことになる。たとえは、弘仁十年五月廿一日官符では「応三国司申レ政詐不レ以レ実奪二其公解一事」の例として、「詐増二賑給飢民数一吏（中略）仮令、国司所レ申飢民十万、使者実録只此五万、若不レ捜レ実五万既隠、国之為レ例既而有レ之」というように、賑給に際して国司の報告と使の調査との間に大きなくいちがいのあることがあげられている(10)。

次に⑥賑恤のために派遣された使についてみてみる。

賑恤は、賑給とともに、律令国家の勧農政策として重要なものであったのであるが、賑給の場合は国司→太政官→使の派遣という手続きが法的に明確にされているのに対し、賑恤の場合はそのような規定はみられない。ただ、ここで注意しなければならないことは、賑給と賑恤は、実際にはほとんど同じ意味で使われる場合があったことである。たとえば、天平七年閏十一月戊戌条に「詔曰（中略）高年百歳以上賜二穀三石一、九十以上穀二石、八十以上穀一石、孝子順孫義夫節婦表二其門閭一終レ身勿レ事、鰥寡惸独篤疾之徒、不レ能二自存一者、所在官司量二加賑恤一」とあるのに対し、この記事の内容と同じものであると考えられる「天平八年薩摩国正税帳」河辺郡条には「依天平七年閏十一月十七日恩勅賑給寡惸等徒人□□」とある(11)。この場合は、実際に行われたのは賑給の方であったが、『続日本紀』では賑恤と記される。

⑦産業・百姓の巡省は国司や郡司の任務の一つでもあるが、それとは別に中央から使が派遣されたのである。この産業・百姓の巡省の任務は、『続日本紀』天平十年十月丁卯条、天平十一年二月壬辰条にみられるように、巡察使に課せられることもあったが、いずれにしても、このことが中央政府によって行われたことを示している。そして、このなかには、大宝元年八月甲寅条に「播磨・淡路・紀伊三国言、大風潮張、田園損傷、遣レ使巡二監農桑一存二問百姓一」とあるように、国司の進言によって行われたものもある。

⑧築池や河川修造も⑦の場合と同様、国司の任務でもあるが中央からの使の派遣が行われた。また用水の問題にかんする使としては、天平十三年四月辛丑の日に派遣された河内と摂津の河提をめぐる争論を検校するためのもの(12)や、神護景雲三年に用水工事のために派遣された解工使などがあげられる。

ところで、右に述べてきた勧農にかんする使は、国司の行う勧農とは別に、国家的なレベルで派遣されたものであるが、使のもとで実際に事を行うのは、賑給においてみられるように国司である。すなわち、正税帳に載せられる国司の部内巡行の項に「依恩勅賑給高年等穀」（天平十年駿河国正税帳(13)）、「依恩勅賑給穀」、「賑給義倉」（天平十年周防国正税帳(14)）、「参度賑給貧病人并高年之徒」（天平九年豊後国正税帳(15)）、「参度賑給」（天平八年薩摩国正税帳(16)）というような記載があるが、これらはいずれも国司が行ったものである。

また、同じく勧農にかんすることでも、時には国司の行ったことに対して、それを覆検するために中央から使を派遣する場合もある。宝亀五年九月癸卯条に「遣レ使覆二検於天下諸国一」とみえるのがそれであるが、この使は同月壬寅の日に「令三天下諸国修二造溝一」と国司に命令した工事がどの程度進んだのかを監督するためのものであったと考えられる。(17)

このほか勧農にかんして注意すべきことは、同じ事を行うのに、使と国司とが区域をわけて巡る場合のあることである。たとえば、『続日本紀』宝亀七年八月庚午条に「天下諸国蝗、畿内者遣レ使巡視、余者令二国司行一レ事」とあるように、蝗の被害状況の巡視を行うのに、畿内には使を派遣しているが、他の地域は国司に命じているのである。また、使が巡ることのできなかった地域を国司に委ねた例として、天平宝字四年五月戊申勅をあげることができる。巡察使が国司とともに人民の患苦を視問して賑給をするように命じているのであるが、「若巡察使已過之処者、国司専当賑給」というように、巡察使が通過してしまった後であれば国司に行わせたのである。

外交にかんするものとしては、⑨外交使節の送迎・慰問のための使、⑩造船のための使がある。外交はいうまでもなく中央政府の権限と責任において行うべきものである。だからこそ、唐からの使などの送迎はもちろんのこと、渤海からの使が出羽や越後などに来着したような場合でも、来着時はその国の国司が応対するにしても、中央から使を派遣するのである。

また、船舶の造営や修理のための使は、周防・安芸・播磨等の国に遣されており、それらはいずれも、遣唐使の船や外交使節の送迎のための船にかんするものである。造船のために使を派遣するのは、地方にはそれだけの技術が十分備わっていなかったということのためとも考えられるが、それ以上に、造船ということが外交上の問題と密接に結びついていたことのためであると考えた方が妥当であろう。

⑪固関使は関を守るために派遣されるものである。職員令大国条に「守一人（中略）三関国、又掌二関剗及関契事一」と定めているように、三関国の国司には関を守り、通行証についての責任が負わせられていたのであるが、天皇の崩御や内乱等の有事の際には中央から使が派遣されたのである。

次に⑫検税使についてみてゆきたい。検税使とは各国の検税のために派遣された使であるが、これは、大宝令の施行されたころからあったものではない。検税使の派遣は『続日本紀』では宝亀年間までみられないが、「正税帳」では天平七年にみられ[18]、この前年の天平六年には「検税使算計法」が出されていたことから[19]、天平六年には検税使の制度が定められていたものと考えられる。それではこれ以前はどうであったのかといえば、霊亀元年、養老四年には国司が検税を行っていたことが確認されるのである[20]。

そもそも、検税は国司の任務であり、国司交替の際、新国司によって旧国司在任中の検税が行われたのである。ところが、このような国司による検税では十分に管理できなかったのか、霊亀年間から神亀年間、そして天平の初年ころまでの間に欠穀や盗穀の量が非常に多くなっている[21]。検税使はそのような状況に対処するために派遣されたものと考えられ、検税使が派遣されることによって、検税の権限は国司から奪われたのである。

①〜⑬のほか、中央から地方に対しては⑭その他としてあげたように、目的に応じて種々の使が派遣されたのである。

3　遣使の意義

『続日本紀』にみられる遣使記事について具体的に検討してきた。そこで中央から地方に種々の使を派遣したことの意味について考えてみたい。

まず唐における遣使との比較をしてみる。『唐会要』によれば、唐の初期には、観風俗使・巡察使・存撫使・按撫使・黜陟使・採訪処置使・簡點使・覆囚使等多くの使が派遣されていることが知られる。そして、これらのほかにも、百姓の存問をしたり、賑給したりするための使も派遣されている。これらの使と大宝・養老令制下での使とを比較してみると、派遣される使の種類は唐の方が多いが、内容的にはかなり似かよっている。ところが、唐では、このような使に御史台の官人が任命されることもあり、[22]また、地方官人の監察はもちろんのこと、地方に対する支配のために御史台の機構が整えられていたのに対し、わが国では、御史台に倣ったものとして弾正台が設けられているが、これは地方に対してはほとんど機能しなかったのである。[23]

次に、中央から派遣された使と国司との関係について考えてみたい。右にみてきた使を国司との関係という点から整理してみると、(ⅰ)国司の任務とはオーバーラップせず、その事が中央政府の権限に属するものであるために使が派遣された場合で、このなかには、中央政府と国司との間のパイプ役を果たすものもある、(ⅱ)もともとは国司の任務であったものを使が国司に替わって行うようになった場合、(ⅲ)国司に命じた事が確実に行われているかどうかを調べるために使を派遣する場合、に大別できる。そして、このなかでも(ⅱ)と(ⅲ)は、使を派遣することによって国司の権限に制約を加えることを意味している。

さて、そこで使派遣の意義であるが、まず第一に、(ⅰ)の場合のように、地方支配にかんする事項であるが国司だけでは行うことができず、中央政府が直接携わらなければならないことを行うということがあげられる。第二には、(ⅱ)・(ⅲ)の場合のように、国司が行ってみてうまくいかない時に、中央から使の派遣が行われたことがあげられる。そして、この場合、使は地方政治や国司の監察ということもあわせて行うことになるが、右にみたように、わが国では、唐のような地方行政監察制度が整備されていなかっただけに、使の派遣は大きな意味を有するのである。

以上、『続日本紀』にみえる遣使記事を検討し、その意味するところについて考えてきた。中央から地方への遣使は国司の権限の問題にも関係がある。大宝令制下で国司に強大な権限が与えられたということは法制上は疑う余地はほとんどなく、また、このような見方が一般的なのであるが、国司の任務のなかには、中央からの使が到着しなければ遂行できないものもあり、また、国司の権限は中央からの使によって奪われる場合もあったのである。そして、国司の権限の実態を知る手がかりの一つは、このような使と国司の関係を検討するところにあると考えられる。

注

(1) 巡察使については渡部育子「奈良朝における国司監察制度について」(『続日本紀研究』一八八、一九七六年)で述べた。
(2)『貞観儀式』。
(3)・(4)『続日本紀』同日条。
(5)『大日本古文書』二—二二五。
(6)『続日本紀』同日条。
(7)・(8)『類聚三代格』巻一。
(9)『類聚三代格』巻十五。
(10)『類聚三代格』巻七。
(11)『大日本古文書』二—二一。
(12)『続日本紀』同日条。
(13)『大日本古文書』二—一一五。
(14)『大日本古文書』二—二二五。
(15)『大日本古文書』二—四二。
(16)『大日本古文書』二—一四。
(17)『続日本紀』同日条。
(18) 天平九年長門国正税帳の総括部に「天平七年検税使検校腐穀」とある。
(19)『延暦交替式』。

(20) 天平九年駿河国正税帳に「霊亀元年（中略）検校国守従六位下巨勢朝臣足人」とあり、また、同帳に「養老四年（中略）検校国司守従六位上矢田朝臣黒麻呂」とある。
(21) 検税使が派遣されるようになった理由については注（1）で述べたので、ここでは説明を加えない。
(22) たとえば「唐会要」巻七十七に載せられている天授二年（六九一）の存撫使、儀鳳二（六七七）年の賑給のための使、巻七十八に載せられている開元十年（七二二）の覆囚使などがあげられる。
(23) 武光誠「弾正台と中国の御史制度」（『日本歴史』三五八、一九七八年）、渡部前掲注（1）論文。

終章　結びにかえて

本書では律令国司制の成立について、国司派遣制度の成立と国制の成立の二つの視点から分析した。国司制は中央官人を一定期間、行政単位として区画された国に派遣して常駐させ、所管国の統治にかかわる権限を委任するシステムである。律令国司制の形成過程では大宝律令の制定が最大の画期となるが、複雑な経緯をたどる。国司派遣制度の成立は、任地に一定期間常駐する中央官人の派遣が恒常的に行われることを意味する。一方、特定の任務を携えて派遣される使すなわちミコトモチはヤマト王権下にもみられ、これとまったく同じではないが、地方統治のための使人派遣は八世紀以降にも多数みられる。国制の成立には、国という行政区画の画定、国の官人機構の整備、国司の執務空間となるオフィスの造営および諸機構の整備すなわち国府の形成がともなう。国司派遣制度の成立と国制の成立は区別して論ずるものではないが、本書であえてこのような試みをしたのは、両者の整備は必ずしも時間的に一体となって進んだものではなく、また、この二者はことなる原理でとらえられるのではないかと考えたからである。国制にかんしては、行政区画の画定や国府の形成など、律令法の制定と連動する面がみられるのに対し、国司派遣にかんしてはヤマト王権下の形態に端緒が求められる面もみられる。分析の視点を二つにわけ、その結果を統合することによって複雑な経緯を解きほぐすことができたと考える。そして、律令国司制の形成は大宝律令で終わるのではなく、律令国家の地方行政機構を強化するために、大宝律令施行後も国司および国司による地方支配にかんする制度の整備が行われたという結論を得た。

律令国司制の成立にかかわることで本書で論ずることができなかった点をあげておきたい。

第一は律令国家の辺境と位置づけられた地域における国の成立である。東北や南九州の国々であるが、八世紀になってから成立した国のなかには、その設置事情がある程度詳しくわかるケースもある。出羽国がその一例である。出羽国の成立には隣国の越後、陸奥の事情が複雑に絡んでいる(1)。

和銅五年九月、越後国出羽郡の地に出羽国が設置された。越後国は北の境界を郡をもって明確にしたのであるが、なぜ越後国が北辺を切り離したのかといえば、越後国が現在の新潟県とほぼ同じ範囲まで国の領域を拡大してからは、和銅元年に設置した出羽郡を含めて国としてのまとまりを保ち、時にはより北方の地域も管轄するには範囲が広すぎるという事情があったものと推測される。和銅五年に設置された出羽国の経営が軌道に乗るまで数年かかった。国としての体裁を保つためには一定の人口と面積が必要である。出羽には北陸・東海・東山道諸国から八〇〇戸以上もの柵戸を移住させ、陸奥国から最上・置賜二郡を移管した。陸奥国からの二郡の移管は和銅五年九月の出羽国設置直後の十月に命じられたが、完了したのは霊亀二年九月と考えられる。ここで注意しなければならないのは、このように出羽国は移民と隣国からの地域移管によっていわば政策上造られた国ではあるが、その中核となった庄内地域が置賜・最上と一体にしても不都合ではない情況にあったことである。国内交通路の確保は必須条件であるが、山形県沿岸地域の庄内と内陸地域の最上とは最上川河川交通路で結ばれる。したがって、陸奥国置賜・最上二郡を出羽国出羽郡とひとまとまりにすることで不都合は生じない。

陸奥・出羽・越後などの国々は辺境という特殊性に留意しなければならないが、一国を建てるということはどのようなことかということを史料で確認できる好事例である。八世紀になってからも国制の整備が行われたこととあわせて注目したい。

第二は采女と国司制についてである。律令制下の采女貢進は、ヤマト王権下においてみられた豪族の服属儀礼としての采女貢進を律令制のなかに組み入れたもので、王権と郡司の直接的関係が濃く表れる。律令のなかで固有法的性格が強い部分である。ところが、このような采女貢進制のヤマト王権下から平安時代までの変遷のなかで、全国的な貢進が行われるようになった大宝令施行以降は、国司制の機能と国という単位が意味をもつようになったのである。(2) 固有法的性質の采女を貢進するのは郡司であるが、律令的采女貢進制には国司制が大きな役割を果たしていた。固有法的性質の采女貢進制をとおしてヤマト王権下から平安時代までの地方支配の仕組みをみることで、国司の実像が明らかにできるのではないかと考える。

第三は按察使の広域上級行政権にかんする問題である。按察使は地方行政監察の強化を目的に養老三年に全国的に設置されたが、長期にわたって存続したのが陸奥按察使で、それは行政監察官としてではなく上級行政官としての役割を期待されたものであった。(3) 按察使は一国の国守が近隣の数カ国を支配する形態をとることから行政権の行使は可能である。非常事態における人民徴発に按察使が関与したのかどうか、たとえば養老四年に蝦夷が反乱を起こして陸奥按察使・上毛野広人を殺害したという報告をうけて征夷使が任命され征夷軍が動員されるが、征夷軍を動員した六国のうち遠江、常陸、美濃、武蔵、越前の五国は按察使主管国である。(4) 兵士の徴発がそれぞれの按察使所管国にまで及んでいたのかどうか興味深いものがある。また、按察使という行政区はどのような基準で定められたのかという点も明らかにしなければならない。主管国と所管国との間のアクセスはどうであったのかということについては右に述べた出羽の例がわかりやすい。養老五年に出羽は陸奥按察使に隷けられた。出羽は越後国の一郡を核に成立したが、按察使制下での広域行政圏としては陸奥と一体となったのである。出羽国の内陸地域の最上・置賜二郡がもとは陸奥国であったことから、陸奥国府からのアクセスという点でも何ら不都合はなかった。ところが、養老五年当時は山形県庄内地方にあったものと推測される出羽柵が天平五年に秋田村高清水岡に遷置されると、陸奥国府から出羽柵までの交通路の開拓が必要となるのである。(5)

国という単位ではなく、いくつかの国をまとめた広域行政の単位がとられるのはどのような場合か、また、なぜ、国という単位では実現できないものが広域の単位であれば実現可能なのか、広域の単位としてまとめるには何が要件となるのか、国司制と深くかかわる問題である。

以上の三点にかんする検討は律令国司制の成立を考える上で有益であるばかりではなく、国司制とは何であったのかということを考える上でも重要である。今後の課題としたい。

注

（1）渡部育子「陸奥・出羽・越後の国支配」（『日本海域歴史大系』第一巻　古代編Ⅰ、清文堂、二〇〇五年）。
（2）渡部育子「采女貢進制の変遷と国司制の役割」（『秋田大学医療技術短期大学部紀要』四—一、一九九六年）。
（3）渡部育子「陸奥国の按察使について」（『宮城の研究』２　古代篇・中世篇Ⅰ、清文堂、一九八三年）、同「律令制下における陸奥・出羽への遣使について—鎮守将軍と征東使—」（『東北古代史の研究』吉川弘文館、一九八六年）。
（4）『類聚国史』養老四年十一月甲戌条。
（5）渡部育子「『続日本紀』天平九年正月丙申条・四月戊午条管見」（『続日本紀研究』三〇〇、一九九六年）。

初出一覧

初出時の発表形態を付記する。原題による論文を発表した時点からみると研究の深化が著しい部分もあるが、結論が変わらないものについては旧稿の修正・加筆は最小限にとどめた。

第Ⅰ部　律令国家の形成と国司制
第一章　大化の遣使（原題「大化における遣使について」『川内古代史論集』六、一九九二年）
第二章　国司派遣制度の成立
一　孝徳・斉明・天智朝の国司（新稿）
二　壬申の乱と国司（原題「『日本書紀』天武天皇元年七月辛亥条の解釈をめぐって」『川内古代史論集』三、一九八三年をベースに改稿）
第三章　律令国家形成期の国司制
一　天武・持統・文武朝の国司（原題「国司制成立過程の特質」『続日本紀研究』三一六、一九九八年をベースに改稿）
二　古代総領と国司（原題「古代総領制についての一試論」『国史談話会雑誌』二三、一九八二年）

第Ⅱ部　大宝令の制定と地方行政機構
第一章　大宝令制下の国司制
一　大宝令制下の国司（原題「大宝令の成立と国司制」『国史談話会雑誌』三五、一九九五年）
二　律令国家の国司と郡領政策（原題「律令国家の郡領政策」『関晃先生還暦記念日本古代史研究』吉川弘文館、一九八〇年）
第二章　広域行政区画の形成（原題「律令的支配と広域行政区画」虎尾俊哉編『律令国家の地方支配』吉川弘文館、一九九五年）

第三章　大宝令制下の遣使と国司

一　大宝令制下の国司監察制度（原題「奈良朝における国司監察制度について」『続日本紀研究』一八八、一九七六年）

二　八世紀の遣使（原題「七・八世紀における遣使について」新野直吉・諸戸立雄両教授退官記念歴史論集『秋田地方史の展開』みしま書房、一九九一年）

三　『続日本紀』にみえる遣使記事（原題「『続日本紀』にみえる遣使記事」『続日本研究』二〇七、一九八〇年）

あとがき

国司制の形成過程にかんして興味をもったのは四〇年近くも前のことである。修士論文で地方行政監察制度について調べるなかで、按察使と総領を類似した性格とみる見解に疑義をいだいたのがきっかけである。本書のテーマが決まるまでずいぶん回り道をしてしまったが、ここでその経緯について述べたい。

修士論文提出後、律令国家の人民支配に深くかかわるという観点から、まず郡司制について調べた。国司は郡司の協力なくしては所管国内の統治はできないと考えたからである。調べてみると、確かに中央派遣官人である国司は地方豪族の出自をもち現地情勢に精通している郡司を必要としていたが、律令の条文からは国司がかかわらない事項はみあたらない。また、八世紀後半に起きた諸国の正倉等の火災を神火と称した事件でも、郡任争奪や正税の嘘納隠蔽のための放火という見方が一般的であるが、不正には郡司だけではなく国司も関与している（渡部育子「神火事件についての管見」（『歴史』五〇輯、一九七七年））。

秋田に職を求めて一〇年以上も経つと、地元の歴史にも無関係ではいられなかった。律令国家の東北経営にかんする問題を中心に研究を進めたが、考察の単位は郡ではなく国であった。たとえば律令国家にとって陸奥国はどのような意味をもち出羽国はどのような意味をもつのか、なぜ大宝・養老令制では越後が陸奥・出羽とともに辺境として位置づけられるのかということについて考えた。そのようななかで、陸奥・出羽・越後では国司が郡司を介することなくダイレクトに地域住民支配をする場合があることを知った。郡制がしかれていない地域への支配においてである。

律令国家の地方制度を明らかにする上で国司制研究を避けて通ることはできないと確信した。

いざ国司制に向き合ってみると、最初からつまずいた。律令国司制のはじまりをどこに求めるのかというところで立ち止まってしまったのである。今思えば、不勉強であったとしかいいようがないが、大化改新の詔をはじめ、「国司」表記などについて『日本書紀』の記述に信憑性があるのかどうかという漠然とした不安をもっていた。まず取り組んだのが、いわゆる大化の東国国司の問題である。ミコトモチとして派遣される使人に注目したのもこの時のことである。ヤマト王権下のミコトモチから律令国司制へという変遷をたどり、大宝律令施行後の八世紀における遣使まで見据えた上で、あらためて律令国司制成立について考えてみた。そして律令国家地方支配においては国よりも広域の行政圏の設定が必要な場合もあるという結論を得た。

今、律令制度の採用はわが国の古代国家に何をもたらしたのか、律令制支配でわが国の古代社会はどう変わったのか、ヤマト王権下の制度のなかで律令制下まで影響を及ぼしているものは何なのかということを、あらためて考えている。

律令国家地方行政機構の基軸となる国司制について、そのはじまりの時期を考え、制度の成立について解明を試みる一書を編むことができるのは、たいへん嬉しいことである。これまでに多くの出会いと幸運があった。本書が完成するまでには多くの方々の暖かい見守りがあった。新野直吉先生、故関晃先生、故今泉隆雄先生にご指導たまわったことに感謝したい。また、佐藤信氏をはじめ史学会、木簡学会等の学会でお目にかかる諸氏にはいつも励ましの言葉とアドバイスを頂戴している。こころよりお礼申し上げたい。

二〇一五年二月

渡部育子

律令国司制《りつりょうこくしせい》の成立《せいりつ》

■著者略歴■

渡部育子（わたなべ　いくこ）

1952年　秋田県に生まれる

1976年　東北大学大学院文学研究科修士課程修了

秋田大学医療技術短期大学部助教授、秋田大学教育文化学部助教授を経て、

現　在　秋田大学教育文化学部教授。博士（文学）

主要著書

『元明天皇・元正天皇』（ミネルヴァ書房　2010年）、『北方社会史の視座』第1巻（共著）（清文堂　2007年）、『古代の人物』第3巻（共著）（清文堂　2005年）、『日本海域歴史体系』第1巻（共著）（清文堂　2005年）、『律令国家の地方支配』（共著）（吉川弘文館　1995年）、『郡司制の成立』（吉川弘文館　1989年）

2015年4月15日発行

著　者　渡部育子

発行者　山脇洋亮

印　刷　三報社印刷㈱

製　本　協栄製本㈱

発行所　東京都千代田区飯田橋4-4-8（〒102-0072）東京中央ビル　㈱同成社

TEL 03-3239-1467　振替 00140-0-20618

ISBN978-4-88621-697-7 C3321

同成社古代史選書

①古代瀬戸内の地域社会
松原弘宣著
三五四頁・本体八〇〇〇円

②天智天皇と大化改新
森田悌著
二九二頁・本体六〇〇〇円

③古代都城のかたち
舘野和己編
二三八頁・本体四八〇〇円

④平安貴族社会
阿部猛著
三三〇頁・本体七五〇〇円

⑤地方木簡と郡家の機構
森公章著
三四六頁・本体八〇〇〇円

同成社古代史選書

⑪ 飛鳥・藤原と古代王権
西本昌弘著
二三四頁・本体五〇〇〇円

⑫ 古代王権と出雲
森田喜久男著
二二六頁・本体五〇〇〇円

⑬ 古代武蔵国府の成立と展開
江口　桂著
三二二頁・本体八〇〇〇円